야청빛 저녁이면

야청빛 저녁이면
현대 프랑스 미학의 지도

지은이 / 이찬웅
펴낸이 / 강동권
펴낸곳 / (주)이학사

1판 1쇄 발행 / 2023년 6월 15일

등록 / 1996년 2월 2일 (신고번호 제1996-000015호)
주소 / 서울시 종로구 율곡로13가길 19-5(연건동 304) 우 03081
전화 / 02-720-4572 · 팩스 / 02-720-4573
홈페이지 / ehaksa.kr
이메일 / ehaksa1996@gmail.com
페이스북 / facebook.com/ehaksa · 트위터 / twitter.com/ehaksa

© 이찬웅, 2023, Printed in Seoul, Korea.

ISBN 978-89-6147-428-3 03100

이 책의 저작권은 저자가 가지고 있습니다.
저작권법에 의해 보호를 받는 저작물이므로 이 책 내용의 일부 또는 전부를 재사용하려면
저작권자와 (주)이학사 양측의 동의를 얻어야 합니다.

* 책값은 뒤표지에 표시되어 있습니다.

야청빛 저녁이면

현대 프랑스 미학의 지도

이찬웅 지음

이학사

차례

7 머리말

1부 이미지와 개념

- 23 **1부 이미지와 개념**
- 25　1장 유희 — 칸트의 미론
- 55　2장 간극 — 푸코와 마그리트
- 87　3장 지각 — 메를로퐁티와 세잔
- 119　4장 투영 — 리오타르와 뒤샹
- 143　5장 공모 — 보드리야르와 워홀

- 183 **2부 감성의 원천**
- 185　6장 압도 — 칸트의 숭고론
- 207　7장 생성 — 들뢰즈와 프랜시스 베이컨
- 251　8장 증언 — 리오타르와 바넷 뉴먼
- 291　9장 중지 — 랑시에르와 주노 루도비시

329　맺음말

343　미주
355　참고문헌
359　도판 저작권

머리말

1.

우리는 무엇을 본 것일까? 미술관을 나선 지 얼마 되지 않았는데도 잘 기억나지 않는다. 얇게 바른 하늘색 면, 흰색 선, 여자 얼굴의 눈가, 오래된 건물의 벽… 조금 전에 그림에서 무엇을 보았는지 기억이 어렴풋하다. 이것은 하나의 아이러니다. 그림은 사라져가는 것을 붙잡아놓기 위한 것이기 때문이다. 화가는 잠시 나타난 것, 그래서 곧 사라질 것, 또는 아예 이미 사라진 것을 영원히 남기고 싶었을 것이다. 그것이 인물이나 풍경이 아니라 이 세상에 없었던 이미지라고 해도 마찬가지다. 화가의 머릿속에 어떤 이미지가 끈질기게 떠올랐고, 그것이 풍선처럼 하늘로 사라져버리기 전에 물질을 그것에 관통시켜 바닥에 눌러놓고 싶었을 것이다.

그럼에도 우리는 그것을 온전히 볼 수 없다. 우리가 본 것은 파편들이거나, 아니면 주변부는 흐려진 일부일 뿐이다. 그림은 다시 사라지고 실루엣만 남는다. 그림은 신화나 소문처럼 미술관의 벽에 걸려 있지만, 그 누구도 그 그림을 온전히 본 사람은 없다. 데리다는 회화의 기원을 부재에서 찾았다. 남편이 전쟁터로 떠나기 전날 밤 아내가 그를 기억하기 위해 그의 얼굴을 조각으로 담았다는 신화 이야기가 있는데, 이 이야기가 예술의 발생을 설명한다는 것이다. 이처럼 그림과 조각은 사라져가는 것을 붙잡기 위한 노력이지만, 우리가 그림을 본 직후부터 그것 또한 사라져간다.

반면 현대 미술사 책들을 꺼내 읽고 있노라면 그 다양함과 현

게르하르트 리히터,
<엘라Ella>, 2007
게르하르트 리히터는 사진을
그대로 옮긴 것 같은 그림을
그렸지만 흐리게 만드는 블러
기법을 통해 사진과 회화,
응시와 기억, 재현의 (불)가능성
같은 문제를 정면으로
제기했다. 일반적으로는 그가
동독과 서독 양쪽에서 겪었던
극심한 이념적 대립 때문에
인물에 대한 모든 규정을
유보하려는 시선을 보여준다고
해석한다. 그의 '포토 페인팅'은
우리가 어떤 인물을 보고 있는
동시에 그 인물이 사라지고
있다는 느낌을 준다. 엘라는
리히터의 딸이다.

란함 때문에 현기증이 날 정도이다. 어느 분야가 세부 사항으로 들어갈수록 복잡하지 않겠는가만은, 유독 현대 미술은 그 정도가 더 심한 것 같다. 아마도 그것은 전시장과 미술사 서적을 채우고 있는 작품들이 보이는 색채의 강렬함, 재료의 다양성, 행위의 예측 불가능성, 작가들의 나르시시즘과 불친절한 진술들 때문일 것이다. 그리고 그 배후에는 현대 미술의 탈영토화 운동, 즉 기존의 자기 자신의 모습을 공격하는 행위를 내적인 원동력으로 삼는 파괴성과 급진성이 놓여 있기 때문일 것이다.

    이 책의 목표는 어떤 특정한 관점하에서 현대 프랑스 미학에 속하는 다양한 이론을 소개하고 배치하는 것이다. 그 관점이란 18세기 말에 이미지와 개념 사이에 간극이 발생하면서 근대 미학이 시작되었으며, 이 간극이 점점 더 벌어지는 가운데 20세기 현대 프랑스 미학은 그것에 대한 사유와 대답으로서 전개되었다는 것이다. 즉 이미지와 개념 사이에는 어떤 관계가 성립하는가? 더 나아가 예술과 철학은 어떤 관계를 맺을 수 있는가? 현대 프랑스 철학자들은 이 질문에 대해 각자 고유하고도 독특한 입장을 취해 사유를 밀고 나아갔다. 우리는 이들의 개별적인 이론뿐만 아니라 이들의 전체적인 지도를 통해서 예술과 철학의 주요 주제들에 대해 생각해볼 수 있다.

이미지와 개념의 유희가 모더니티의 공간을 형성한다고 할 때 이는 칸트의 미학에서 가장 분명하게 드러난다. 아름다움은 더 이상 현대 미술의 (유일한) 과제가 아니지만, 이 시기에 아름다움이라는 이름하에 이미지와 개념이 유희하는 공간이 등장했다는 사실 자체는 중요하다. 이 책에서는 여섯 명의 현대 프랑스 철학자가 이 공간 안에서 어디에 위치하는지 차례로 찾아가보려고 한다. 그리고 각 철학자들은 자신의 예술철학에 맞게 특별히 한 미술가를 좋아하고 참조했다. 그렇기 때문에 한 철학자와 한 미술가를 짝짓는 방식으로 살펴보려고 한다.

철학자가 자신의 미학을 미술가에게 일방적으로 적용한다고 생각하는 것은 오해이다. 한 철학자가 어떤 미술가의 특정한 면을 더 부각시키는 것은 사실이지만, 철학자 또한 미술가로부터 많은 영향을 받아 자신의 예술철학을 보완하고 수정하고 심화시킨다. 이 책에서 주목해서 보려는 사유와 미술의 짝은 미셸 푸코와 르네 마그리트, 모리스 메를로퐁티와 폴 세잔, 장 프랑수아 리오타르와 마르셀 뒤샹, 장 보드리야르와 앤디 워홀, 질 들뢰즈와 프랜시스 베이컨, 리오타르와 바넷 뉴먼, 끝으로 자크 랑시에르와 주노 루도비시이다. 여기에서 예외적으로 리오타르는 두 번 다루어지고, 랑시에르의 상대는 현대 미술가가 아니다. 리오타르가 두 번 등장하는 이유는 그가 특별히 더 중요해서라기보다는 이 책이 취하는 관점에서 그가 두 가지 지점에서 적절한 미학적 설명을 제공하기 때문이다.

시기적으로 보면 이 책은 대략 1940년대부터 1980년대까지 프랑스에서 전개되었던 미학을 다룬다. 다만 자크 랑시에르는 시기적으로 조금 떨어져 있는데, 그의 미학 관련 저서들은 2000년 전후에 출간되었다. 이 책의 부제에 "현대 프랑스 미학"이라는 표현을 쓴 것은 니체 이후를 '현대'로 명명하는 철학사의 관례에 따른 것이긴 하지만, 이 문구를 보고 있으니 왠지 묘한 느낌이 든다.

어쩌면 젊은 독자들은 '이게 현대라고?' 하는 의문을 가질지도 모르겠다. 현대란 완결된 시제가 아니라 현재진행형의 시제여서, 이제 나의 '현대'와 그들의 '현대' 사이에 시차가 존재할 수도 있을 것 같다는 생각도 든다. 책을 쓰면서 메를로퐁티부터 리오타르까지 진행된 미학의 흐름을 다시 되돌아보자니 내가 대학원 때 가졌던 최첨단 같은 느낌보다는, 형용모순 같지만 이제는 '현대의 클래식' 같은 느낌이 든다.

이런 거리감이 느껴지는 것은 단지 이십여 년의 시차 때문만은 아니고 몇 가지 실질적인 이유가 있다. 우선 우리가 오늘날 현대 미술이라는 이름하에서 보게 되는 작품의 상당수는 설치미술과 비디오아트, 그리고 퍼포먼스인데, 이 책의 철학자들이 다룬 작품은 거의 대부분 회화에 한정되어 있다는 점을 생각해볼 수 있다. 이는 설치미술과 비디오아트가 등장해서 미술계의 주류에 진입한 것이 1960년대 이후인 데다, 그 작품들이 즉각적인 현장 비평이 아니라 철학적인 사유의 대상이 되기까지는 그 이후로도 얼마간의 시간이 필요했기 때문일 것이다.

두 번째는 이 철학자들이 작가 단위로 에세이나 단행본을 발표했다는 점이다. 1990년대에 세계화에 맞추어 국제 비엔날레가 우후죽순처럼 여기저기서 생겨났다. 이 시기부터 작가 못지않게 전시기획자의 영향력이 커지고, 작품의 수용과 이해도 작가 단위에서 전시 단위

머리말

로 점점 이동했다는 점을 고려할 때 우리와 이 철학자들 사이에 큰 변화가 있었던 셈이다. 말하자면 이 철학자들은 작가론이 예술비평의 단위로서 주효하다고 생각했다. 아니 정확히 말하면 다른 방식을 생각할 필요 자체가 없었다. 이 점과 관련하여 랑시에르가 보여주는 차이가 하나의 증거가 될 수 있다. 2000년 전후에 주요 미학 저작들을 출간한 그에게는 작가론에 해당하는 저작이 없고, 그 대신 전시 단위의 언급과 비평이 여러 곳에서 나타난다.

요컨대 이 책에서 다루는 현대 프랑스 철학자들도 2020년대인 오늘날 돌이켜보면 관조적인 회화를 주요 사유 대상으로 삼았다는 점에서, 그리고 작가를 비평과 해석의 단위로 삼았다는 점에서는 상당히 '고전적인' 면모를 지니고 있다고 할 수 있다. 그럼에도 불구하고 이들의 사유의 유효성은 여전해서, 오늘날에도 수많은 미술 이론과 전시 곳곳에서 이들의 영향력을 보곤 한다. 그러니 이 책에서 다루는 예술철학들은 현대 미학의 기초를 놓았다고 말하는 것이 적절하겠다.

덧붙여, 철학자들의 미학 이론을 그들이 직접 언급한 서양의 미술가들과 연관짓는 것에 그치지 않고, 각 장의 마지막에 그와 관련해 함께 생각해볼 수 있는 국내 미술작가들을 소개하고자 했다. 미학 이론들이 오늘날 한국의 맥락에서 어떻게 연장되고 갱신되고 있는지 함께 보여주는 것도 의미가 있을 것이다. 사실 이 부분을 좀 더 풍부하게 써보고 싶었으나 여러 사정상 아쉬운 대로 이 책에서는 작은 시도에 만족하고, 본격적인 내용은 다음 기회로 미뤄야 할 것 같다.

여기에서 소개하는 작가들은 다양하다. 안규철, 오인환, 홍순명 작가처럼 이미 미술계에서 확고한 평가를 받은 중견작가들도 있고, 노상호, 지희킴, 이근민 작가처럼 새로운 세대의 감각을 담아 대중의 사랑을 받고 있는 신진작가들도 있고, 강유정, 김그림 작가처럼 이제 막 활발하게 활동을 시작한 청년 작가들도 있다. 예외적으로 1장에서는 국내 작가가 아니라 모네 그림에 대한 감상을 담았다. 작품 수록을 허락해준 작가들께 감사의 말씀을 드린다.

위에서 말한 대로 작품 선정의 일차적인 기준은 각 이론과의 연관성이고, 그 연관성을 잘 보여줄 수 있도록 되도록 복잡하고 화려하기보다는 담백한 작업을 골랐다. 그리고 나의 주관적인 취향과 선호도 얼마간 반영되었다고 말해야 할 것 같다. 유명한 소설가이자 이론가의 표현을 빌리면, 이 책은 내가 가지고 있는 현대 프랑스 미학의 지도에 따라 큐레이팅한 나만의 작은 "상상의 미술관" 같은 것이다. 이 책이 독자들에게도 각자의 상상의 미술관을 짓는 데 도움이 된다면 좋겠다.

2.

미술에 초점을 맞추어 본론으로 들어가기 전에, 여기에서 예술과 철학을 감상하고 이해하는 일이 우리에게 왜 필요한지 좀 더 큰 시야에서 생각해볼 필요가 있을 것 같다. 철학과 예술은 오늘날 어떤 역할을 하는가? 철학과 예술에는 여러 가지 가치가 있지만, 크게 보아 우리는 철학과 예술을 통해 두 가지 가치를 배운다고 할 수 있다. 아니, 배운다기보다는 그것에 대해 생각하고 감수성을 기른다고 말하는 것이 낫겠다.

그 두 가지 가치란 무엇인가? 그것은 평등함과 고귀함이다. 세상은 평평하지만, 다른 한편으로는 높고 낮은 등고선이 있다. 이것이 양립 가능한 말일까? 첫째, 우리는 누구나 평등하다고 생각하고 그 사실을 감각해야 한다. 오늘날 이 사실을 대놓고 부정하는 사람은 드물

머리말

지만, 평등에 대한 거부감은 은밀한 형태로 사회 곳곳에서 존속하고 여전히 작동한다. 성별로, 재산으로, 신분으로, 거주 지역으로, 학벌로, 신체적 특징으로, 인종으로 사람들은 차별하는 데 익숙하고 그 안에서 편안함을 느낀다.

이런 문제에서 균형감을 갖는 것은 중요하지만 어렵다. 사람들은 자신이 피해자라고 말하기를 좋아한다. 자신이 가해자라고 말하기를 좋아하는 사람은 극소수를 제외하고는 거의 없다. 따라서 사회에서 객관적, 구조적 차별이 작동한다는 것을 감각하고 이의를 제기하는 것과 동시에, 나 자신에게도 그러한 경향이 있을 수 있다는 점을 인정하는 것이 중요하다. 세상이 차별로 가득 차 있다면, 나 또한 그럴 수 있는 것 아닐까? 세상이 좀 더 평평해지길, 평등해지길 바란다면 바깥 세상뿐만 아니라 세상에서 내 안으로 이어지는 사고와 감각의 표면 전체가 평평하기를 우리는 희망해야 한다.

앞에서 '누구나 평등하다'고 말했는데, 오늘날 문제는 좀 더 복잡하다. '누구나'의 자리에 올 수 있는 자격을 가진 존재는 무엇일까? 자연스럽게 사람에 대해서만 말했는데, 동물은 어떨까? 고양이나 강아지를 아끼는 사람은 당연히 사람이나 동물이나 모두 평등하다고 말할 텐데, 그 말은 좋은 말이지만 정확히 무슨 뜻일까? 고양이도 보호받아야 한다는 말에는 당연히 동의할 수 있지만, 고양이가 주인과 함께 요가 수업을 받아야 하는지는 솔직히 잘 모르겠다(예전에 살던 집 앞에 반려동물을 위한 요가 학원이 있었다). 산속에 사는 짐승이나 바퀴벌레는 어떨까? 이런 존재자도 '누구나'라는 저 주어 자리에 올 수 있을까?

고양이에 대해서는 열변을 토하던 사람도 이런 질문을 받게 되면 시들해지면서 갑자기 창밖으로 고개를 돌리는 게 보통이다. 괜한 말장난을 하려는 게 아니라, 요지는 평등하다는 말의 주어는 무한히 확장될 수 있고, 오늘날 실제로 인간 바깥으로 확장되고 있는 중이며,

그 경계를 새롭게 확정하는 과정에서 매우 혼란스러운 문제가 제기된다는 뜻이다. 아마 AI나 사이보그 같은 유사 인간형이 등장하면 곧 같은 문제가 제기될 것이다.

이것이 예술철학과 무슨 관련이 있는지 궁금할 것이다. 평등함의 이념과 감각은 서양에서 18세기 말에 생겨났다. 정치적으로는 프랑스혁명, 철학적으로는 루소와 칸트 철학의 시기이다. 이때 신분에 따른 사회적 위계가 무너지고 시민사회가 등장했다. 당시로서는 모든 사람이 시민으로서 평등하다는 주장은 급진적인 것이었고 말 그대로 혁명을 통해서 실현되었다. 흥미로운 것은 오늘날 우리가 '순수예술', 또는 줄여서 '예술'이라고 부르는 것이 등장한 것도 이 시기라는 점이다. 그러니까 유용성이나 교육적 가치, 또는 기존 관점에서 본 탁월성과는 무관한, 감각적 생산물이 가치가 있고 의미가 있을 수 있다는 생각이 태어났다는 것이다.

고대 그리스 조각과 난해한 현대 설치 조각은 모두 같은 자격으로 미술관에 전시될 수 있다. 그것들 사이의 모든 차이에도 불구하고 그것들은 예술작품으로서 대우받고 감상의 대상이 된다. 이런 점에서 예술을 감상하는 것, 예술철학을 배우는 것은 존재자들 사이의 평등성을 다시 한번 자극하고 훈련하는 일이 된다. 권위적인 사람일수록, 그러한 위계 안에서 편안함을 느끼는 사람일수록 예술작품, 특히 현대 예술작품 앞에서 혼란스러워 하는 것은 이상한 일이 아니다. 우리는 다양한 예술작품과 함께 평평함, 평등함의 확장을 감각한다.

그럼에도 불구하고 우리는 그 안에서 어떤 등급 또는 위계를 수립해야 한다. 이것은 고귀함, 우아함, 특별함 같은 말로 불릴 수 있을 것이다. 인류는 오랜 시간 이러한 고귀함을 선천적으로 주어지는 것으로 간주했다는 데에 문제가 있다. 신분, 계급, 민족 같은 것에 우위가 있다고 상정하고 이를 수호하기 위해 무자비한 폭력이 동원되었

머리말

다. 앞서 말한 평등성, 18세기 말에 등장해 오늘날까지 확장되고 있는 이러한 평평함의 감수성은 이러한 위계를 무너뜨리는 데 집중해왔다. 그럼에도 불구하고 다른 종류의 고귀함, 특별함이 우리에게 요구된다. 선천적으로 주어진 것이 아니라, 누구나 평등한 가운데 자라나는 내적인 고귀함, 높이가 무엇인지 생각하게 한다는 것이 철학과 예술이 갖는 두 번째 가치이다.

그것은 삶의 방식과 관련된다. 어떻게 사는 것이 보다 고귀한 삶의 방식인가. 여기에 대해서는 많은 철학자가 다양한 기준을 제시했다. 누군가는 세상의 법칙을 이해하는 것이, 누군가는 두려움으로부터 자유로워지는 것이, 누군가는 자율적으로 도덕법칙을 따르는 것이, 누군가는 창조적인 삶을 사는 것이 고귀한 삶의 방식이라고 말했다. 그 구체적인 기준과 이유를 제시하고 서로 논의해보는 것이 철학과 예술이라는 공간 자체를 정의한다. 이러한 논의는 다른 누군가를 차별하고 무시하기 위한 것이 아니라 오직 자기 자신의 삶을 좀 더 나은 것으로 만들기 위해서 필요한 것이다. 다른 사람들이 만든 기준, 이를테면 소셜미디어의 소음에 휩쓸리지 않고 자기 자신만을 기준으로 노력하기 위한 것이다.

그렇다면 고귀함이라는 가치는 예술과 어떤 연관이 있는가? 이 역시 예술의 존재 및 감상과 관련이 있다. 모든 작품이 평등하게 예술로 취급된다 해도 그 작품들이 모두 같은 가치를 갖는 것은 아니다. 이런저런 이유로 어떤 작품이 더 선호되고 주목받고 논의된다. 이상적인 경우라면 그것은 그 작품이 지닌 내재적 가치 때문이다. 하지만 예술작품들이 항상 내재적 가치로만 평가되지는 않는다. 이러한 측면도 이 책에서 살펴볼 것이다. 그럼에도 불구하고 예술작품에는 사람들이 원하는 무엇인가가 들어 있다는 점을 부정하기는 어렵다. 중요한 점은 선천적으로 주어지는 기준에 따라 예술작품에 가치가 매겨지는 것이 아니라는 점이다. 정확히 규정하기는 힘들지만, 예술작품은 대체로 긴 시간 동안 감상자들이 감각하고 생각해온 내용에 의해 평가된다.

그러므로 예술은 철학의 두 가지 가치를 결합해서 함유하고 있는 상징적인 생산물이라고 할 수 있다. 예술작품은 모두 동등하지만, 또한 동시에 높낮이를 갖는다. 예술작품은 누군가의 감각과 생각에서 시작되어 만들어진다는 점에서 모두 동등하지만, 그렇다고 모든 예술작품이 무차별적으로 같은 것이라는 뜻은 아니다. 뻔하지 않은 것, 달리 보게 하는 것, 보이지 않았던 것을 보이게 하는 것이 더 많은 가치를 갖고 그것은 더 고귀한 것이라고 할 수 있다. 평등성과 고귀함, 이 두 가지 가치를 논의하고 이해하는 데 꼭 예술철학만이 유일한 영역은 아니지만, 가장 좋은 영역에 포함된다고 말할 수 있다.

니체와 푸코의 '각자 자신의 삶을 예술작품처럼 대하라'라는 말은 이런 점을 함축하고 있다고 이해할 수 있다. 모든 사람의 삶은 기본적으로 동등하다. 그럼에도 그 안에는 어떤 내재적인 가치 기준이 존재한다. 그 기준이 무엇이라고 생각하든, 그것을 위해 노력하라. 예술에 대해서, 그리고 그것의 철학에 대해서 배우면서 외적 동등성과 내면적 가치에 대해 우리는 적지 않게 배우게 된다.

3.

우리는 해가 떠 있는 동안 사람들을 만나고 여러 글을 읽고 많은 말을 하지만, 해가 질 무렵이면 낮에 한 일들이 불필요한 일이었다는 느낌을 받을 때가 있다. 그럴 때에는 신체의 모드가 전환되는 듯한

머리말

시간이 찾아온다. 말과 생각의 스위치를 내리고, 감각기관만 조용히 열어두고 싶은 욕구가 찾아온다. 영원히 젊은 시인 랭보는 이런 시간을 가리켜 '여름 야청빛 저녁이면'이라고 적었다.

> 감각(1870)
>
> 여름 야청빛 저녁이면 들길을 가리라,
> 밀 잎에 찔리고, 잔풀을 밟으며.
> 몽상가, 나는 내 발에 그 차가움을 느끼게 하네.
> 바람은 나의 헐벗은 머리를 씻겨주겠지.
>
> 말도 않고, 생각도 않으리.
> 그러나 무한한 사랑은 내 넋 속에 피어오르리니,
> 나는 가리라, 멀리, 저멀리, 보헤미안처럼,
> 여인과 함께하듯 행복하게, 자연 속으로.[1]

여기에서 '야청빛'이라고 번역된 단어는 '어둡게 푸른빛'을 가리키는 말이다. 원래는 '아청빛'이 '갈까마귀처럼 검게 푸르다'라는 뜻의 한자어로 정식 단어였는데, 사람들이 '야청빛'으로도 쓰는 바람에 지금은 두 단어 모두 사전에 등재되어 있다. '아청빛'이 '야청빛'으로 변이를 일으킨 이유에 대해서는 공식적인 설명을 찾기 어렵지만, 아마도 사람들이 '밤 야夜' 자를 떠올려서 발음이 전이되었을 것이다. 그러니까 사람들은 '야청빛'이라고 말하면서 '밤하늘처럼 어둡게 푸른 빛'의 이미지를 떠올렸던 것이다. 시의 원어는 'bleu'로 '푸르다'라는 뜻의 평범한 단어이니, 이것을 뒤에 따라오는 '저녁'과 연관 지어 예스러운 말로 옮긴 것은 다소간에 번역자인 김현 선생의 창조적 번역이다.

여하튼 랭보는 들판의 한복판에 서서 발끝부터 머리끝까지 촉감으로 충만하게 차오르는 삶의 기쁨을 찬양했다. 그리고 그러한 자연 안에서, 오직 그 안에서만 가능한 어떤 것으로서, 저멀리 사랑을 찾아 떠나겠다는 기대와 결심을 이야기했다. 나는 이 시의 첫 구절을 이 책의 제목으로 삼고 싶었다. 삶의 모드를 바꾸고 오직 감각에만 의존해 돌아오지 않을 각오로 "멀리, 저멀리" 떠나는 그가 부러웠기 때문이다. 우리는 그렇게 멀리 가지는 못하지만, 자연과 예술에서 기이한 아름다움을 목격할 때가 있다. 그럴 때 비로소 우리는 단순한 시선으로 자신을 볼 수 있고, 내 삶이 오직 잔풀과 바람과 사랑과 관련되어 있을 뿐이라는 사실을 깨닫는다. 나에게도 가끔 찾아오는 그런 순간들을 모아 이 글을 썼다. 예술이 불러일으키는 감성의 심오한 원천이 무엇인지 알고 싶었기 때문이다. 그러므로 이 책은 나의 야청빛 저녁에 관한 글이기도 하다.

막연하게나마 이런 책을 써야겠다고 떠올린 것은 꽤 오래전으로 거슬러 올라간다. 아마 십여 년 전 찾아갔던 카셀 도큐멘타에서였을 것이다. 카셀 도큐멘타는 독일 카셀 지역에서 5년마다 열리는 매우 큰 규모의 현대 미술 전시회이다. 며칠 동안 도시를 돌아다녀도 다 볼 수 없을 것 같은 미술작품들과 전시장 천장까지 산더미처럼 쌓여 있는 문서들을 보면서 어쩌면 이것이 우리가 살고 있는 현대 문화의 풍경일 수 있겠다는 생각을 했다. 우리는 종잡을 수 없이 배치되어 있는 그림과 문서, 이미지와 개념 사이를 유영하면서 살고 있는 것이다. 물론 이러한 '무질서'가 꼭 나쁜 것만은 아니다. 그것은 우리의 현대적 삶의 환경이며, 다만 그것을 사유할 수 있는 역량이 필요할 뿐이다.

거기에서 가장 좋았던 일은 어느 날 밤 광장에서 맥주를 마셨던 일이다. 도시에 넓게 퍼져 있는 전시장을 며칠째 찾아다니다 그날 저녁은 메인 전시장 앞에 있는 프리드리히 광장Friedrichsplatz에서 쉬기로 했다. 한켠에 마련된, 길게 누울 수 있는 두 쿠션 의자에 동행했던 사람과 나란히 누웠다. 해가 떠 있는 동안 도시에 감돌았던 진지한 분위기는 조금씩 사라지고, 음악 소리와 함께 어딘가 느슨해져도 좋을 기분이 동실 떠올랐다. 아마 잘 마시지 못하는 술을 마신 탓도 있었을 것이었다.

해는 이미 져서 붉은 기운은 가시고, 그 대신 어둡게 푸르러진 하늘을 올려다보며 모든 게 완벽하다는 생각이 들었다. 좋아하는 사람과 전시를 보고 저녁에는 하늘을 보며 이런저런 대화를 하고 있으니, 이보다 더 좋은 하루는 앞으로도 열 손가락을 다 채우지 못하겠지 싶었다. 그때 한 줄기의 빛이 하늘을 가르며 나타났다. 옅고 흐린 평범한 빛이 아니라 자를 대고 정확히 그린 듯한 초록색 빛이 말이다.

그 빛은, 좀 이상한 표현이지만, 무심해 보였다. 퍼져 나가거나 흐릿해지는 일 없이, 그냥 자기가 원하면 늘 그렇게 뚜렷하게 있을 수 있는 것 같은 모습을 하고 있었다. 도시의 끝 어디에선가, 보이지 않는 곳에서 출발해서 도시의 반대편 쪽으로도 무한히 뻗어나갈 수 있는 것처럼 보였다. 광장을 가로질러 가는 빛을 누워서 보며 생각했다. '세상에 저렇게 확실한 것이 있다니.' (나중에 안 것이지만, 그것은 도시 단위로 설치된 세계 최초의 레이저아트 작품이었다. 이 작품은 1977년 카셀 도큐멘타 6부터 시작되었는데, 토요일 밤마다 주기적으로 빛을 내보낸다.)

하지만 코로나 등등의 이유로 나는 카셀에 다시 가지 못했고, 누워서 레이저 빛을 함께 보았던 사람도 멀리 떠났으니, 그때 했던 약속이나 계획 같은 건 지켜지지 못했다. 확실한 초록빛은 부서져 없어졌다. 그래도 가끔 그 초록빛을 보곤 한다. 이런저런 미술작품들 속에서 초록빛을 희미하게 보곤 한다. 약속과 상실과 기쁨과 슬픔, 그리고 이 모든 것이 다시 시작되는 반복을 보곤 한다. 약속과 계획은, 특히 그것이 깨진 것이라면, 지성이나 언어에 남는 것이 아니라 기억과 감

카셀 도큐멘타 레이저스케이프

각에 가서 맺힌다.

    이 책의 시작에 카셀 도큐멘타가 있다면, 이 책의 마지막에는 치앙마이의 왓우몽이 있다. 써야 할 마지막 사분의 일의 원고를 앞두고는 그저 따뜻한 햇볕 아래에서만 남은 원고를 쓸 수 있을 것 같아 서울의 겨울 날씨 탓을 하며 무작정 치앙마이로 갔다. 태국의 겨울은 한국의 초여름처럼 따뜻했다. '동굴 사원'이라는 뜻인 왓우몽에는 이름 그대로 벽돌로 만든 인공 동굴 안에 몇 분의 부처님이 예술품처럼 모셔져 있다. 사원 뜰에는 잎이 넓고 키가 큰 열대 나무들이 자유롭게 서 있었는데, 앞쪽으로 줄 서 있는 나무들에는 태국어로 쓰인 팻말이 걸려 있었다. 팻말 하나를 번역 앱으로 확인해보니 대략 이런 뜻이었다. "물은 흐르지 않으면 갇혀서 썩는다. 자신이 하는 일을 알고 놓아주기를 거부하는 마음은 슬픔을 겪는다."

    마음이 흐르지 않아 목에 슬픔이 찬 사람들이 여길 자주 찾아오나 보다. 하긴 마음이 강물처럼 술술 흘러간다면 종교나 예술이 무슨 필요가 있겠으며, 애초에 왜 생겨났겠는가 싶었다. 어쩌면 예술작품이란 흘러가지 않는 마음의 결정체 같은 것일지도 모른다. 우리는 마음을 흘려보내기 위해 애쓰다가 그래도 흘러가지 않는 부분만큼은 소금 같은 결정으로 남기기 위해 왓우몽의 높은 사리탑처럼 무언가를 쓰고 쌓아올린다. 어스름녘의 야청빛 하늘이 어둡게 내려앉는 사원을 돌아 걸어 나올 때 나는 그림자처럼 외롭고도 편안했다.

    이 책은 그동안 했던 강의를 기반으로 하고 있다. 이화여대 서양화과와 철학과, 서울대 미학과 수업을 들었던 학생들에게 감사의 말을 전한다. 내가 설명하고 싶었으나 그들에게 잘 이해되지 않았던 내용들, 그들이 질문했으나 내가 잘 답할 수 없었던 순간들을 이 책을 쓰는 동안 종종 생각했다. 이 책으로 그들에게 빚진 것을 조금 갚는 것 같은 기분도 든다. 행여 이 책으로도 만족스럽지 않다 해도 당장에는 이것뿐이니 이해해주시길. 어디에서 무슨 일을 하든 그 졸업생들 그리고 독자들에게 예술과 철학이 함께하기를 바란다. 그래서 우리 삶에서 중요했던 약속이 때로는 지켜지지 않는다는 사실을 받아들이길, 그리고 언젠가 야청빛 저녁이 되면, 멈추었던 마음도 흘러가길 기원한다.

1부　　　　　　　　　　이미지와 개념

1장
유희 – 칸트의 미론

1.

'예술Art'이란 서구 근대의 산물이다. 그 이전의 시기에는 고유한 의미에서 예술이란 존재하지 않았다. 오늘날 우리가 미술관이나 박물관에서 보는 예술작품들은 이후에 그렇게 의미 부여를 해서 수집한 것들이다. 고중세의 제작자들은 오늘날처럼 스스로 예술가란 의식을 갖지 않았다는 뜻이다. 그러니까 현대적 관점에서 돌이켜볼 때 예술적 활동이나 예술적 작품 그리고 예술가적인 인물은 역사 속에 언제나 있었다고 할 수 있지만, 예술이라는 독립적인 영역은 존재하지 않았다. 예를 들어 오늘날 프랑스 파리의 기메박물관에는 조선시대의 병풍이 전시되어 있지만, 절반은 가구이고 절반은 작품인 이 물건이 조선시대에 인상주의 회화 작품처럼 멀리서 바라보는 감상의 대상으로 만들어지지는 않았다.

이렇게 이미지를 바라보는 시선에 큰 역사적 변화가 있었다는 사실은 얼마간 알려져 있지만, 이를 미학적인 이론으로 분명하게 제시한 이는 현대 프랑스 철학자 자크 랑시에르이다. 그는 역사적으로 볼 때 서구에 이미지를 분류하고 그것에 의미를 부여하는 상이한 체제가 있었다고 설명한다. 크게 세 가지 체제가 존재했는데, 그는 이것들을 각각 이미지의 "윤리적 체제", "재현적 체제", "미학적 체제"라고 부른다.[1]

그의 설명을 간략히 핵심만 살펴보자. (1) 이미지의 윤리적 체제란 한 이미지가 공동체에 미치는 윤리적 효용에 따라 그 이미지의 가치를 파악하는 체제를 의미한다. 즉 이미지가 공동체 내 개인과 집단이 살아가는 방식에 미치는 직접적인 효과에 따라 이미지를 평가하는 것을 말한다. 이러한 기준에 따르자면 이미지는 선한 것, 신적인 것, 영원한 것을 표현해야 한다. 사람들, 특히 젊은이들은 따라하기를 좋아하므로 그러한 도덕적으로 좋은 이미지가 주어져야 사람들은 좀더 선한 사람이 되기 위해 자연스럽게 노력할 것이다. 이미지는 이상적 삶의 모델로서 공동체의 구성원들에게 실천적 지향을 불어넣어야 한다. 예를 들어 신화나 위인전이나 영웅담 같은 것이 그런 것이다. 반대로 말하면 도덕적으로 좋지 않은 영향을 미칠 것 같은 이미지는 나쁜 이미지로 평가되고, 억제되거나 검열되거나 심지어 제거되어야 할 대상이 된다.

(2) 반면에 이미지의 재현적 체제는 모방이나 재현을 기준으로 삼는다. 여기에서 이미지의 중요한 목표 내지 기준은 현실을 모방해서 얼마나 현실적으로 보이는가 하는 것이다. 요즘은 좀 덜 쓰는 단어인 것 같지만, 소설 이론에선 이를 '핍진성'이라고 부른다. 핍진성에 해당하는 영어나 불어 단어는 'vraisemblance'인데, 이는 진짜vrai처럼 보인다sembler는 뜻이다. 창작자가 재료에 형식을 부여하는 작업을 통해 핍진성 있는(=사실임직한) 외형을 만드는 것이다. 이를 위해서는 특수한 특징들을 부여해야 하고, 시대가 요구하는 표현 양식의 적합성을 가져야 한다. 예를 들어 고대 그리스비극에서 주인공은 신분이 고귀한 자여야 하며, 자부심, 심지어 오만에 가까운 자신감으로 행위하다 바로 그 자신의 성격적 결함 때문에 추락하는 운명을 보여주어야 한다.

(3) 그렇다면 이미지의 미학적 체제는 무엇인가? 여기에서 우선 생각해야 할 두 항은 포이에시스와 아이스테시스이다. "포이에시

스는 작품을 제작하는 것이고, 아이스테시스는 그 작품이 지각되고 느껴지는 감각적 환경을 말한다."[2] 포이에시스poiesis는 시학poetics의 어원에 해당하는 말로 시나 건물을 짓는 것을 의미한다. 아이스테시스aisthesis는 미학Aesthetics의 어원에 해당하는 말로 감각 작용을 의미한다. 간단히 말해 작품을 사이에 놓고 포이에시스와 아이스테시스가 만난다. 예술가가 작품을 제작해서 내놓으면(포이에시스), 감상자는 그것을 감상한다(아이스테시스).

그런데 재현적 체제에서는 한 사회 안에서 제작과 감상을 일정하게 규제하는 규칙이 존재했다. 즉 창작자는 감상자들이 작품을 어떻게 볼 것이라는 예상을 하면서 만들고, 역으로 감상자 역시 창작자가 어떤 코드를 가지고 만들었을 것이라는 짐작을 하면서 감상했다. 예를 들어 17세기 프랑스 화가 샤를 르브룅은 루이 14세의 절대적인 지지를 받아 예술가로서는 최고의 권력의 자리에 올랐다. 그는 "국왕의 제일 화가"라는 호칭을 부여받았으며, '프랑스 회화 조각 왕립 아카데미'를 건립하는 데 주도적인 역할을 했고, 이후 회장직에 올랐다.

그는 데카르트의 『정념론』으로부터 많은 영향을 받아 인간의 다양한 감정을 회화적으로 표현할 수 있는 표본을 만들고, 이를 모든 프랑스 화가로 하여금 따르게 했다. 예를 들어 그의 사후에 출간된 저서 『영혼의 정념들의 표현』(1727)에는 스무 가지 감정에 따라 각각 얼굴 표정이 어떻게 변하는지에 대한 설명과 함께 모범이 되는 데생이 수록되어 있다.

요컨대 재현적 체제에서는 작품의 제작과 감상이라는 두 항을 직접 연결하고 규제하는 상위의 세 번째 항이 존재했다는 것이다. 랑시에르는 그것을 미메시스mimesis라고 부른다. 즉 모방과 재현의 규칙이 양측을 매듭짓게 했다. 미메시스가 어떤 의미였는지는 잠시 후에 조금 더 구체적으로 살펴보기로 하고 다시 윤리적 체제로 거슬러

샤를 르브룅,
『영혼의 정념들의 표현』,
1727, "조용한 기쁨" 항목

올라가면 윤리적 체제에서도 두 항을 규제하는 상위의 항이 있었는데, 그것은 윤리를 의미하는 에토스ethos이다. 이 말은 공동체의 윤리적 영향이라는 기준에 따라 작품을 제작하고 또 감상했다는 뜻이다. 사실 이런 체제에서는 고유한 의미에서 예술이 존재한다고 말하기 어렵다.

이런 관점에서 보면 이미지의 미학적 체제란 매우 독특한 데가 있는데, 왜냐하면 그것은 포이에시스와 아이스테시스 사이의 매듭이 풀린 체제이기 때문이다. 즉 작품의 제작과 감상을 조율하고 규제하는 상위의 항이 존재하지 않는 것이다. 이 말은 여러 가지 함의를 지닌다. 우선 협상의 규칙 없이 작품을 놓고 창작과 감상이 직접 대면해야 하는 상황을 의미한다. 이것은 창작도 그렇지만 감상도 그에 못지않게 자기 스스로 능동적인 이해와 해석을 수행해야 하고, 또 실제로 그렇게 한다는 점을 함축한다.

둘째, 하나의 작품을 예술이게끔 하는 도덕적, 형식적 기준이 부재하기 때문에 아무리 사소한 것이라도 모든 것은 권리상 예술의 영역 안으로 들어올 수 있다. 마우리치오 카텔란은 바나나를 덕트테이프로 붙여 전시해서 논란을 낳았지만(〈코미디언〉, 2019), 사실 그것은 현대 미술에서 예상할 수 있었던 숱한 예 중 하나일 뿐이다. 예술이라는 영역의 울타리 안에서 작품들은 윤리적 기준이나 모방해야 할 사회적 위계와 무관하게 예술의 자율성을 향유한다.

랑시에르는 미학적 체제의 한 예로 헤겔 미학의 한 대목을 제시한다. 헤겔은 무리요의 〈부랑아들〉(1670)이라는 작품에 대해 말하면서, 가난한 아이들의 순진무구한 표정에 비치는 무사태평함을 찬미한다. 이는 고대 그리스 올림포스 신들의 평정과 비견할 만한 고귀한 것으로 예찬된다. 여기에서 주의할 것은 미학적 체제에 속하는 것은 무리요의 그림(17세기)이 아니라 헤겔의 시선(19세기)이라는 점이다.

> 헤겔은 이 그림을 미술관에서 보았다. 다시 말해 회화나 조각이, 군주의 궁전을 장식하고 위인의 위대한 행적을 찬양하거나 신앙의 신비를 간증할 때 따르곤 하던 위계나 그것의 목적에서 분리되어, 예술작품으로서 전시되는 중화된 공간 속에서 보았다는 얘기다. 미학이란 이 새로운 체제에 대한 사유이다.[3]

그러니까 역사적인 관점에서 볼 때 무리요의 작품 자체는 재현적 체제하에서 제작되었다고 할 수 있지만, 이 작품이 원래의 위계적 기능에서 벗어나서 미술관이라는 탈계급적 공간 안으로 들어오게 된 환경의 변화가 미학적 체제의 도래를 의미한다. 참고로 오늘날 우리가 경험하는 (국공립) 미술관이라는 제도는 프랑스혁명 때 생긴 것이다. 그 전까지 왕족과 귀족의 소유물이었던 예술작품이 시민들의

무리요,
<부랑아들>, 1670

공공의 물건res publica, 즉 공화국republique으로 귀속된 것이다. 무리요의 작품에 대한 헤겔의 서술은 바로 미술관의 도래로 인해 모든 미술 작품이 서로 평등한 관계 속에서 배열되고 비교되고 감상되는 체제를 반영한다. 부랑아들은 신들과 나란히 놓인다.

철학사 안에서 이미지의 세 체제는 명백히 플라톤, 아리스토텔레스, 칸트를 가리킨다. (1) 예를 들어 플라톤은 『국가』 10권에서 다음과 같이 말한다. "시 가운데서도 신들에 대한 찬가들과 훌륭한 사람들에 대한 찬양들만이 이 나라에서 받아들여야 할 것이라는 걸 자네가 알아야 하네."[4] 플라톤에 따르면 모방은 곧 습관과 성향이 되어버리기 때문에 도시 공화국은 시민들에게 용감하고 절제 있고 경건한 것만을 제공해야 한다. 그래야만 시민들이 성욕, 격정, 욕구 같은 것에 지배받지 않고 오히려 이것들을 지배하는 자유인이 될 것이기 때문이다.

이미 우리가 세계 안에서 보고 들을 수 있는 것들은 하나의 이미지이다. 그것들은 영원한 형상Form을 닮은 이미지이다. 그런데 화가들이나 시인들은 자기 감정에 사로잡혀 다시 이미지를 생산한다. 그러므로 이것은 이미지들의 이미지, 또는 혼란스럽고 나쁜 이미지들이다. 유명한 동굴의 우화에서 이러한 이미지들은 가장 하단에 위치한다.

(2) 반면 아리스토텔레스는 역사보다 시를 우월한 것으로 놓았다. 역사는 사실을 말한다면 시는 진실을 말하기 때문이다. 잘 알려져 있다시피 아리스토텔레스는 『시학』 9장에서 시인(=비극 작가)은 "실제로 일어난 일"이 아니라 "일어날 수 있는 일, 즉 개연성 또는 필연성의 법칙에 따라 가능한 일"을 이야기한다고 설명했다. 작가는 이런저런 성격을 가진 인간이라면 할 법한 행동들을 모방해 사건의 결합인 플롯을 구축하고, 이를 통해 공포와 연민의 감정을 불러일으킨다. 아리스토텔레스는 허구적 모방이 사실의 전달보다 탁월한 가치를 가질 수 있다고 생각했다. 인간의 본질적 성격을 보여주기 위해서는 잡다하고 다양한 역사적 행위로부터의 선택과 추출이 필요하기 때문이다.

따라서 아리스토텔레스에게서 모방은 무조건적인 행위의 복사가 아니라 탁월한 특징에 주목하고 그것으로부터 나올 법한 행위의 인과관계를 구성하는 것이다. 아리스토텔레스가 미술에 대해 언급한 것은 아니지만, 그는 재현의 고유한 기능에 입각해 예술의 독자적 영역을 긍정했다. 그리고 이는 이후 미술에도 적용될 수 있게 된다.

(3) 칸트가 살았던 시기, 그러니까 18세기 후반에 미학적 체제가 등장한다. 포이에시스와 아이스테시스의 대면은 칸트 미학에서 "지성과 상상력의 자유로운 유희"라는 정식으로 나타난다. 재현적 체제에서는 지성이 감성이나 상상력보다 우위에 있었다면, 우리는 칸트, 루소, 실러 같은 철학자에게서 공히 상상력과 감성이 지성과 동등해

지는 것을 볼 수 있다. 이 점에 대해 좀 더 깊게 들어가기에 앞서, '미메시스'를 둘러싸고 두 고대 철학자의 예술론이 어떻게 나타났는지 여기에서 확인하고 정리할 기회를 갖는 것이 좋겠다.

예술에 대한 가장 고전적인 정의는 "예술은 미메시스"라는 것이다. 미메시스는 그리스어로 모방이나 흉내를 의미한다. 서양 사상사에서 많은 경우에 그렇듯이 이러한 관념 역시 플라톤과 아리스토텔레스까지 거슬러 올라간다. 그런데 우리는 두 철학자에게서 사뭇 다른 생각을 발견한다. 미묘하지만 분명하게 미메시스의 두 가지 의미가 분기되고 상이한 가치가 부여되는 것을 볼 수 있다. 우선 플라톤은 미메시스를 거울에 비교했다.

> "여러 가지 방식으로 그리고 재빨리 만들어낼 수 있겠는데, 만약에 자네가 거울을 들고서 어디고 돌아다니기만 한다면, 아마도 가장 신속하게 만들어낼 수 있을 걸세. 곧바로 해와 하늘에 있는 것들을 만들어낼 것이며, 곧바로 땅과 자네 자신, 여느 동물들과 도구들, 식물들, 그리고 그 밖에 방금 언급된 것도 만들어낼 걸세." 내가 말했네.
> "네, '보이는 것들phainomena'은 만들 수 있겠죠. 그렇지만 진실로 '있는 것들onta'을 만들 수는 없겠죠." 그가 말했네.[5]

플라톤은 '진실로 있는 것'과 '그럴듯하게 보이는 것'을 대비하고 있다. 거울은 세상에 있는 존재자들을 비추면서 그럴듯하게 보이는 이미지를 만들어낼 수는 있겠지만, 그렇다고 해서 그것이 정말로 있는 것과 같아지는 것은 아니다. 거울 속 2차원 이미지는 세상의 3차원 사물에 영원히 도달할 수 없다. 이미지는 실재에 한참 미치지 못한다. 오히려 실재에 도달하고자 하고 실재하는 것들 사이에 숨어 들어갈 때 사람들의 사고와 실천에 크게 해가 될 것이다. 플라톤의 '시인 추방론'은 이로부터 나온다. 여기에서 시인은 주로 비극 작가를 가리 키는 것이지만, 화가야말로 더 먼저 쫓겨날 것이다. 공동체의 사람들 은 감정 과잉의 비극이나 예술이 아니라 인식과 실천의 기준이 될 만 한 것을 파악하는 로고스를 따라 살아야 한다.

반면 아리스토텔레스는 미메시스를 그림에 비교했다. 그의 철 학은 우리의 구체적인 경험에서부터 출발한다. 사실 이러한 차이는 플라톤과 아리스토텔레스의 철학 전반에 걸쳐 나타난다. 플라톤은 논 리적인 정합성과 개념적인 동일성으로부터 삶의 평가 기준을 마련하 지만, 아리스토텔레스는 사람들이 실제로 무엇을 좋아하고 어떻게 생 각하는지에 대한 관찰을 수합하면서 논의의 출발점을 마련한다.

> 모든 인간은 날 때부터 모방된 것에 대하여 쾌감을 느낀다. 이 러한 사실은 경험이 증명하고 있다. 아주 보기 흉한 동물이나 시신의 모습처럼 실물을 볼 때면 불쾌감만 주는 대상이라도 매우 정확하게 그려놓았을 때에는 우리는 그것을 보고 쾌감을 느낀다.[6]

이 구절은 아리스토텔레스가 비극의 긍정적인 가치를 설명하 기 위해 먼저 그림의 효과에 대해 서술하는 대목이다. 사람들이 그림 에서 즐거움을 느끼는 이유는 그림이 동물이나 시체의 어떤 부분을 생략했기 때문이다. 대상으로부터 중요하지 않은 부분은 생략되고 본 질직인 측면이 추출되었다는 깃을 보는 깃민으로 사람들은 신기해하 고 즐거워한다.

두 철학자가 미메시스에 대해 드는 예시 자체로 이들이 미메시 스에 어떤 가치를 부여하는지 알 수 있다. 플라톤의 거울은 어떤 경우든 실재를 속이기 십상이지만, 아리스토텔레스의 그림은 사람을 매혹시킨다. 플라톤이 부정적으로 언급했던 거리, 즉 실재와 예술작품 사이의 거리가 아리스토텔레스에게는 거꾸로 긍정적으로 평가되는 요소가 된다. 즉 그림은 실제 세계와 거리가 있기 때문에, 그것과 다소간 다르기 때문에, 바로 그 이유에서 본질적인 성분을 선별할 수 있는 힘을 갖게 되고, 사람들에게 모종의 감동을 준다.

이처럼 두 철학자 모두 미메시스라는 같은 단어를 썼지만 그 함축은 사뭇 다르고, 예술에 대한 평가도 달라진다. 플라톤의 관점에서 예술의 이미지들은 실재에 미치지 못하고 올바로 살려고 하는 사람을 혼란스럽게 한다. 반면 아리스토텔레스의 관점에서 잘 만들어진 예술작품은 인간 삶의 본질적인 측면을 담고, 부정적 감정을 배출시키고, 그렇게 해서 삶을 좀 더 고양시킨다. 이런 배경에서 이후 미메시스라는 단어는 플라톤의 의미에서는 '모방imitation'으로, 아리스토텔레스의 의미에서는 '재현representation'으로 구분해서 옮겨지곤 한다.

앞서 말했던 이미지의 세 가지 체제는 조금 단순하게 왕국이나 학교에 비유를 해보면 이렇다. 1) 윤리적 체제는 왕과 교장이 행진곡 풍의 음악을 선택하는 것이다. 2) 재현적 체제는 왕의 전속 시인이 왕과 귀족을 따라다니면서 그들의 행위를 묘사하는 것, 또는 교장에 충성하는 교무주임이 교내 구성원들의 말과 행동을 그들의 위상을 반영해 일지로 기록하는 것이다. 3) 미학적 체제는 비로소 작가와 화가가 야외로 나가서 길거리에서 보이는 것과 들리는 것을 작품으로 담게 된 것이다.

또는 상상력과 지성의 관계를 남녀 간의 관계로 비유하자면 1) 윤리적 체제는 남녀가 둘의 결합을 양가의 위상 강화를 위해 권력자가 지정해주는 것이다. 2) 재현적 체제는 같은 계급 안에서 결합하도록 신분에 맞는 파티를 여는 것이다. 3) 미학적 체제는 자유연애가 도래해 남녀가 왈츠를 추면서 파트너가 계속 바뀌는 장면과 같다. 상위의 통일체, 조절자가 없는 상태에서 둘 사이에서 모든 것을 해결해야 한다. 이제 이 매개 없는 대면으로부터 둘 간의 사랑, 질투, 폭력, 이별의 모든 이야기가 시작된다.

2.

학교에서 강의를 하거나, 학회 안내문을 보거나, 논문을 읽을 때 가장 많이 보는 단어 중 하나가 '모더니티'이다. 하지만 이 말은 점점 넓게 쓰여서 이제는 편의상 그냥 아무 곳에나 적당히 집어넣어도 되는 개념어가 된 것 같다. 너무나 많은 요소가 담겨 있어서 구체적으로 쓰이는 맥락과 의미를 묻지 않으면 내용을 알 수 없는, 니체의 표현을 빌리자면 시장에서 너무 많이 사용되어 '표면이 다 닳은 은화'처럼 되어버렸다. 더군다나 이유가 없는 것은 아니지만, '모던', '모더니즘', '모더니티'가 때로는 '근대성'으로, 때로는 '현대성'과 그 주위의 단어들로 번역되면서 혼란을 더 가중시키기도 한다.

물론 모더니티 또는 근대성이라는 개념 또는 시대구분이 무의미한 것은 아니다. 이 어휘의 내포를 잘 한정만 한다면 우리 사회가 잊어버린 것들, 우리가 오늘날 맹목적으로 추구하고 있는 것들, 그리고 이 맹목성의 어두운 부분들을 살필 수 있는 좋은 관점을 얻을 수 있다. 그런 어떤 문헌을 주요 참고 지점으로 삼아 이 개념을 한정해야 할까? 적어도 철학적 근대성이 무엇인지 알고 싶으면 칸트부터 읽어보는 것이 가장 효과적인 길이다. 칸트는 서구의 근대가 무엇인지 가장 분명하게 보여준 사상가이다. 아니, 더 짧게 말하는 게 좋겠다. 그는 철학적 근대를 지어 올린 건축가이다. 서구의 근대가 무엇인지 이해하고, 더 나아가 비판하려고 할 때 그를 우회하는 것은 불가능하다.

그의 건축물은 세 개의 건물로 이루어져 있다. 『순수이성비판』, 『실천이성비판』, 『판단력비판』이 그 건물들의 이름이다(1781-1790). 칸트의 책 제목들은 18세기에 지어진 만큼 딱딱하고 건조하지만, 그 주제는 보편적이고 오늘날 우리도 한 번쯤은 생각해보는 문제들이다. 『순수이성비판』은 인식과 진리의 문제를 다룬다. 『실천이성비판』은 도덕과 실천의 문제를 다룬다. 『판단력비판』은 감정과 아름다움의 문제를 다룬다.

이것은 칸트가 인간을 세 가지 각도에서 조망하고 분석한 것이다. 인간은 어떤 존재인가? 그의 답은 인간은 이해하고 실천하고 감상하는 존재라는 것이다. 이것은 우리가 일주일 동안 무엇을 하는가를 보면 알 수 있다. 학생이라면 그는 월요일부터 금요일까지는 무언가를 읽으면서 배우고, 간혹 토요일에 지금보다 더 나은 사회를 위해 모임이나 집회에 참여하기도 하고, 종종 일요일에는 미술 전시나 콘서트 홀에서 예술작품을 감상한다.

칸트는 인간 마음의 설계도를 보여주었고, 주체의 구조를 제시했다. 한 연구자는 "칸트가 보편적 인간을 발명했다"고까지 평가했다. 이 말은 그 이전까지는 이런저런 인류 집단이 있었고, 대체적인 인간의 성향에 대한 이론이 있었지만, 칸트는 '정상적이고 상식적인' 인간이라면 누구나 갖는, 그러면서 동시에 세계의 어떤 존재자들과 뚜렷이 구별되는 내적 특성을 서술했다는 뜻이다. 우리는 동의 여부를 떠나, 칸트가 제시한 세 장의 설계도를 대조하고 중첩시키면서 인간의 고유한 본성에 대해 이해하고 진지하게 생각하게 된다.

사실 칸트의 주저가 세 권으로 구성되었다는 점은 전혀 새로운 것이 아니다. 왜냐하면 이는 서구 문화사의 최고의 이념들, 즉 진선미에 맞춰서 구성된 것이기 때문이다. 새로운 점은 형식이 아니라 그 내용에 있다. 흔히들 서양의 고대 사상은 진선미의 일치를 추구한 반면, 근대 사상은 진선미의 분리와 자율성을 확립하고자 했다고 평가한다. 소크라테스는 진선미는 궁극적으로 통일된 하나의 모습을 하고 있다고 설파했다. 그가 보기에 아름답지 않으면 진리가 아니고, 선하지 않으면 그것 역시 진리가 아니다. 그리고 그 역으로도 말할 수 있다.

반면 칸트는 3비판서에서 진선미가 각자의 영역에서 최고의 자율성을 누린다는 점을 증명하고자 했다. 그 내용을 간략히 살펴보자. 칸트는 인간의 인식능력을 셋으로 구분한다. 감성, 지성, 이성이 그것이다. 먼저 인식은 어떻게 이루어지는가? 감성과 지성이 만나서 이루어진다. 감성은 외부로부터 "잡다를 수용"하는 능력이다. 감성은 시각, 청각 등 다섯 종류의 감각 능력을 말하는데, 예를 들어 이제 처음 세상 구경을 하기 시작한 유아는 눈앞의 어떤 것에서 노란색을 보고 단단함을 느낄 수 있을 것이다.

반면 지성의 역할은 개념을 내보내는 것이다. 저 감각적 잡다함에 상응하는 개념을 내보낼 수 있는지의 여부에 따라 인식이 이루어진다. 처음 노란색 과일을 보는 아이는 그런 개념이 없겠지만, 어떤 계기로 망고라는 과일을 알게 된다면 그다음부터는 이 개념을 내보내서 이런 말을 할 수 있다. "저건 망고야." 이것을 명제라고 하고, 이 순간 인식이 이루어진다.

망고나 코끼리 같은 종류의 개념은 경험을 통해 습득되는 것이지만, 경험 이전에 이미 가지고 태어나는 개념도 있다. 실체, 속성 같은 개념이 그러한데, 칸트는 이러한 선험적 개념을 범주라고 불렀다. 범주는 인간이 세계를 받아들이고 생각하는 데 필요한 격자창 같은 것이다. 사실 세상의 사물들은 한시도 멈추어 있지 않고 계속해서 조금씩 변화하지만, 인간은 거기에서 오래 지속되는 실체와 그러한 실체에 붙어 있는 속성 등을 나누어서 받아들인다. 동물행동학의 몇몇 연구만 참고하더라도 인간의 인식 방식은 보편적이지 않고 특수하다는 점을 알 수 있다. 침팬지의 기억 지속 시간이 평균 27초 미만이라고 하는데, 만약 침팬지 쪽의 칸트가 쓴 『순수이성비판』이 있다면 그 안의 범주표는 인간 칸트가 제시한 범주표와는 많이 다를 것이다.

    요컨대 지성은 개념과 범주를 형성하고 산출하는 역할을 한다. 감성과 지성 둘 다 인식에 필요하지만, 주도적인 역할을 하는 것은 지성이다. 감성은 질료를 제공하고, 지성은 형식을 부여한다. 짐작할 수 있겠지만 여기에는 질료에 비해 형식을 우월하게 간주했던 서양철학사의 오래된 전통이 녹아들어 있다. 질료 형상 이론을 분명하게 제시한 이는 아리스토텔레스였다. 그는 간단한 예로 벽돌을 들었는데, 진흙이 질료라면 거푸집은 거기에 형식을 부여한다. 이처럼 하나의 사물은 질료와 형상이 결합되어 만들어진다.

    아리스토텔레스가 형상을 더 중요하게 여긴 이유는 우리가 어떤 사물에 대해 궁금해할 때 대개의 경우 그 답변이 형식에서 나와야 만족하기 때문이다. 예를 들어 어린아이가 책을 가리키며 저것이 무엇이냐고 묻는데 누군가 종이 더미라고 답한다면, 그걸 들은 사람들은 틀린 말은 아니지만 불성실한 답변이라고 생각할 것이다. 마찬가지로 누군가 사람을 가리키며 저것이 무엇이냐고 묻는다면 단백질 덩어리라는 답변은 충분치 않다.

    물론 화학이나 생물학 같은 분야에서는 생명체를 의도적으로 물질의 관점으로만 제한하여 본다. 그러나 우리가 여기서 논하는 것은 아리스토텔레스의 일반적이고 종합적인 차원의 관점이다. 책에 대해서는 '(종이 등에) 지식을 기록해 묶어놓은 것'이라는 답변이 보다 적절할 것이고, 이것이 책의 형상이다. 사람에 대해서는 대답하기가 훨씬 더 어렵겠지만, 아리스토텔레스의 대답은 영혼이 사람의 형상이라는 것이다.

아무튼 칸트의 요지는 지성의 개념이 벽돌의 거푸집처럼 잡다한 감각의 질료에 형상을 부여한다는 것이다. 이러한 과정을 통해 인식이 이루어진다. 이로써 인식의 영역에서 원리는 인간의 인식능력 내부에 있다는 점이 밝혀진다. 인식은 무엇보다 지성이 주도하고 입법하는 것이며, 감성은 보조적인 역할을 하고, 이성은 개입하지 못한다. 칸트 이전의 형이상학에서는 인식의 근거를 외부의 신이나 자연에서 찾으려고 했다면, 칸트는 시선을 돌려 인간 안에 있는 인식능력의 본성으로부터 그 근거를 발견했다. 여기에서 진리의 문제는 도덕이나 감정과 구별되는 자율성을 누리게 된다.

이제 실천의 영역으로 옮겨가보자. 칸트가 과감했던 점은 실천의 문제와 인식의 문제는 아무런 관계가 없다고 주장한 것이다. 간단히 말하자면 당신이 위키피디아를 통째로 이해하고 있어서 자연과 사회에서 무슨 일이 벌어지는지 잘 안다고 해서 당신이 어떻게 살아야 할지 알 수 있는 것은 아니라는 것이다. 반대로 지식이 별로 없어도 훌륭한 삶을 살 수 있고, 실제로 우리는 그런 사람을 주위에서 보곤 한다. 철학자들은 지식과 실천, 아는 것과 사는 것 사이의 관계에 대해 다양한 입장을 취했지만, 칸트는 그중 극단적인 입장에 서 있었다. 그 둘 사이에는 아무런 관계가 없다는 것이다.

이러한 문제를 전통적인 철학적 용어로 자연과 자유의 문제라고 한다. 인간은 한편으로는 의자나 자전거처럼 명백히 자연 안에서 인과법칙의 영향을 받으며 살아간다. 하지만 다른 한편으로는 자기 자신이 의자나 자전거처럼 단지 인과관계에 매어 있는 것이 아닌 그 이상의 존재라는 점을 (또는 그렇게 될 수 있다는 점을) 의식한다. 이것이 어떻게 가능한가? 칸트의 답변은 오늘날 보기에 좀 묘한 데가 있긴 하지만, 그의 답은 이러한 자기의식 자체가 그러한 가능성을 함축한다는 것이다. 인간은 '경험적' 차원에서는 외부 법칙에 따르는 자연적 존재이지만, '초월론적' 차원에서는 자유로운 존재라는 것이다.

여기서 주의해서 보아야 할 것은 그가 말하는 '자유'의 의미이다. 흔히들 자유를 외부적 강제나 일체의 법칙으로부터 벗어나는 행위나 능력으로 생각한다. 하지만 칸트에 따르면 자유自由는 일차적으로는 말 그대로 자기 스스로 원인이 되는 것이면서, 궁극적으로는 자신의 행위의 준칙을 자기 스스로 부여하는 것이다. 후자를 가리켜 자율autonomy이라고 한다. 즉 자유는 자율로 귀결된다. 자유에서 자율로 이어지는 과정에서 최고의 원칙은 다음과 같은 것으로 밝혀진다. "너의 행위의 준칙이 너의 의지에 의해 보편적 자연법칙이 되어야 하는 것처럼 그렇게 행위하라." 이것의 구체적인 내용을 담은 정식은 다음과 같다. "다른 사람을 절대 도구로서가 아니라 목적으로 대하라."[7]

사실 이 원칙의 내용 자체는 새로운 것이 아니다. 이것은 『신약성경』(「루가복음」)으로부터 전해져온 것이다. 다만 칸트 윤리학의 새로운 점은 이 원칙을 절대적인 정언명령으로 수립했다는 점이다. 즉 이것은 한 인간이 현실적으로 처한 이러저러한 조건과는 관계없이 추구해야 할 원칙이라는 것이다. 외부로부터 우리에게 주어진 현실적인 상태는 이 원칙을 실현하기 위한 방도가 될 때도 있고, 방해물이 될 때도 있다. 그렇지만 중요한 것은 멀리 북극성을 보면서 이리저리 휘어진 길을 걸어가는 것처럼 이 원칙을 인간적 삶의 원칙으로 삼아야 한다는 것이다.

칸트는 처음에는 인식과 실천, 자연과 자유라는 이 두 가지 영역에 관한 저서면 충분하다고 간주했다. 그러다 이 양자를 연결하는 세 번째 저서가 필요하다는 생각을 하게 되었고, 그 작품이 바로 아름다움과 숭고함, 그리고 이와 연관된 즐거움을 분석하는 『판단력비판』이다. 애초에 세 권으로 구상된 것이 아니라 세 번째 책이 뒤늦게 체계 안으로 끼어들어온 것이기 때문에 이『판단력비판』의 동기와 내용 그리고 위상에 관해서는 이후 연구자들 사이에서 많은 논쟁이 있었다. 특히 세 번째 책의 내용이 앞서 두 권에서 구축한 개념들의 망과 부분적으로 충돌할 수밖에 없었는데, 이를 놓고 최종적으로 칸트의 개념 체계 전체를 어떻게 정합적으로 이해할 것인지가 문제가 되었다.[8]

 이 책에서 그 문제들을 다룰 것은 아니다. 다만 우리에게 흥미로운 것은 짧은 시간 동안 칸트에게 일어난 급격한 사유의 변화가 단순히 개인적인 차원에 머무는 것이 아니라, 18세기 말에 도래한 일종의 지각변동, 좀 더 분명한 이미지를 빌려 말하자면 지각판의 변동을 보여준다는 점이다. 인식과 실천이라는 두 지각판이 움직이면서 그 사이에 거대한 간격이 발생했고, 그곳을 감정이라는 제3의 층이 밀고 들어오면서 채웠다고 할 수 있다. 하지만 이 제3의 층은 앞의 두 개의 지각판과 같은 종류가 아니다. 이 감정 또는 감상의 층은 인식과 실천의 지각판과 달리 채워져 있다기보다는 비어 있는 어떤 것이다. 그럼에도 불구하고 그런 상태로 독특하게도 하나의 층을 이루고 있다. 이 점이 중요하다. 왜냐하면 바로 이 특성이 현대 프랑스 미학의 출발점이 되기 때문이다.

3.

 이 독특한 제3의 층위으로 가보자. 사실 칸트 철학에서 우리의 관심은 『판단력비판』, 즉 그의 미학에 있다. '판단력비판'이라는 제목은 좀 짧은 측면이 있는데, 이 책은 정확히 말하면 인식적 판단이 아니라 심미적 판단을 다룬다. 예를 들어 "저 꽃은 빨갛다"가 인식적 판단

파치노 디 보나구이다,
<정원>, 1335년경

이라면, "저 꽃은 아름답다"는 심미적 판단에 해당한다. 칸트가 주목하는 점은 사람들 사이에서 저 두 문장이 모두 보편적으로 받아들여지고 이해가 되지만, 그것들이 수용되고 소통되는 이유가 서로 다르다는 것이다.

'저 꽃은 빨갛다'와 '저 꽃은 아름답다'라는 두 판단은 모두 '주어+술어'라는 동일한 문장구조로 이루어져 있지만 그 구조가 함축하는 바는 전혀 다르다. '빨갛다'는 '저 꽃'에 귀속되는 속성이지만, '아름답다'는 속성은 '저 꽃'에 귀속되어 있지 않다. '아름답다'는 것은 꽃을 보는 사람이 그렇게 느낀다는 것이다. 따라서 '저 꽃은 아름답다'는 말은 사실 무언가 생략된 말이고, 이를 충분히 그리고 정확히 풀어 쓰면 '나는 저 꽃이 아름답다고 느낀다'는 말이 된다. '아름답다'라는 형용사가 들어간 문장은 그 대상 자체에 대해 말한다기보다는 오히려 그 말을 하는 사람에 대해 말해준다. 즉 그 대상으로 인해 그 말을 하는 사람에게 발생한 상태와 감정을 나타내는 것이다.

칸트의 분석에 따르면 '삼각형'은 개념이지만 '아름다움'은 개념이 아니다. 한 유치원생이 '삼각형'이라는 개념을 배우고 나면 이런저런 사물을 볼 때 '저건 삼각형이네'라고 적용해서 말할 수 있지만, '아름다움'에 대해서는 그렇지 않다. 우리는 '아름다움'을 정의할 수 없는데, 노을이 지는 풍경이나 오래된 성당의 스테인드글라스나 클림트의 작품을 보면 아름답다고 말한다.

사실 '아름답다'는 말을 쓰는 양상이나 빈도수와 관련해서는 얼마간 한국인과 서양인 사이에 차이가 있는 것 같다. 내가 관찰하기로는 한국인은 '아름답다'는 말을 그렇게 자주 쓰지 않는다. 반면 유럽인들이나 북미인들은 여행할 때나 전시 감상 중에 'It's beautiful', 'C'est beau' 같은 말을 입에 달고 산다. 이런 맥락에서 서양철학에서 이 말의 의미를 이해하는 것이 왜 중요한지를 이해할 수 있다. 일상적 어법까지 고려한다면 'beautiful'이라는 단어가 내포하는 범위가 우리말로 '아름답다', '예쁘다', '멋지다' 같은 여러 단어 위에 걸쳐 있는 것은 아닐까 생각해볼 수 있지만, 여기에서는 '아름답다'를 번역어로 쓰기로 하자.

아름다움은 '아프다' 같은 신체상의 직접적인 감각도 아니고, 그렇다고 '삼각형' 같은 개념적인 인식도 아닌데 인간이라면 누구나 비슷하게 체감하고 공감을 구한다. 이것이 어떻게 가능한가? 이것이 『판단력비판』을 이끌고 가는 핵심 질문이다.

아름다움은 앞서 말했듯이 사물의 속성이 아니라 주체의 상태다. 따라서 아름다움은 정의를 할 수 없으며, 단지 몇 가지 규정을 할 수 있을 뿐이다. 칸트는 아름다움에 대해 다음 네 가지 규정을 말할 수 있다고 주장했다. (1) 관심 없는 만족, (2) 개념 없는 보편성, (3) 목적 없는 합목적성, (4) 전달 가능성에 근거한 필연성이 그것이다. 하나씩 핵심적인 내용을 살펴보자.

(1) 여기에서 '관심'이란 좀 한정된 의미를 갖는데, 눈앞에 그 사물이 있는지에 대한 관심을 의미한다. 다시 말해 아름다운 대상은 그것이 눈앞에 있지 않아도 만족감을 주며 그것을 소유하지 않고 마음속에 떠올리기만 해도 아름다움을 느끼기에 충분하다는 뜻이다. 우리에게 만족감을 주는 것에는 세 종류가 있다. 초원에 넓게 펼쳐져 있는 녹색처럼 (감각적으로) 쾌적한 것이 있고, 구호단체에 기부하는 행위처럼 (윤리적으로) 좋은 것이 있다. 그런데 아름답다는 것은 다른 종류의 만족감을 준다. 그것은 대상이나 행위에 대한 욕구를 불러일으키지 않으면서도 순전히 바라보는 것만으로도 찾아오는 것이다. 예를 들어 꽃들, 선線들, 수풀은 개념에 의존함 없이 자유롭다.

(2) "개념 없는 보편성"은 칸트의 아름다움에 대한 설명 중 가장 유명한 구절일 것이다. 앞서 설명한 것처럼 아름다움은 보편적이지만, 개념을 통해 보편적인 것은 아니다. 칸트의 분석에 따르면 아름다움이 보편적인 이유는 인간의 인식능력에 있다. 아름다운 사물을 보았을 때 인간의 두 인식능력, 즉 상상력과 지성은 즉시 합치하지 않고 자유롭게 유희한다. 인식 활동의 경우에는 지성이 주도하면서 감성의 자료에 형상을 부여하는 반면, 감상 활동의 경우에는 상상력과 지성이 대등하게 만나 유희한다.

> 이러한 표상으로 유희하게 되는 인식능력들은 자유로운 유희 상태에 있는데, 왜냐하면 여기서는 어떠한 특정한 개념도 인식능력들을 특수한 인식 규칙에 제한하지 않기 때문이다. … 상상력은 직관의 다양을 합성하기 위해, 지성은 표상들을 하나로 합치시키는 개념의 통일작용을 위해 필요하다. 대상이

주어지는 표상에서 인식능력들의 이러한 자유로운 유희 상태는 보편적으로 전달될 수 있지 않으면 안 된다.⁹

요컨대 아름다움은 '상상력과 지성의 자유로운 유희'로부터 나온다. 마치 좋은 시절을 보내고 있는 두 연인처럼 두 인식능력은 일방적이지 않은 존중과 대등한 놀이의 관계 속에 들어 있다.

(3) 세 번째 규정까지 와야 우리는 칸트가 앞서 말한 두 가지 규정을 충분히 이해할 수 있다. "목적 없는 합목적성"이라는 표현은 언뜻 모순어법처럼 들린다. 그런데 사실 '합목적성'이라는 말은 '목적에 부합하는 것처럼 보인다'는 뜻이다. 다시 말해 어떤 사물이 실제 목적은 없지만 좀 더 정확히 말하면 있는지 없는지 우리로서는 알 수 없지만, 어떤 목적에 부합하는 것처럼 보인다는 뜻이다. 예를 들어 장미꽃은 꽃잎들이 모여 있는 모습이 마치 어떤 특별한 기능을 수행하기 위해 세심하게 디자인된 것처럼 보이지만, 객관적으로 볼 때 장미꽃에는 어떤 목적도 존재하지 않는다. "자연은 이 개념[합목적성]에 의해 마치 지성이 잡다한 자연의 경험적 법칙들의 통일성을 함유하고 있는 것처럼 표상되는 것이다."¹⁰

설사 장미꽃의 형태에 목적이 있다 해도 그것은 식물학자들이나 알 수 있는 것이다. 적어도 사람들이 길가에서 장미꽃을 보았을 때 아름답다고 말하는 것은 그런 이유 때문은 아니다. 위 인용문에서 충분히 강조되어야 하는 것은 '마치 …처럼als ob/as if 보인다'는 부분이다. 장미꽃에 마치 어떤 목적이 있는 것처럼 보인다는 것이다. 이것은 단순히 오류이거나 착각이 아니다. 하나의 환영이나 환상일 수도 있지만 주체에게는 실재성이 있는 느낌이며, 인식론적으로는 거짓이거나 결여일 수도 있지만 심미적으로는 충분히 효력을 발휘하는 것이다.

'마치 …처럼 보인다'는 말은 매우 중요하다. 왜냐하면 『판단력비판』 전체의 하중이 '마치 …처럼'이라는 이 느낌 위에 걸려 있으며, 실제로 이 표현은 『판단력비판』 곳곳에 등장하기 때문이다. 그리고 '마치 …처럼'이 심미적 판단에서 결정적으로 중요하게 작동하고 있다는 또 하나의 근거를 찾을 수 있다. 앞서 '저 꽃은 빨갛다'와 '저 꽃은 아름답다'라는 두 문장을 비교한 바 있다. 내용상 뒤 문장은 앞 문장처럼 간단하게 쓸 수 없고 '나는 …라고 느낀다'라고 덧붙여 써야 하는데도 사람들은 그냥 저렇게 단순하게 쓰고 말한다. 여기에서도 '마치 …처럼'이 작동하고 있다. 사람들은 '아름답다'는 속성이 '마치' 저 꽃에 귀속되는 객관적 속성인 것'처럼' 느끼는 것이다.

  아름다움이라는 감정은 어떤 사물이 잘 디자인되었는데 그것을 디자인한 사람이 없을 때 느끼는 놀라움과 비슷하다. 장미꽃을 볼 때 우리는 그 모양이 잘 조직되어 있고 어떤 통일성을 이루고 있다고 보지만, 동시에 왜 그렇게 통일성을 이루고 있는지 알지 못한다. 이미지의 통일성에 대해 우리는 알고 싶어 하고 어떤 말을 하고 싶어 하지만, 우리는 그에 대한 적절한 표현을 쉽게 찾을 수 없기 때문에 다양한 표현을 시도해야만 한다. 당신이 여행 간 도시에서 마음에 드는 풍경을 보았을 때나 전시장에서 뛰어난 미술작품을 보았을 때를 생각해보자. 이미지의 요소들이 저런 모양으로 모여 있다는 데 감탄하지만, 그래서 그 놀라움을 표현할 수 있는 여러 말을 떠올려보지만 그런 말을 찾기는 쉽지 않다.

  칸트의 용어로 말하자면 이것이 상상력과 지성의 자유로운 유희이다. 이것은 이미지와 개념의 2인무, 파 드 되pas de deux이다. 여기에서 왜 개념이 이미지에 직접 부착될 수 없는지 궁금할지도 모르겠다. 하지만 개념은 단순히 어떤 이미지의 외양을 말로 서술하는 것이 아니다. 칸트에 따르면, 그리고 그 당시 사람들의 일반적인 생각에 따르면 어떤 사물에 대한 개념은 그 사물의 목적을 포함하고 있어야 한다. 예를 들어 '의자'나 '책'을 정의하는 개념은 그것들이 어떤 목적이나 쓰임새를 위해 만들어진 것인지를 함축하고 있다. 이런 이유에서 세 번째 규정 '목적 없는 합목적성'은 두 번째 규정 '개념 없는 보편성'과 연결된다. 아름다운 풍경에 적합한 개념이 없는 것은 그것에 목적이 없기 때문이기도 하다.

시를 한 편 읽어보자. 칸트 이후에 쓰인 시이지만 다음 릴케의 시는 칸트가 장미에서 느낀 아름다움의 정체를 잘 전달하고 있다.

장미(1926)

행복한 장미여, 너의 신선함이 때로
우리를 이토록 놀라게 하는 것은,
너 자신 속에서, 그 안에서,
꽃잎들을 포개고, 네가 쉬고 있기 때문이다.

입 끝에 가닿는 고요한 그 마음의 사랑의 말들이,
무수히, 서로 건드리는 동안,
전체는 완전히 깨어 있고,
한가운데는 잠들어 있구나.[11]

시의 화자가 장미에서 놀라움을 느끼는 것은 장미가 상반된 모습을 품고 있기 때문이다. 그것은 한편으로는 신선하게 바깥을 향해 깨어 있기도 하지만, 다른 한편으로는 꽃잎들이 포개어져 쉬고 있거나 잠들어 있는 듯 보이기 때문이다. 장미꽃을 보는 사람은 이 꽃이 세상을 향해 펼쳐져 있는 줄만 알았는데 안으로 조용히 자족적인 모습을 하고 있는 것에 마음이 끌리는 것이다. 그리고 그는 장미꽃이 조용히 오므려

추사 김정희, <세한도>, 1844

쉬고 있는 모습을 통해 자신이 장미꽃의 삶을 온전히 알지 못하고, 앞으로도 알 수 없을 것이라는 사실에 당혹감을 느낀다. 시인은 많은 말을 하고, 그 말들은 장미꽃과 직간접적으로 연관되는 동시에 사랑에도 관련된 것이겠지만, 장미의 고요한 잠에는 가닿을 수 없다.

  (4) "전달 가능성에 근거한 필연성"이란 우리가 아름다움을 느낄 때 그것에 대해 다른 사람에게 공감을 구하고 확인받고 싶어 한다는 것을 의미한다. 여기에서 말하는 필연성은 다른 사람도 반드시 같은 아름다움을 느낀다는 사실을 의미하는 것은 아니다. 내가 아름답다고 느끼는 대상을 다른 사람도 아름답다고 느낄 것인지는 확실하지 않다. 다만 다른 사람도 나와 비슷하게 느끼는지 확인하고 소통하고 싶어 하는 욕구가 누구에게나 있다는 것을 의미한다. 이 구절에 많은 의미를 부여하는 해석에 따르면 이 욕구로부터 인간의 사교성과 사회성이 생겨난다. 즉 모든 사회의 기반에는 아름다움을 나누고 싶어 하는 심미적 공동체가 놓여 있다.

  지금까지 칸트의 3비판서에 담긴 인식론, 윤리학, 그리고 특히 미학의 핵심을 살펴보았다. 인식, 실천 그리고 감상은 서로 구분되는 영역이며, 각 영역 안에서 자율적인 원리가 발견된다. 이때 중요한 점은 그 원리들이 모두 인간의 내면에 있다는 것이다. 자연의 법칙성도, 인간의 자유도, 즐거움의 감정도 모두 세계에 그 자체로 있는 것이 아니다. 인간에게 법칙을 통해서 세계를 이해하고, 자기 자신에게 부여한 원칙을 실천하려는 욕구가 있기 때문에 인식과 자유가 성립한다. 그리고 특히 자연과 예술작품으로부터 나타나는 다양한 감각이 어떤 통일성을 이루지만 그 통일성에 대해 뭐라고 말할 수 없을 때, 바로 인식능력들의 움직임으로부터 아름다움이라는 즐거움이 생겨난다.

물론 칸트도 세 가지 사이의 연결의 필요성을 의식하고 그것들을 묘하게 연결해놓긴 했지만, 그것은 고대 철학처럼 직접적인 방식이 아니라 간접적인 방식이었다. 이를테면 추사 김정희의 〈세한도〉에서 볼 수 있듯이 조선시대 선비들은 눈 속의 소나무를 보면서 지조와 절개를 다짐했지만, 사실 소나무가 인간에게 그러한 지조와 절개를 알려주기 위해 거기 서 있었던 것은 아니다. 다만 인간이 그것을 하나의 윤리적 '상징'으로 받아들인 것이다. 그렇다고 그것을 단지 인간 중심적인 착각이라고 치부할 수는 없다. 인간이 자연이나 예술을 보고 느끼는 감정은 객관적 진리 여부와는 상관이 없다. 그렇다 하더라도 그러한 감정은 인간의 인식과 대등하고 인간에게 실질적인 가치를 지닌다. 그것은 인간과 관련된 사실, 인간적 진실이다.

4.

오늘날 돌이켜볼 때 칸트는 예술의 이해와 관련하여 크게 세 가지 중요한 철학적 기여를 했다. (1) 감정의 영역을 인식의 영역만큼 중요하고 그와 동등한 것으로 확립했다. 칸트 이전의 철학자들은 감성적 지각을 지성적 인식에 못 미치는 열등한 것으로 간주한 반면, 칸트는 전자가 후자와는 전혀 다른 원리에 입각해 있다는 점을 밝혔다. 느낌(I feel)은 인식(I know)만큼 주체에게 해소 불가능한 실재성을 갖는다.

(2) 아름다움은 규정이 아니라 유희에서 온다. 칸트는 아름다움의 즐거움이 '상상력과 지성의 자유로운 유희'에서 온다고 설명했다. 그에 따르면 상상력이 산출한 통일적 이미지에 대해 지성이 적절한 개념(목적, 의미, 표현)을 발견하려는 계속되는 시도로부터 심미적 즐거움이 발생한다. 상상력과 지성이 즉시 합치하지 않고 어떤 간격 속에서 유희할 때 인식능력들은 더욱 활성화되고 이로부터 즐거움이 나온다는 것이다.

이 유희의 공간이 모더니티의 공간이라고 간단히 말할 수 있을 것이다. 여기에서 말하는 '모더니티'는 푸코가 보들레르 분석에서 사용한 모더니티 개념을 염두에 둔 것이다. 즉 근대와 현대를 구분하지 않고 지시하는 것이며, 시기적으로는 대략 19세기 이후 오늘날까지를 현재진행형으로 포함한다. 이미지와 개념은 상위에서 그것들을 통일해주는 것의 지도 없이 대등하게 만나야만 한다. 이제 무한한 술래잡기, 긴장 넘치는 밀고 당기기가 벌어질 것이다. 이 열린 공간 안에서 솟아오르는, 종잡을 수 없는 일련의 사건들이 현대 미학과 현대 미술의 아카이브를 채우게 될 것이다.

(3) 이 책의 2부에서 자세히 살펴보겠지만 숭고함은 인식능력들 사이의 불일치를 선명하게 증언한다. 숭고함은 크기나 힘에서 "단적으로 너무 큰 것"이어서 상상력의 감당 능력을 초과하는 것에서 온다. 아름다움이 일치를 지연시키는 유희와 관련된다면, 그래서 보기에 따라서는 여전히 조화로운 세계관으로 수렴될 수 있는 것이라면, 숭고는 인식능력들을 탈구시키고 조화를 파괴할 위험을 내포하게 된다. 상상력은 중단되고 재작동하면서 이제 괴물 같은 것이 된다. 그것

은 언제든 개념적 그물망을 위협하고 파열시키고, 찢어진 곳을 다른 방식으로 이어붙이는 작업을 한다.

아름다움이 대면의 왈츠에서 흘러나온다면, 숭고는 과잉의 힘을 장면화한다. 칸트와 동시대를 살았던 모차르트에게서 이 구분에 상응하는 음악적 분위기를 찾을 수 있다. 아름다움과 관련해서는 그의 비엔나 시절의 피아노협주곡, 특히 21번(1785), 23번(1786)을 대표적으로 꼽을 수 있으며, 이 작품들에 앞서 시대적 변화를 잘 보여주는 작품으로는 9번(1777)을 내세울 수 있다. 여기에서 독주 악기인 피아노는 오케스트라의 합주에 종속되지 않고 그것에 맞선다. 양자는 긴장과 화해를 반복하는데, 이것이 고전주의적 아름다움의 선율과 화음을 만들어낸다.

피아노는 독자적인 이미지에 해당하고, 오케스트라는 이것을 규정하려는 대중의 합의된 통념을 상징한다. "모차르트는 헨델 이래로 후원자라는 족쇄 대신에 자유를 선택한 첫 위대한 작곡가였다. 그는 오케스트라와 독주자를 함께 해방시켜 그들이 서로 끊임없이 대화하게 만든 첫 작곡가로 불려 마땅하다."[12] 그리고 숭고와 관련해서는 흔히 낭만주의로의 진입이라고 평가받는 모차르트의 후기 교향곡, 특히 41번을 떠올릴 수 있다.

정밀한 기계장치들이 맞물려 돌아가는 듯한 칸트의 전 체계 안에서 아름다움과 숭고, 두 대목은 예외적이고 문제적인 것으로 남아 이후 철학자들을 끊임없이 자극했다. 아름다움의 유희는 이미지와 개념의 일치에 수렴하는가, 아닌가? 숭고의 불일치는 궁극적으로 해체적인가, 아니면 어떤 재구성에 기여하는가? 칸트의 체계 안에 이 물음들에 대한 답이 그 나름대로 없다고 할 순 없지만, 그 연결고리가 너무 약한 것도 사실이다. 이후 칸트의 계승자들과 도전자들에게서 질문은 더 과격하게 던져지고, 답변은 더 독창적으로 주어질 것이다.

모네, <양귀비 들판>, 1873

그러니까 어느 해의 늦봄 내지 초여름이었다. 그 계절의 프로방스는 지상에서 천국과 가장 가까운 곳이 아닐까 하는 생각이 든다. 포근한 공기가 온몸을 감싸고 수분을 머금은 공기 속에서 햇빛은 연노란 파스텔톤으로 비스듬히 부서진다. 목덜미에 닿는 바람은 태곳적 산줄기 어디선가 불어오는 것 같다. 몇만 년 동안 반복되고 있을 이 바람과 풍경 앞에서 하나의 인생은 너무 짧구나 하는 슬픔, 그리고 견고한 자연의 일부가 되면서 영원해지는 것 같은 희열이 동시에 찾아온다.

몇 명의 동행과 함께 사적인 여행 내지 공적인 일정 사이 어디쯤의 여행을 하고 있었다. 압트 Apt로 향하는 긴 도로였을 것이다. 도로 양쪽으로 지평선 가득 양귀비꽃이 말 그대로 지천으로 깔려 있었다. '흐드러지다'란 말이 무슨 뜻인지 그때 처음 알았다. 그리고 모네의 <양귀비 들판>이 떠올랐다. 내 그림 실력으로는 모네가 전혀 될 수 없지만, 내가 그림을 그릴 수 있다면 모네가 되어야 마땅하다고 생각했다. 그는 아름다움에 취해서도 무언가를 남길 수 있는 사람이었다.

나는 여행을 마치고 옆 나라로 갈 예정이었다. 그녀가 거기에서 날 기다리고 있었기 때문이다. 다홍색 양귀비꽃은 프랑스어로 '꼬끌리꼬 coquelicot'라고 하는데, 나는 이 단어의 발음이 마음에 들었다. 양귀비꽃이 이 세상에 왜 저렇게 한가득 있는지 알 수 없는 노릇이다. 앞에서 말한 것처럼 꽃이 아름다운 것은 단지 인간이 그렇게 느끼기 때문이지만, 칸트 미학에 대한 한 가지 해석에 따르면 꽃이 아름다운 유일한 이유는 어쩌면 우리에게 아름다움을 느끼게 해주기 위해서라는 것이다. 꽃이 아름다움을 느끼게 해주기 위해서 존재한다니. 그런 인간적인 해석이 마음에 들었다. 압트로 가는 길을 달리며 나는 기차역에서 환하게 웃으며 서 있을 그녀를 생각하며 또 생각했다. 그녀에게 이 풍경을 전할 방법은 없을 것이다. 그냥 당신을 생각하지 않을 수 없었던 일이 있었다고 말하는 게 나을 것이다. 그녀는 언제나처럼 그게 무슨 일이었냐고 말해달라고 조르겠지만, 어쨌든 말할 수 있는 방법은 없을 것이다. 늦은 밤에 저가 항공을 타고, 새벽에 다시 기차로 갈아탄 다음, 기차역에서 달려오는 그녀를 만났다. 무슨 일이 있었는지 궁금해하는 그녀의 눈을 보며, 그래 언젠가 늦은 봄날에 그곳에 함께 가보자고 나는 말했다.

그런 날은 오지 않았다. 누군가 옆 나라의 작은 기차역에서 나를 초조하게 기다리던 시절의 이야기다. 그리고 내가 들판의 양귀비꽃을 보며 아름다움과 그녀를 간절히 생각하던 시절의 이야기다. 그 모든 것은 이제 프로방스의 공기와 모네의 꼬끌리꼬 속으로 사라졌다. 삶의 평원은 넓고 수풀은 깊어 한번 엇갈리면 다시 만날 수 없다.

덧붙이자면, 나는 왠지 이 그림을 모네가 프로방스에서 그렸다고 생각했었는데, 그가 파리 부근의 아르장퇴유에서 살던 시절에 그렸다는 것을 나중에 알게 되었다. 이런, 뭔가 금이 가는 기분이 들었다. 미술사는 그림 감상에 방해가 된다. 그래도 그 시절이 모네가 영국에서 돌아와 가족과 함께 보냈던 짧은 행복한 시기였다고 한다. 미술사가 그림 감상에 도움이 되기도 한다.

2장
간극 – 푸코와 마그리트

1.

우리는 앞서 18세기 말에 "지성과 상상력의 자유로운 유희"로 요약되는 미학적 체제가 등장했음을 확인했다. 이제 현대 프랑스 미학으로 들어오면 이 유희는 개념과 이미지 사이의 간극, 말과 사물 사이의 불안정성으로 보다 더 과격하고 분명하게 모습을 드러낸다. "말과 사물"은 푸코의 대표작의 제목이기도 한데, 푸코는 이 압도적인 저작에서 자신의 박식함, 명민함, 독창성을 유감없이 발휘한다. 그는 서양 사상사에서 인식을 위한 조건을 이루는 지층들이 불연속적으로 누적되었음을 발굴해 보여준다. 이를 위해 그는 자신이 일종의 고고학이라고 부르는 방법론을 취하는데, 그것은 "인식을 위한 가능 조건의 역사가 드러나는 에피스테메"를 분석하는 것이다.

에피스테메란 쉽게 말해 사람들이 어떤 발화를 '말이 되는 소리'라고 받아들이게 되는 시대적 인식틀을 의미한다. 가까운 예를 들어보자면 최한기의 『기학』(1857)은 기氣 이론을 서구의 근대과학과 결합시켜보려 했던 마지막 시도로서 이 책에서 우리는 몇몇 흥미로운 시도를 발견할 수 있다. 그럼에도 불구하고 이 책의 후반부에는 행정 담당자를 선발할 때는 지원자의 기를 살펴야 한다는 대목이 나오는데, 이는 당시에는 어렵지 않게 수용할 수 있는 말이었겠지만 오늘날에는 매우 이상한 말이 된다. 당시의 에피스테메와 오늘날의 에피스테메가 다르기 때문이다.

푸코가 구분하는 서구의 에피스테메는 크게 네 국면으로 구분될 수 있는데, 16세기 르네상스, 17세기 중반부터 18세기에 이르는 고전주의, 19세기 모더니즘, 그리고 20세기 중반의 새로운 전환기가 그것이다. 여기에서 그 구체적인 내용을 소개하는 것은 우리의 관심을 벗어난다. 다만 그의 분석의 강조점이 이 에피스테메들 사이의 불연속성에 있다는 점은 중요하다. 그의 주장의 핵심은 말과 사물을 '합리적으로' 대응시키는 방법은 고정되어 있거나 보편적이지 않으며, 역사적으로 규정된다는 것이다.

서양 문화의 가장 깊은 지층을 파헤치려는 우리의 시도는 바로 잠잠하고 겉보기에는 움직이지 않는 듯한 우리의 밑바닥에 단절, 불안정성, 균열을 되돌려주려는 것인데, 우리의 발아래에서 다시 뒤흔들리는 것은 바로 이 밑바탕이다.[1]

이러한 전체적인 배경을 염두에 두면 푸코가 마그리트에 대해 관심을 가졌던 이유를 이해할 수 있다. 푸코가 보기에 이미지와 개념의 간극을 가장 잘 보여주고 이를 주제적으로 다룬 화가가 르네 마그리트였기 때문이다. 푸코는 『이것은 파이프가 아니다』라는 짧지만 밀도 높은 에세이에서 이 점을 설명하는 데 집중한다.[2] 이 책은 여섯 개의 장으로 되어 있는데, 우리는 처음 두 장을 서론으로, 다음 세 장을 본론으로, 그리고 마지막 장을 결론으로 읽을 수 있다.

책의 첫 부분에서 푸코는 마그리트의 파이프 그림 두 종류를 언급하면서 글을 시작한다. 첫 번째 그림은 파이프 밑에 프랑스어로 "이것은 파이프가 아니다"라고 쓰여 있다. 두 번째 그림은 좀 더 복잡한 모습인데, 첫 번째 그림을 기본으로 하나의 요소가 더 추가되어 있다. 즉 공중에 커다란 파이프가 마치 구름처럼 떠 있다. 이 그림들에서

2장   간극—푸코와 마그리트

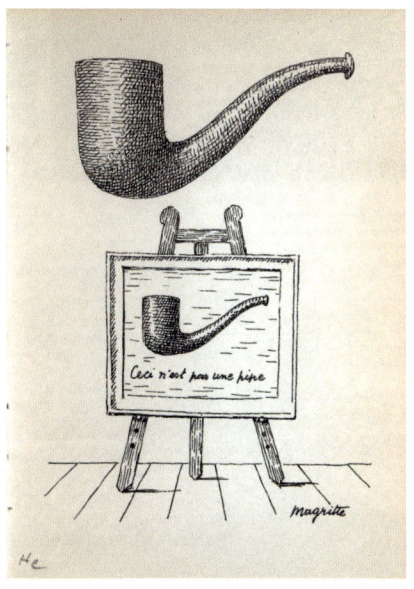

마그리트,
<이것은 파이프가
아니다(공기와 노래)>,
1962(위)

마그리트,
<무제>, 1966(아래)

출발해서 푸코는 파이프를 그린 '그림'과 '이것은 파이프가 아니다'라고 버젓이 말하고 있는 '문장' 사이의 어떤 불일치 또는 간극, 그리고 이것이 주는 불길함에 대해 분석한다.

비단 이 두 작품뿐만 아니라 마그리트의 작품 전체에서 이러한 묘한 불일치나 간극을 볼 수 있다. 이 벨기에 화가는 여러 주요 작품에서 간단하게 두 사물을 그려 보여줄 뿐이지만, 그것들은 기묘하게 공

마그리트, <빛의 제국>, 1954   마그리트, <눈물의 맛>, 1948

존하면서도 서로 합치하지 않는 낯선 연결 안에 놓여 있다. 그림을 구성하는 각각의 요소들은 이상할 것이 없고 전혀 위협적이지도 않다. 각 부분들만 보면 마그리트만큼 재현에 충실한 작가도 없을 것이다.

그런데 각각의 구성요소를 나란히 놓거나 연속적으로 이어 붙이면 매우 낯선 장면이 만들어진다. <빛의 제국>에서는 하늘은 대낮인데 그 아래 지상은 깊은 밤이다. <눈물의 맛>에서는 앉아 있는 독수리를 따라서 아래로 내려가면 어느 순간 새는 풀로 변해 있다. 이처럼 마그리트는 상이한 요소 사이의 간극을 이용하는 화가이다. 그 간극은 보이지 않는다. 그러나 그 간극이 어디에선가 힘을 행사하고 있다. 그것은 다른 차원의 어딘가로부터 스멀스멀 나타나서 보이는 것들을 위태롭게 만들고 이것들에 대해 우리가 관습적으로 떠올리는 연상을 위협한다.

다시 푸코의 논의로 돌아가보자. 위의 두 작품에는 이미지들이 서로 합치하지 않는 상황이 담겨 있다. 반면 푸코가 『이것은 파이프가 아니다』의 첫머리에서 분석의 대상으로 삼은 것은 이미지와 문장이 합치하지 않는 상황이다. 앞서 본 마그리트의 파이프 그림에서 위의 그림에는 파이프가 그려져 있고, 그 아래에 고딕체로 "이것은 파이프가 아니다"라고 적혀 있다. 아래 그림에는 캔버스 위에 필기체로 동일한 문장이 쓰여 있다. 또는 이 틀은 캔버스가 아니라 작은 칠판일 수도 있다. 제2차 세계대전 전후만 해도 유럽의 초등학생들은 수업 시간에 종이 노트 대신 작은 개인용 칠판에 글자를 쓰면서 배웠다.

아무튼 이러한 특징은 이 그림의 이상한 분위기를 더욱 배가시킨다. 사사롭고 즉흥적인 메모가 아니라 공식적이고 교육적인 글자체인데 그 내용은 그것을 위배하기 때문이다. 이 두 작품에서 파이프 그림을 본 다음 문장을 읽는 사람들은 '완전히 제멋대로 헛소리를 써놓았군'이라고 중얼거릴 것이다. '버젓이 파이프 그림 아래 파이프가 아니라고 써놓다니, 저건 모순이야.'

그런데 푸코가 적절하게 지적하는 것처럼 마그리트의 그림에서 저 문장을 둘러싼 관계는 모순contradiction이 아니다. 모순이란 두 문장 사이에 성립하는 것이다. 어느 하나가 긍정하는 것을 다른 하나가 부정할 때 모순 관계가 성립한다. 'contra-diction'의 어원도, '창과 방패'라는 뜻의 '모순矛盾'이 유래한 『한비자』의 일화도 두 가지 발화 내용이 서로 충돌한다는 의미를 담고 있다. 모순은 여러 발화가 비교 가능한 논리적이고 동질적인 공간을 전제한다.

그러나 마그리트가 쓴 "이것은 파이프가 아니다"라는 문장에는 이에 맞서는 다른 문장이 존재하지 않는다. 감상자가 보았을 때 이 문장이 관계 맺는 것은 아마도 위에 그려진 그림일 것이다. 그러나 문장과 그림 사이에 어떤 관계가 성립하는가? 여기에서 푸코가 말하려는 모든 문제가 시작된다. "이미지와 텍스트 사이의 모순이 아니다.

모순이란 두 언표 사이에서만, 혹은 하나의 동일한 언표 안에서만 가능할 것이기 때문이다."[3] 이것은 인간의 시선과 발화, 보는 행위와 말하는 행위가 서로 전혀 다른 원리에 입각해 진행된다는 점을 일깨운다. 잠시 후 다시 말하겠지만 보는 것은 유사에 기초해 있고, 말하는 것은 차이를 통해 진행된다.

푸코는 단순하지만 도발적인 마그리트의 그림의 의미를 설명하기 위해 독특한 전략을 택한다. 그는 이미지와 텍스트가 서로 관계 맺는 두 종류의 방식을 제시한 다음 마그리트의 작품을 그 방식들과 대조한다. 첫 번째 방식은 유치원에서 사용하거나 가정집 거실에 붙어 있는 유아용 낱말카드이다. 낱말카드는 이미지와 낱말 사이의 일대일대응을 확립하려는 교육적 목적을 가지고 있다. 그것은 작게는 일상생활부터 크게는 문명을 떠받치는, 우리에게 꼭 필요한 그물망이다.

"이것처럼 도식적이고, 교과서적인 그림의 기능이란 바로 자신을 인식시키는 것, 즉 그것이 재현하는 것을 주저함 없이 분명하게 드러내는 것이다."[4] 사람들은 의사 전달과 정보 교환을 위해 이미지와 개념 사이에, 말과 사물 사이에 안정적인 대응 관계를 필요로 한다. 만약 그러한 안정성이 없다면 사람들은 혼란에 빠지고 자신만 겨우 이해하는 독백을 중얼거릴 것이다. 언어의 사회적 성격과 유용성을 부정할 사람은 없다. 다만 우리는 그러한 대응 관계가 필연적이지 않다는 사실, 그것이 사회적 관습에 따라 유지된다는 사실을 이해하고, 그 대응 관계가 발생하는 조건과 환경을 파악해야 한다.

파이프 그림을 그려놓고 이것은 파이프가 아니라고 말하는 마그리트의 그림은 그러한 대응 관계를 부정한다. 하지만 정확하게 말하자면 그의 그림이 그러한 일대일대응 관계를 단정적으로 부정하는 것일까? "이것은 파이프가 아니다"에서 '이것Ceci'은 정확히 무엇을 지시하는 것일까? 반드시 위의 파이프를 가리키는 것일까? 사실 우리가 보는 것은 파이프의 '그림'이지 파이프가 아니다. 그러므로 저 문장이 틀린 것이라고 할 수도 없다.

마그리트가 보여주려는 것, 생각하게 하려는 것은 이처럼 이미지와 개념이 일치하지 않는다는 사실이다. 또는 그러한 대응 관계는 그 자체로 자명하지 않다는 점이다. "우리가 낭패를 보게 되는 것, 그것은 텍스트를 데생과 관련시키는 것은 불가피하다는 것, 그런데도 그 단언이 사실이라거나, 거짓이라거나, 모순된다라고 말할 수 있도록 해줄 근거를 찾는 일이 불가능하다는 사실이다."[5] 말하자면 이미지와 개념 사이의 관계는 불확실하다는 것이다. 부정하는 것도 긍정하는 것만큼이나 확실한 것이다. 요컨대 양자의 관계는 부정할 수 있는 것이 아니라, 단언할 수 없는 것이다.

마그리트에 대한 푸코의 이러한 분석은 자의적이지 않으며 실제적인 근거를 가지고 있다. 마그리트 본인이 단어와 이미지의 관계에 대해 깊이 생각하고 있었다. 그가 "단어와 이미지"(1929)라는 이름 하에 제시한 일련의 데생과 문장은 이를 잘 보여준다. 이 예들이 말하고 있는 것은 어떤 단어는 이미지를 대신할 수 있으며, 반대로 어떤 이미지는 단어를 대신할 수 있다는 것이다. 또한 어떤 경우에는 이미지는 단어 없이도 존재할 수 있으며, 반대로 어떤 단어는 이미지 없이 오직 자기 자신을 가리킬 뿐이라는 것이다. 마그리트는 이러한 다양한 경우를 통해 사물, 그것을 재현한 이미지, 그것을 지시하는 이름, 이 셋 사이의 관계는 대단히 가변적이고 따라서 혼란스럽다는 점을 보여준다. 이름과 이미지는 어떤 때에는 서로를 대신하고, 어떤 때에는 그렇지 않다. 단어와 이미지 사이의 관계는 일정치 않으며, 그 관계를 설립하고 사용하는 개인과 집단의 특정한 방식과 관습에 의존한다.

푸코가 마그리트의 파이프 그림의 의미를 설명하기 위해 대

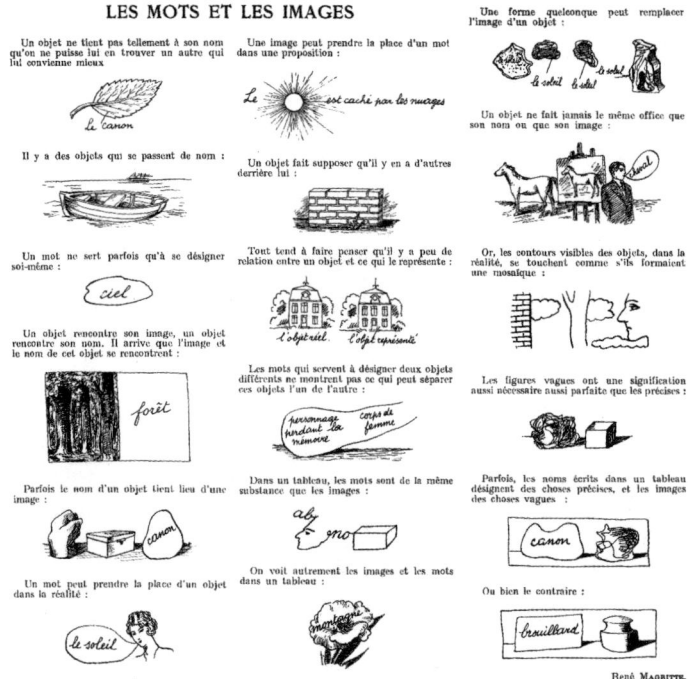

마그리트, <단어와 이미지>, 『초현실주의 혁명』, 1929

조하는 또 하나의 형식은 칼리그람이다. 프랑스 시인 기욤 아폴리네르가 만든 '칼리그람calligramme'이라는 말은 서법이라는 뜻의 'calligraphie'와 표의문자라는 뜻의 'idéogramme'을 합친 것으로 단어와 이미지의 결합을 의미한다. 그는 이 신조어 아래 '아름답게 쓰는 법'을 실험하고자 했다. 아래의 예에서 시의 단어들은 시의 내용과 합치하도록 배열되어 하나의 그림의 형태를 하고 있다.

앞서 언급한 낱말카드가 단어와 이미지 사이에 안정적인 대응을 확립하려는 것이었다면, 칼리그람은 단어와 이미지, 문장과 그림, 내용과 형식을 직접 일치시키기 위한 시도이다. 푸코에 따르면 이러

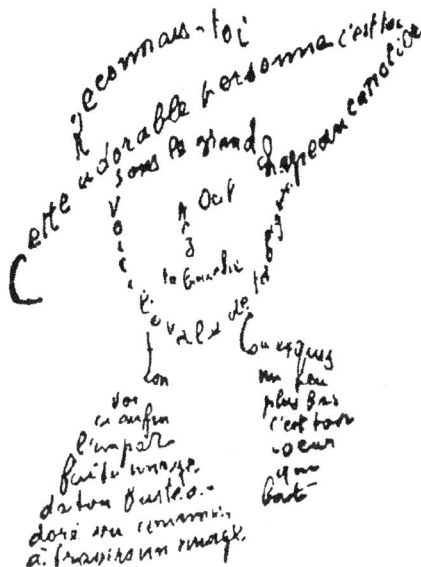

기욤 아폴리네르의 칼리그람 시, 「알아보겠어요」, 1915 이 시는 아폴리네르가 루Lou라는 이름의 연인에게 바친 시로 알려져 있다. 시의 전체적인 모양도 모자를 쓴 여성의 형태를 하고 있지만, '눈 oeil', '코 nez', '입 bouche'이라는 단어가 각각 얼굴의 해당 위치에 놓여 있다.

한 시도는 세 가지 전략에 의해 이루어진다. 첫째, 선형적으로 주욱 써내려가는 소리글자를 가지고 그림을 그려서 한자 같은 뜻글자로 변환한다. 둘째, 문자의 이중적 속성, 즉 기호이자 동시에 선적인 요소가 있다는 점을 이용해 같은 내용을 두 번 반복해 말하는 수사학적 효과를 낸다. 셋째, 문자에 늘 따라붙는 불안, 즉 단어가 가리키는 사물이 정작 부재한다는 불안을 해소하기 위해 사물이 눈앞에 존재하도록 붙잡아두는 작용을 한다. "칼리그람은 우리의 알파벳 문명의 가장 오래된 대립들, 그러니까 보여주기와 이름 붙이기, 그리기와 말하기, 복제하기와 분절하기, 모방하기와 의미하기, 바라보기와 읽기라는 대립들을 놀이로 지워버리려 든다."⁶ 요컨대 칼리그람은 이미지와 개념 사이의 간극을 제거하려는 실험이다.

그러나 푸코는 이 시도가 성공할 수 없다고 판단한다. 오히려 칼리그람은 그림과 문장이 동시에 성립할 수 없다는 점을 보여주는데,

왜냐하면 우리가 이 시를 읽을 때는 그림이 사라지고, 반대로 그림을 볼 때는 시가 사라지기 때문이다. 이런 이유에서 푸코는 마그리트의 파이프 그림이 마치 칼리그람의 잔해처럼 보인다고 말한다. 즉 마치 단어들이 칼리그람처럼 솟아올라 이미지를 형성했다가, 성공할 수 없다는 것을 깨닫고는 다시 땅으로 떨어져서 원래대로 되돌아온 것처럼 보인다는 것이다.

    이미지와 개념의 기능을 생각해보자. 이미지는 '재현'하고 개념은 '의미'한다. 마그리트 그림에서 이미지의 재현과 개념의 의미는 일치하지 않는다. 둘 사이에는 큰 간극이 있다. 심지어 두 요소가 같은 공간에 속하는지 아닌지도 불확실하다. 둘은 기묘하게도 한편으로는 공존하는 듯하면서 다른 한편으로는 서로 밀어낸다. 이미지와 텍스트는 마치 물과 기름처럼 뒤섞일 수 없다는 점이 드러난다. "마그리트에 있어서의 두 요소의 어긋남, 데생에서의 문자의 부재, 텍스트에 표현된 부정은 단호하게 두 개의 위치를 명시하고 있다."[7]

    그는 이 간극 또는 불일치를 분명하게 자신의 예술적 소재로 삼았다. 이미지와 문장이 아니라 두 이미지 사이의 간극을 보여주는 작품들에 대해 이름을 붙이자면, 그것은 모순은 아니고 차라리 역설에 가까운 것이다. 그 간극은 상식doxa에 반하고, 어떤 역설paradox을 만들어낸다. 그리스어 doxa는 사람들이 일반적으로 갖는 의견을 말하고, paradoxa는 두 의견이 서로 충돌하거나 엇갈리는 상황을 말한다. 마그리트는 이처럼 이미지와 이미지가 서로 엇갈리는 상황을 능숙하게 활용한다. 하지만 두 이미지가 아니라 이미지와 문장이 나란히 놓인 경우, 말과 그림은 서로 마주보지만 상이한 수준에 속하는 것들이기 때문에 좀 더 정확히 말해 "무관계"[8]의 관계에 놓인다고 말해야 할 것이다.

    푸코가 마그리트의 파이프 그림에서 발견하는 것은 바로 그 이미지와 개념이 엇갈리는, 관계가 부재하는 공간이다. 이것은 칸트가 『판단력비판』에서 규명하는 유희의 공간의 연장선상에 있다. 1장에서 보았듯이 칸트가 『순수이성비판』에서 전개한 인식의 공간은 지성이 감성을, 개념이 이미지를 규정하는, 우위 관계가 분명한 공간이었다. 반면 칸트가 『판단력비판』에서 새롭게 발견한 심미적 공간은 상상력과 지성이, 이미지와 개념이 대등하게 만나 유희하는 공간이었다. 그리고 푸코의 마그리트에 대한 서술에서 우리가 지금 목격하는 것은 칸트의 미학에서 드러난 이미지와 개념 사이의 간극이 더욱 벌어지고 있다는 것이다. 요컨대 칸트의 유희의 공간은 푸코의 무관계의 공간으로 변화되었다. 이것의 의미에 대해서는 이 책의 맺음말에서 언급할 기회를 갖도록 하자.

의미심장하게 푸코는 이미지와 개념 사이에 안정적이고 고정된 대응 관계가 수립된 공간을 "공통의 자리"라고 부른다. 그것은 교육의 교실, 식별의 공간, 권력의 자리라고 할 수 있다. 하지만 이제 이미지가 개념의 규정의 힘으로부터 풀려나면서 그 공통의 자리는 소멸했다. "차라리 그것은 일종의 공간 부재, 글씨의 기호들과 이미지의 선들 사이의 공통의 자리의 말소이리라."[9] 이제 이미지들이 바닥으로부터 솟아오르면서 자신을 당당하게 드러내고, 문장은 이전과 같이 이미지를 자신 안으로 흡수하면서 그것을 대리할 수 없다는 사실을 의식하게 된다. 그래서 문장은 "이것은 파이프다"라고 말하려다 소심하게 자신에게로 회귀해 그것의 부정문을 중얼거리는 것이다. "칼리그람 화가가 아주 뻔뻔스럽게 하려고 했던 것처럼, 그들이 서로 만나고 서로 잡히는 자리를 찾지 못한다. … 공통의 자리 — 진부한 작품 혹은 상투적인 수업 — 는 사라졌다."[10]

2.

　　푸코의 논의를 좀 더 이해하기 위해 기호 이론의 역사에 대해 살펴보자. 기호의 역사는 크게 세 가지 국면으로 나눠볼 수 있다. 즉 전통적인 기호 개념, 현대적인 기호론, 그리고 이에 대한 포스트구조주의의 비판이 그것이다. 우선 전통적인 기호 개념이란 하나의 기호가 하나의 사물을 '지시'한다는 것이다. 이때 이 사물은 기호 바깥의 세계에 실존한다. 예를 들어 /나무/라는 음성 기호는 저 창밖의 나무를 지시한다. 그런데 이때 사물과 기호는 특별한 힘에 의해 묶여 있다고 간주된다. 세계를 창조한 신이 각 사물의 비밀을 담고 있는 특정한 기호를 지정해주었거나, 또는 사물들은 내적인 본질에 힘입어 각자 고유한 이름을 갖게 되었다는 것이다.

　　요컨대 사물과 기호는 서로 내적인 연관관계를 맺고 있으며, 이 관계는 신적인 또는 자연적인 힘에 의해 보증된다. 『구약성서』에는 신이 세계의 사물들, 대표적으로 낮, 밤, 하늘, 땅, 바다를 창조한 후 그것들에 이름을 지어주었다는 얘기가 나온다. 이것을 문자 그대로 받아들인다면 사물들에 부여된 이름은 심오한 이유에서 나온 것이고, 그 이유를 인간은 알 수 없다 하더라도 신이 그 이유를 인식하고 있다는 사실을 부정해선 안 된다.

　　이러한 언어관을 단지 오래된 것이라고 치부할 수는 없다. 이것은 현대에 와서도 힘을 발휘하고 있는데, 발터 벤야민과 같은 명민한 학자에게서도 그 흔적이 나타나기 때문이다. 그는 구약의 이야기 중에서 바벨탑 사건이 인간이 사물들의 본질로 들어갈 수 있는 언어를 상실한 결정적 사건이라고 해석한다. 주지하다시피 바벨탑은 인간이 신의 권위에 도전한 사건이었다. 신은 인간의 이러한 '오만함'에 분노해서 사람들이 쓰는 언어를 다르게 만들어서 의사소통을 하지 못하게 하고, 이를 통해 더 이상 그 탑을 짓지 못하게 만들었다. 반대로 말하면 이 일화는 그 전까지 사람들이 쓰던 언어가 단일했고, 신이 부여한 그 언어는 사물들의 본질을 포함하고 있어서 그 사물들을 파악하고 지배할 수 있는 힘을 인간에게 부여했다는 것을 함축한다. 신은 사람들이 쓰는 언어를 부수고 다양하게 만들고 피상적인 것으로 만들었다. 이때부터 인간은 신적 자연과 기호로부터 소외된 것이다.[11]

그런데 벤야민은 여기에서 독창적인 언어이론을 이끌어낸다. 신적 언어는 부서졌다. 다만 그것은 사라진 것이 아니라 인간들의 언어 사이로 흩어졌다. 그러므로 단지 하나의 언어 안에서는 신적 언어에 가까이 갈 방법이 없고, 여러 언어 사이를 오가면서 그 근원적 언어를 복원할 수 있을 뿐이다. 여기에서 번역의 중요성이 등장한다. 두 언어 사이를 오가면서 양자를 비교하고 하나의 언어에서 빠진 것을 다른 언어가 어떻게 보충할 수 있는지 감지할 때 우리는 근원적인 언어에 보다 더 가깝게 다가갈 수 있다. 그리고 이를 통해 사물의 비밀스러운 본질을 개방할 수 있다.

벤야민은 이런 식으로 번역과 해석의 중요성을 설파했다. 아마도 여기에는 특정한 하나의 언어를 특권화했던 기존의 많은 유럽 사상가의 태도, 이를테면 그리스어, 라틴어, 프랑스어, 또는 특히 게르만어 등이 배타적으로 우월한 언어라고 주장했던 자기중심적 태도를 비판하는 함의가 있을 것이다. 그렇지만 이러한 비판 정신에도 불구하고 벤야민의 언어관에는 유대교가 기반하고 있는 신적 언어라는 전통적인 관념이 내포되어 있다.

다른 한편 언어와 사물 사이에 자연적이고 필연적인 연관이 있다는 주장도 제기된다. 일례로 고대언어에는 사물들을 조작하는 신비한 힘이 있었다는 주장이 있는데, 이 주장에 따르면 인류는 시간이 흐르면서 어원을 점점 더 상실했기 때문에 오늘날에는 언어가 그러한 힘을 잃은 것뿐이다. 사물에 내재된 단어가 있다는 주장은 인류의 다양한 언어가 사실 같은 뿌리에서 나왔다는 것을 증명하려고 한다.

그 근거로 전 세계의 거의 모든 지역에서 엄마를 가리키는 단어는 음가 /m/, 아빠를 가리키는 단어는 음가 /p/나 /f/를 포함한다는 사실을 들기도 한다. 하지만 이것은 유아가 구강 구조상 큰 힘을 들이지 않고 처음 내뱉을 수 있는 발음이 /m/, 그리고 그다음에는 /p/라는 점을 말해줄 뿐이다. 여하튼 기호에 대한 전통적인 생각에 따르면 낱말과 사물 간의 내적 연관은 신적인 힘 또는 자연적인 힘에 의해 보장되고, 이에 기반해 언어는 외부의 사물을 지시할 수 있다.

이러한 전통적인 관념을 궁지로 몰아넣은 것은 소쉬르의 언어학이다. 그는 『일반언어학 강의』(1916)에서 기호 개념을 혁신했다. 그에 따르면 기호는 어떤 외부의 사물도 지시하지 않는다. 정확히 말해 기호의 기능은 사물을 지시하는 데 있지 않다. 소쉬르의 기호학에 따르면 기호는 자기 안에서 두 부분으로 쪼개지고 그 안에서 어떤 작용이 일어난다. 우리는 어떤 소리를 들을 때 어떤 개념이나 이미지를 떠올린다. 이렇게 무언가를 머릿속으로 떠올리는 것만으로도 의미가 발생하고 언어는 작동한다. 예를 들어 '파랑새'나 '민주주의'란 말은 세상에 실존하는 존재자를 지시하는 것이 아니다(민주주의는 이념, 목표 또는 방향이라고 말해야 할 것이다). 그럼에도 그것이 의미가 없는 것은 아니다.

소쉬르는 "음성 이미지"를 "기표signifiant", 이것을 들었을 때 머릿속으로 떠올리는 "개념"을 "기의signifié"라고 불렀다. 그리고 기표가 방아쇠 당기듯 기의를 떠올리게 하는 작용을 "의미작용signification"이라고 말했다. 당신이 /나무/라는 소리를 들으면 머릿속으로 어떤 나무의 이미지나 개념을 떠올리겠지만, 튀니지 사람이라면 그렇지 않

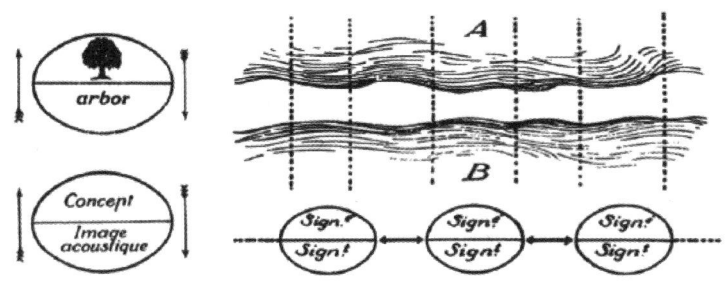

소쉬르, 『일반언어학 강의』
왼쪽 두 원 안에서 아래가 기표, 위가 기의에 해당한다. 그리고 화살표가 의미작용에 해당한다.

을 것이다. /나무/라는 기표는 당신에게서 의미작용을 일으키지만, 튀지니인에게는 그렇지 않은 것이다. 다시 한번 강조하자면 머릿속으로 떠올린 것이 외부의 어떤 사물을 지시하는지는 상관이 없다. 간단히 말해 의미작용은 지시가 아니다. 지시는 최소한 언어라는 구조가 왜 작동하는가에 대한 근본적인 차원과 관련되는 문제는 아니다.

    소쉬르는 자신의 기호 개념이 갖는 역사적 의미를 적절한 비유로 표현할 줄 알았다. 그는 자신의 기호학적 '발견'이 물이 분자라는 것을 밝혀낸 화학적 발견과 비견될 수 있다고 말했다. 이 비유에는 일리가 있다. 서양인들은 고대부터 아주 오랫동안 물, 불, 공기, 흙, 이 네 요소가 세상을 이루는 기본 요소라고 생각했다. 18세기 중반에 라부아지에가 최초로 물을 분해해 물이 산소와 수소의 결합으로 이루어져 있다는 것을 발견했다. 물은 더 이상 원소가 아니라는 점이 밝혀졌다. 라부아지에가 물분자를 쪼갰듯이 소쉬르는 자신이 최초로 기호를 둘로 쪼개서 그 구성요소를 밝혀냈다고 주장했다.[12]

    소쉬르의 기호 개념이 당대에 혁신적이었던 이유는 기표와 기의 사이에 필연적이거나 자연적인 관계가 전혀 없다고 보았기 때문이다. 한국어에서는 /나무/, 영어에서는 /tree/, 프랑스어에서는 /arbre/가 모두 같은 것(또는 매우 유사한 것)을 의미한다. 기의는 같지만 언어권마다 그에 상응하는 기표는 얼마든지 달라질 수 있고, 이 기표들 사이에는 전혀 유사성이 없는 경우가 태반이다. 이런 의미에서 기표와 기의의 관계는 임의적이고 관습적이다. 이때 '임의적'이라는 것은 누군가 마음대로 '자의적'으로 정할 수 있다는 얘기는 아니다. 그 규칙은 필연적이지는 않지만, 언어 사용자들의 공동체 안에서 우연과 습관의 누적으로 인해 발생한다는 뜻이다. 그리고 그렇게 정해진 규칙은 관습으로서 존중된다.

언어학의 근본 문제는 '왜 의미작용이 일어나는가' 하는 것이다. 즉 내가 '나무'라는 말을 했을 때 왜 상대방의 머릿속에 나무의 개념이나 이미지가 떠오르는가 하는 것이다. 전통적인 언어관에서는 사물 안에 그럴 만한 이유가 있다고 말할 수 있었다. 그러나 소쉬르의 현대적 기호 개념 안에서는 더 이상 이런 답이 불가능하다. 기표와 기의의 관계는 임의적이기 때문이다.

하나의 기표가 어떤 기의를 가리킬 수 있는 힘 또는 자격을 소쉬르는 '가치value'라고 불렀다. 앞서 말한 언어학의 근본 문제를 이렇게 다르게 말할 수 있다. 하나의 기표는 어떻게 가치를 갖게 되는가? 소쉬르의 대답은 하나의 기표가 다른 기표들과 갖는 대립opposition 관계에서 기표의 가치가 발생한다는 것이다. 즉 하나의 기표는 그 자체로는 아무것도 아니다. 그것은 다만 그것이 다른 기표들과 '다르기' 때문에 어떤 가치를 갖는다. '나무'는 '너무'나 '고무' 등과 다르게 때문에 기표들의 망 안에서 특정한 위치와 가치를 갖는다. 따라서 하나의 기표와 하나의 기의가 만나는 것이 아니다. 기표들의 망과 기의들의 망이 만난다. 아니 더 정확히 말하자면 기표의 덩어리와 기의의 덩어리가 만나 이런저런 분절점들이 생겨나면 기표들과 기의들로 개별화된다. 앞의 도판에서 오른쪽에 있는 도식이 이 점을 나타낸다.

소쉬르 본인은 전혀 예상하지 못했겠지만, 여기에 그가 이후 언어학을 넘어 20세기 중후반 (포스트)구조주의와 비판이론 전반에 영향을 준 핵심이 들어 있다. 소쉬르의 현대 언어학은 로만 야콥슨의 언어학에 강력한 영향을 주고, 이는 다시 레비스트로스의 인류학에 결정적인 영향을 미쳤다. 가장 엄격한 의미에서 구조주의자라면 이 두 학자를 꼽을 수 있다. 즉 구조주의의 가장 핵심에는 언어학과 인류학이 들어 있다. 의미작용과 인간관계의 논리를 해명할 수 있었기 때문에 구조주의의 파동은 넓게 퍼져 나갔다.

구조주의 언어학과 인류학은 즉각 라캉의 정신분석학, 알튀세르의 맑스주의에 다시 영향을 미치면서 1950년대에 구조주의 운동이 일어났다. 이 다양한 분야를 사로잡은 가장 핵심적인 생각은 다음과 같은 것이다. 하나의 기호의 가치는 그것의 내적 본질이 아니라 외적 관계들로부터, 보다 정확히 말하면 구조에서 나온다. 두 개 이상의 항은 계열을 만들고, 두 개 이상의 계열은 구조를 만든다. 대표적으로 언어가 이미 대표적인 구조인데, 그것은 두 개의 계열, 즉 기표들의 계열과 기의들의 계열이 만나서 만들어내는 체계이기 때문이다.

소쉬르는 항들 사이, 계열들 사이의 외적 관계를 '대립'이라고 말했지만, 이후 구조주의자들은 보다 일반적인 어휘로 '차이'라고 말하게 된다. 즉 더 이상 동일성이 있어서 차이가 생기는 것이 아니라, 차이가 동일성보다 우선한다. 당신이 어떤 사물에 대해 알고 싶다면 그것을 현미경으로 들여다볼 게 아니라 망원경으로 그것이 어떤 것들로 둘러싸여 있는지 그 주위를 봐야 한다. 당신은 당신이 아닌 것들과의 관계에 의해 규정된다. 예를 들어 젠더 역시 그러한데, 여러 논쟁이 있지만, 최소한 문화적 수준에서는 여성이 마땅히 해야 하거나 더 잘 할 수 있는 일이라는 것은 존재하지 않으며, 그러한 것은 남성성과의 대립 속에서 규정된 것이다. 물론 남성성 역시 그러하다.

여기에서 기호에 대한 세 번째 관점으로 넘어가보자. 소쉬르의 언어학으로부터 전개되어온 구조주의 기호학에 대해서는 이후 여러 방향에서 비판이 가해졌다. 대표적으로 몇 가지만 살펴보자. 첫 번째는 소쉬르가 설명한 언어의 원리는 차치하더라도 여기서 발견된 언어학적 원리를 언어 이외의 기호학으로 확장하는 것에 문제가 있다는 것이다. 이미지가 포함된 광고, 미술, 영화 같은 영역까지 구조주의 기호학이 적용되었는데, 이러한 영역의 연구 대상이 언어와 같은 구조를 가지고 있다고 암묵적으로 전제하면서 기호학을 전개했기 때문에 각 영역의 고유한 성격을 이해하지 못했다는 비판이 제기되었다. 이에 대해서는 이후 들뢰즈와 관련된 장에서 다시 한번 살펴보기로 하자.

두 번째는 발생적 관점에서 볼 때 소쉬르가 설명하는 것만큼 언어의 의미작용이 그렇게 안정적이지 않다는 것이다. 소쉬르는 언어의 성립을 논리적으로는 잘 설명하고 있으면서도, 그 발생의 과정은 과도기적인 것으로 서둘러 건너뛰고 기표의 망과 기의의 망이 안정적으로 만나고 있는 상황에 관심을 집중하고 있다. 하지만 이론적으로 볼 때 하나의 기표와 하나의 기의의 관계는 마치 끊임없이 파도가 일어나는 대양의 한가운데처럼 매우 불안정하다. 이것은 말하는 사람의 의도대로 의미작용이 정확히 일어나는지 확실치 않다는 것을 뜻한다.

특히 데리다가 이 점을 집중적으로 파고들었는데, 그는 텍스트의 최종적인 의미는 완결되지 않으며 끊임없이 지연된다고 주장했다. 의미가 발생하고 확정되는 과정에서는 기표들 사이의 차이를 거쳐야 할 뿐만 아니라 시간적인 지연이 불가피하다는 사실을 말하기 위해서 그는 새로운 단어를 만들어 자신의 중심 개념으로 삼았다. 그것은 차이라는 뜻의 'différence'에서 'e'를 'a'로 고쳐 쓴 'différance'이다. 이 말은 공간적인 차이와 시간적인 지연을 합친 것을 의미한다. 더 나아가 프랑스어에서 두 단어가 발음상 구별되지 않는다는 점을 노린 것이기도 하다(그는 이 사실을 통해 서구의 음성중심주의를 비판했는데, 이 주제는 이 책의 범위를 넘어서니 생략하자).

세 번째 비판은 이제 우리의 관심과 만난다. 앞서 잠깐 말한 적이 있는데, 푸코는 이미지와 개념, 말과 사물이 안정적 대응 관계를 이루고 이 안정적 관계로 인해 이해 가능한 합리적 담론이 형성되는 것은 사실이지만, 이러한 형성이 어떤 특정한 인식과 논의의 틀 안에서 가능한 일이라는 점을 밝히고자 했다. 그는 인식과 논의의 틀을 "역사적 선험a priori historique"이라고 불렀다. 인식틀, 즉 에피스테메는 어떤 우연한 계기들이 중첩됨에 따라 단절적으로 변화한다. 한 시기에는 타당하게 받아들여졌던 말들이 에피스테메가 전환되면 알아들을 수 없는 말이 된다.

칸트는 인식의 가능 조건을 인간 안의 보편적 인식능력 안에서 찾으려 했지만, 푸코는 반대로 그 조건을 특정 사회의 인간 집단을 둘러싸고 이질적인 요소들이 연결되어서 만들어지는 개념들의 체계에서 찾았다. 푸코의 작업은 늘 역사로 향해 있었지만, 그 자신은 늘 현재에 관심이 있다고 말했다. 즉 그는 우리가 딛고 있는 현재의 지반은 그렇게 튼튼한 것이 아니며, 현재의 또 다른 모습은 언제나 가능하다는 점을 구체적으로 입증하고자 했던 것이다. 푸코의 마그리트론 또한 이미지와 개념 사이의 안정성이라는 상식을 무너뜨려 사람들이 지금 당연한 것으로 받아들이는 현실을 지극히 우연적인 결과로 간주할 용기를 북돋는 작업이다.

3.

　　푸코는 마그리트 작품의 중요성을 해명하기 위해 또 다른 관점에서 접근을 시도한다. 그것은 미술사적인 비교와 대조 작업인데, 『이것은 파이프가 아니다』의 본론에 해당하는 3장부터 전개된다. 보기와 말하기, 이미지와 개념, 그림과 문장은 각각 상이한 체계에 속한다. 따라서 혼란을 막기 위해서는 이것들 사이에 배제, 또는 최소한 분명한 종속관계가 있어야 한다. 이것으로부터 근대 서양 회화의 원칙이 도출된다.

> 내 생각으로는 두 개의 원칙이 15세기부터 20세기에 이르기까지 서양 회화를 지배해왔다. 첫 번째 원칙은 조형적 재현(유사를 함축한다)과 언어적 지시(유사를 배제한다) 사이의 분리를 단언한다. 우리는 유사를 통해 보며 차이를 통해 말한다.[13]

　　자칫 잘못하면 서로를 교란하기 쉬운 두 체제가 한 화면에 함께 등장하는 것을 막기 위해 조형과 언어, 재현과 지시가 서로 분리되어 있다는 것이다. 이는 한국과 중국의 동아시아 전통 회화와 비교해 볼 때 어렵지 않게 이해할 수 있다. 이 전통에서는 '서書'를 포함하여 '시詩'와 '화畵'가 한 폭의 그림 안에 공존하면서 서로 보완하고 의미를 증폭시켰다. 그림의 비의秘義를 잘 담을 수 있는 시를 여백에 적어 넣는 것이 선비의 문인적 수준을 보여주는 것이기도 했다. 서양에서도 근대 이전에는 그림 안에 문자가 곧잘 들어오곤 했다. 서양의 중세나 르네상스 회화에서도 가브리엘 천사는 마리아에게 다가와 수태고지를 흡사 전보문처럼 내보낸다.

시모네 마르티니, <수태고지>, 1333(왼쪽)
프라 안젤리코, <수태고지>, 1434(오른쪽)

반면 르네상스 이후 그림에서 이러한 병치는 거의 사라진다. 이것은 상이한 두 체제가 간섭을 일으키는 것을 막기 위해 문자를 그림 밖으로 배제하고 축출했기 때문이다. 아니면 병치는 둘 중 어느 하나가 확실한 주도권을 가질 때에만 허용되었다. 예를 들어 삽화가 책에 들어가는 것은 언어가 주도하는 경우이고, 그림에 짧은 설명문이 달리는 것은 이미지가 주도하는 경우이다.

그런데 근대 회화 내내 유지되었던 이 첫 번째 원칙이 20세기 전반기 추상회화의 등장과 함께 무너지기 시작했는데, 이를 가장 대표하는 화가가 파울 클레였다.

> [클레의 작품에서] 배, 집, 인물들은 인지 가능한 형태들이며 동시에 글씨의 요소들이다. … 시선은 마치 사물들 사이에서 길을 잃은 듯이 보이는 말들을 만나는데, 그 말들이 그에게 갈 길을 지시해주고, 그가 지금 지나가고 있는 풍경에 이름을 부여해준다.[14]

한 예를 살펴보자. 그의 작품 <죽음과 불>은 그가 세상을 떠나기

파울 클레,
<죽음과 불>, 1940

몇 달 전에 완성된 작품인데, 그는 말년에 피부경화증으로 극심한 고통을 겪었다. 그래서 이 시기 작품들은 이전보다 단순한 형태를 띠고, 실제 원시미술의 영향을 받아 동굴벽화와 같은 느낌을 준다. 이 그림에는 죽음을 의미하는 독일어 'Tod'가 들어 있다. 인물의 팔이 T, 손에 든 금빛 구슬이 O, 얼굴이 D 모양을 이루고 있다.[15] 이처럼 그의 많은 작품에는 이미지 사이사이에 인식하고 이해해야 하는 문자와 기호의 요소들이 삽입되어 있다. 물론 작품마다 명시적이고 함축적인 정도에 있어서 차이가 있지만, 그 요소들이 그림을 보는 데 부분적으로 가이드 역할을 한다.

근대 서양 회화의 두 번째 원칙은 '당신이 보는 것은 곧 어떤 사물을 보는 것'이라는 원칙이다. "두 번째 원칙은 '유사하다는 사실'과 '재현적 관계가 있다는 확언' 사이의 등가성을 제시한다."[16] 일반적으로 사람들이 그림을 볼 때 가장 먼저 던지는 질문은 '뭘 그린 건데?'이다. 그리고 그에 대한 답을 들으면 그 작품을 이해한 것으로 간주하고

칸딘스키, <구성 IV>, 1911
왼쪽 상단부에 말의 형태에서 온 검은색 선들이 교차하고 있다.

넘어간다. 그림에서 유사성에 근거해 재현된 사물을 재인식하는 것으로 넘어가는 것이다.

두 번째 원칙이 무너지기 시작한 것은 파울 클레와 같은 시기에 활동했고 추상회화를 실질적으로 창시한 바실리 칸딘스키의 작품에서 잘 나타난다. 칸딘스키는 기존의 구상회화가 외부 세계의 물질적이고 외면적인 측면에 종속되어 있기 때문에 정신적이고 내면적인 본질에 입각한 새로운 회화 양식이 필요하다고 생각했다. 내면적 본질이란 자연에 내재해 있는 운동성을 의미하고, 회화는 그것에 진입해 들어갈 수 있는 통로를 제공하는 것이어야 한다. 그가 정의한 "추상Abstraktion"이란 물질적인 세계로부터 운동과 리듬을 일으키는 조형적 요소들을 분리하고 추출하는 것이다.[17] 간단히 말해 그것은 재인식 가능한 구상적 형태들로부터 점, 선, 면, 색, 위치 등의 요소들을 추출하고 다시 이것들 사이의 "즉흥"과 "구성"을 통해 순수 정신적 형태들을 만들어내는 것이다.

따라서 칸딘스키의 작품들, 특히 1910년부터 1939년까지 길게 이어진 〈구성Komposition〉 연작에서 기사, 말, 교회는 선과 색 같은 요소들로만 남게 된다. 푸코는 이것이 유사성이 재현을 확언한다는 기존의 원칙을 붕괴시켰다고 평가하는 것이다. 우리는 칸딘스키의 작품에서 어떤 사물의 부분을 닮은 것을 보지만, 그것은 사물을 재현하기 위한 것이 아니라 단지 회화적 평면의 구성을 위한 재료들로 분해되고 전환될 따름이다.

요컨대 근대 서양 회화의 두 가지 원칙이란 유사와 확언이었으나, 이것들은 모두 20세기 초반 추상회화의 도래와 함께 위기에 처하게 되었다. 첫 번째 원칙과 관련해서는 클레가, 두 번째 원칙과 관련해서는 칸딘스키가 그러한 전환을 대표적으로 이끌었다. 그런데 푸코가 보기에 마그리트의 작업은 그 연장선상에서 두 원칙의 완전한 붕괴를 선언하는 것이었다. 확실히 마그리트의 미학적, 사상적 중요성을 밝히기 위해 클레와 칸딘스키를 경유해 마그리트에 도달하는 것은 푸코의 기발하고 독특한 전략이다. 언뜻 보았을 때 초현실주의라는 라벨이 붙은 마그리트와 추상회화를 창시한 클레와 칸딘스키는 가까워 보이지 않는다.

푸코 역시 이를 모르지 않았다. 다만 푸코에 따르면 마그리트는 다른 경로와 방법을 통해서 클레와 칸딘스키와 거의 같은 결론에 도달했다는 것이다. 달리 말하면 개념과 이미지, 사물과 재현 사이의 관계의 수준에서 20세기 현대 회화에서 벌어진 변화의 흐름이 있는데, 이것이 클레와 칸딘스키에서 시작돼서 마그리트에서 완전한 형태로 드러났다고 푸코는 말하는 것이다.

"그[마그리트]는 회화를 유사와 확언으로부터 해방시켰다. 마그리트가 하는 작업은 연결을 끊는 것이다."[18] 클레와 칸딘스키는 재현의 공간을 잠식하고 파괴한다. 클레는 형태와 언어를 캔버스 위에서

마그리트, <재현>, 1962

혼합하면서 첫 번째 원칙, 즉 형태와 언어의 분리의 원칙을 위반한다. 칸딘스키는 이미지의 요소들이 현실의 사물을 지시하지 않고 오직 조형적 구성의 요소라고 선언하면서 두 번째 원칙, 재현과 확언 사이의 관계를 부순다. 그런데 마그리트는 겉보기에는 정반대이다. 그는 재현의 공간을 유지한다. 그 대신 그는 반대로 재현의 논리를 극단으로 밀어붙이고, 그것을 유희의 대상으로 삼으면서 두 원칙이 어두운 심연으로 추락하도록 만든다.

예를 들어 〈재현〉이라는 의미심장한 제목의 작품에서 화면의 오른쪽에 위치하면서 캔버스의 대부분을 차지하는 축구 장면은 실제 학교 운동장에서 축구하는 광경을 재현한 것처럼 보인다. 그러나 왼

마그리트,
<꿈의 해석>, 1935
불어 제목은 <꿈의 열쇠>로
되어 있다. 참고로 같은
제목으로 두 판본의 작품이
있다.

쪽 하단의 작은 화면에 이 장면이 반복되면서 재현의 대상은 미궁 속으로 빠지고 재현의 효력은 상실된다. 무엇이 무엇을 재현하는 것인가? 이 대답을 구할 수 없게 되면서 유사하게 그린 것이 무엇을 가리키는지 알 수 없게 된다. 간단히 말해 재현의 외양은 충실하게 지켜지지만, 재현은 반복되면서 자기 자신을 배반한다. 이것은 근대 회화의 두 번째 원칙의 붕괴를 의미한다.

다른 예를 살펴보자. <꿈의 해석>에서 말은 문이라고 불리고, 시계는 바람이라고 불린다. 이 작품에서는 이제 이미지마다 일치하지 않는 이름이 아예 대놓고 뻔뻔하게 쓰여 있다. 관람객은 저런 연결은 옳지 않다고 실소를 터트리거나 심지어 화를 낼 수도 있겠지만, 그림과 이름을 따로 떼어놓을 수 있을지 확신하지 못한다. 가로세로로 나누어져 있는 튼튼한 액자틀이 그림과 이름을 확실히 묶어주고 있고, 저들을 갈라놓을 수 있는 확실한 근거가 어디에 있는지 생각하다 관람객은 문득 심연 위에 서 있다는 것을 깨닫게 된다. 말과 시계의 그림, 문과 바람이라는 글자가 솟아올라 있는 저 검은 배경 같은 심연 말이다. 이것은 마그리트가 그림과 글자의 배제 또는 위계화라는 첫 번째 원칙을 의도적으로 위배하는 작품이다.

여기에서 푸코는 중요한 개념의 구분을 제시한다. 즉 유사ressemblance와 상사similitude의 구분이 그것이다. 전자는 원본과의 관계에서 규정된다. 복사본은 원본을 충실히 모사하고 재현해야 한다. 반면 후자는 원본 없이 이미지들이 나열되는 것을 말한다. 앞의 이미지로부터 다음 이미지가 산출되고, 다시 끝없이 나아간다. 상사는 오직 이미지들 사이의 관계를 의미한다. 간단히 말해 유사는 무엇과 닮은 것이고, 상사는 서로 닮은 것이다.

> 유사에는 주인이 있다. 근원이 되는 요소가 그것으로서, 그로부터 출발하여 연속적으로 복제가 가능하게 되는데, 그 사본들은 근원으로부터 멀어질수록 점점 약화됨으로써 그 근원 요소를 중심으로 질서가 세워지고 위계화된다. … 반면 비슷하다는 것은 시작도 끝도 없고, 어느 방향으로도 나아갈 수 있으며, 어떤 서열에도 복종하지 않으면서, 조금씩 조금씩 달라지면서 퍼져 나가는 계열선을 따라 전개된다. 유사는 재현에 쓰이며, 재현은 유사를 지배한다. 상사는 되풀이에 쓰이며, 되풀이는 상사의 길을 따라 달린다.[19]

이 단락은 푸코의 사유뿐만 아니라 현대 프랑스 철학과 미학의 전체적인 문제의식을 보여준다. 시작도 끝도 없고, 어느 방향으로도 나아갈 수 있고, 조금씩 달라지면서 어디에서든 계열선을 그리면서 퍼져 나가는 것, 이러한 것에 대해 어떻게 존재론적 가치를 부여하고, 이러한 것을 어떻게 실천론으로 이론화하고, 어떻게 미학적으로 해명할 것인가? 푸코의 에피스테메와 권력과 테크놀로지, 데리다의 텍스트와 (a로 쓰는) 차이, 들뢰즈의 기계와 리좀과 다양체, 보드리야르의 시뮬라크르 같은 것들이 모두 이러한 공통의 문제의식으로부터 뻗어 나온 개념들이다. 특히 위 인용문의 마지막 문장은 이보다 5년 앞서 출간되었던 들뢰즈의 『차이와 반복』과 공명한다. '반복되는 것은 차이이며, 차이 나는 것만이 반복된다.'

마그리트가 규칙을 지키는 듯한 태도로 재현을 극단으로 몰아붙여서 보여준 "무관계"의 공간, "비非장소"의 심연 위로 이제 이미지들은 확고하게 지시할 대상 없이, 오직 자기 자신들만을 서로 바라보며 일렬로, 사방으로 이어진다. 앞의 그림 〈재현〉에서 축구하는 아이들은 왼쪽으로, 오른쪽으로 끊임없이 반복되면서 이어질 것이다.

이런 이유에서 푸코의 책은 이미지들의 연쇄, 즉 앤디 워홀로 마무리된다. "언젠가 이미지 그 자체와 그것이 달고 있는 이름이 함께, 길다란 계열선을 따라 무한히 이동하는 상사에 의해, 탈동일화되는 날이 올 것이다. 캠벨, 캠벨, 캠벨."[20] 요컨대 이 책은 마그리트에서 시작해서 예상치 못하게 앤디 워홀로 끝난다. 두 화가 사이에는 시뮬라크르를 둘러싼 공명이 있고, 이런 의미에서 푸코 사유의 어떤 끝자락은 보드리야르로 이어진다. 하지만 두 철학자의 어조는 사뭇 다르다. 우리는 5장에서 그 점을 보게 될 것이다.

이미지와 개념 사이의 간극, 이 공간이 현대 미술이 펼쳐지는 장이 된다. 푸코의 마그리트론이 분명하게 드러낸 무관계의 공간에서 이후 세 가지의 선택지가 주어진다. 이미지 쪽으로 나아가거나, 개넘 쪽으로 나아가거나, 아니면 그 사이의 공허를 고집하는 것이다. 첫 번째 길은 이미지의 원초성과 순수성을 회복하는 것이다. 우리는 이를 메를로퐁티와 세잔에게서 보게 될 것이다. 두 번째 길은 개념이 갖는 변환의 힘을 긍정하는 것이다. 우리는 이를 리오타르의 뒤샹론에서 살펴보려고 한다. 세 번째 길은 이미지와 개념 사이에 관계를 설정하려는 어떠한 시도도 거부하는 것이다. 보드리야르의 앤디 워홀 예찬이 이러한 관점에서 나온 것임을 1부의 마지막 장에서 이해해보자.

지희킴, <And Rome as in Greece>, 2022

작가 지희킴은 영국 유학 시절 첫해에 자신이 지극히 소수자라는 사실을 실감했다고 한다. 언어, 인종, 성별, 신체의 측면에서 겉돌고 있다는 느낌을 지울 수 없었다는 것이다. 그녀에게 영어는 더 익숙해져야 하지만 체득되지 않는, 외국의 언어라기보다 이질적인 매체였다. 책은 의미를 담고 있는 문장들이 아니라 평면 위에 배치된 알파벳의 그래픽처럼 보였다. 거대한 체계 안에서 패배하느니, 자신만의 규칙으로 울타리를 삼고 싶었을까? 작가는 도서관에서 버린 헌 책의 페이지 위에 자신의 손이나 새 같은 것을 그렸다. 그녀의 작품에서 언어와 그림은 뒤섞이지 않고 이질적인 층위를 이룬다. 그녀의 작품들을 보고 있으면, 거창하게 말하면 제국주의 권력의 상징인 영어에 대한 저항을 느낄 수 있다. 하지만 좀 더 소박하게 말하면 도서관에 앉아 책에 그림을 그리고 있었다니 어지간히 공부하기 싫었나 보다 하는 생각이 들어 웃음이 나온다. 아마도 전자는 진실에, 후자는 사실에 더 가까울 것이다.

3장
지각 – 메를로퐁티와 세잔

1.

　　잠에서 깬다. 하얀 면들이 나를 둘러싸고 있다는 것을 느낀다. 낯선 방이라는 사실을 깨닫는다. 여행의 첫날이다. 어렴풋하게 창으로 빛이 스며들고 있다. 커튼을 제치고 창을 연다. 초록색이 어른거린다. 커다란 나뭇잎이라는 사실을 깨닫는다. 이름 모를 열대 나무가 얼마쯤 멀리에 서 있다. 그 뒤로 이곳이 낯선 도시라는 사실을 알려주는 말소리와 새소리가 들린다. 아니 정확히는 알 수 없다. 그냥 그런 것 같다. 내가 이 낯선 도시의 호텔방에서 일어나 보는 세계는 그런 것이다.
　　내가 살던 곳에서보다 좀 더 수직 방향으로 떨어지는 빛줄기가 보이고 그 안에서 사물들이 익숙지 않은 방식으로 모습을 드러낸다. 이것들을 내가 본다기보다 이것들이 내가 보도록 나에게 주어지고 다가온다. 나뭇잎, 새소리, 바람소리, 적당히 선선한 아침 온도, 이런 모든 것이 이질적으로 여기저기에 있지만, 서서히 유기적으로 조직되면서 하나의 풍경을 이룬다.
　　모든 것이 한 번에 볼 수 있도록 주어지지는 않는다. 저 열대 나무의 나뭇잎 뒤로 무언가 어른거리지만, 그것이 무엇인지 여기에서는 볼 수 없다. 물론 내가 조금 있다 아침을 먹고 정원으로 나간다면 그 나무 뒤에 있는 것들이 무엇인지 분명히 볼 수 있겠지만 그것이 지금 중요한 것은 아니다. 그런 미래의 예상 없이 나는 지금 이 세계를 목격하고 있고, 이 세계는 이대로 온전하다. 그러한 온전함은 불투명한 지대를 포함하고 있다.

　나의 세계, 내 안에서 태어난 지금 이 세계는 옆쪽에서 나무들을 보아줄 다른 시선이 없다는 이유로 불완전한 것으로 격하되지 않는다. 그렇다고 해서 이런 생각이 다른 시선의 존재를 부정하는 것은 아니다. 오히려 내가 내 신체의 특정한 위치 때문에 이 세계의 어떤 부분은 투명하게, 어떤 부분은 투명하지 못하게 보고 있다는 점을 인정한다면 다른 신체들의 시선 역시 나와는 다른 부분들을 같은 방식으로 보게 될 것이라는 점을 인정할 수 있다. 나와 다른 각도에서 나무들이 서 있는 것을 보는 시선은 그 나름의 고유한 세계를 만들고, 그렇게 해서 이 많은 세계가 이 단 하나의 세계에 공존한다.

　나는 다만 나에게 보이는 이 세계가 그러한 방식으로 완성되어야 하기 때문에 온전함이 유예되는 것은 아니라는 점을 말하는 것이다. 이 세계가 볼 수 있는 것으로 나에게 나타나는 것은 그것이 저토록 불투명하고 깊이 속에 부분적으로 잠겨 있다는 조건을 필수적인 것으로 포함하는 것이다. 가시적 세계가 우리에게 나타날 때 그것은 불투명한 깊이로부터 출현한다. 그리고 그것은 의심할 수 없이 확실한 것이다.

　나는 나의 고유한 신체를 가지고 있고, 나의 신체와 연동해서 하나의 가시적 세계가 나타난다. 이 세상은 우선 눈에 보이는 것이며 세상이 눈에 보이는 것은 내가 신체와 눈을 갖기 때문인데, 보다 정확히 나는 나의 신체와 눈 자체이고, 나와 연관된 채로 세상은 보이는 것으로서 확실하고, 한꺼번에 모든 것이 나타났다가, 조금씩 초점이 맞아 사물이 모양을 갖추어간다. 여행의 첫날 나는 이런 것을 깨닫는다.

　세잔이 특별했던 이유는 풍경을 난생 처음 보는 것처럼 신선하게 보는 일을 여행의 힘을 빌려서가 아니라 자기 자리에서 시도했기 때문이다. 우리는 운동과 이동이 우리의 감각에 신선함을 부여한다는 것을 알고 있다. 그래서 예술가들뿐만 아니라 많은 사람이 자기 자신

화가들의 터에서 본 생트빅투아르 산

에 대해 새로운 느낌을 갖기 위해 여행을 떠난다. 그렇게 새로워진 감수성과 생각 안에서 그에 상응하는 새로운 세계가 나타난다. 그런데 세잔은 자기 자리에서 벗어나지 않고, 고작해야 그의 이층집에서 1킬로미터 정도 떨어진 언덕으로 올라가서 생트빅투아르 산을 오랫동안 하염없이 바라보는 것으로 그런 여행을 대신했다.

  세잔은 1870년부터 1906년까지 프로방스 지역에 머물면서 생트빅투아르 산과 그 일대를 그렸다. 특히 그 시기의 마지막 5년 동안은 생마르크 방향에서 보이는 생트빅투아르 산의 모습을 집중적으로 그렸다. 그는 나무가 우거진 큰 정원이 있는 이층집에 거주하면서 위층 아틀리에에서는 사과나 주전자와 같은 정물을 그렸다. 그리고 집에서 15분쯤 경사면을 따라 북쪽으로 걸어 올라가면 나오는 조그마한 언덕에서 생트빅투아르 산의 옆모습을 캔버스에 담았다. 그는 규칙적이고 반복적으로, 그리고 거의 강박적으로 같은 자리에 올라가 이 작업을 반복했다. 오늘날에도 그가 살았던 이 이층집, 그리고 그가 그림

세잔,
<커튼이 있는 정물>,
1895

을 그렸던 장소를 찾아갈 수 있다('세잔의 아틀리에Atelier de Cézanne '와 '화가들의 터Terrain des Peintres').

세잔이 그린 정물화는 원근법도 맞지 않아서 테이블 위의 사과는 아래로 굴러떨어질 것 같다. 그가 그린 생트빅투아르 산 연작은 뒤로 갈수록 점점 형태가 사라지고 두꺼운 물감의 흔적만 남게 된다. 얼핏 보면 그의 그림은 잘 그린 그림 같지 않고, 심지어 서툰 습작 같기도 하다. 그런 그가 왜 '현대 회화의 아버지'로 칭송받는 것일까? 특히 메를로퐁티가 그에 대한 아름다운 에세이를 남긴 뒤로 세잔은 현대 프랑스 미학에서 절대적인 원점이 되고, 생트빅투아르 산은 현대 회화를 상징하는 성소가 되었다.

흔히들 세잔을 포스트인상주의로 분류한다. '포스트'라는 말은 마네나 모네와 같은 인상주의자들과 세잔 사이의 친연성과 거리를 동시에 보여준다. 세잔은 인상주의의 목표를 높게 평가했다. 인상주의자들이 말한 것처럼 세잔 역시 대상화되지 않은 자연, 그 이전의 풍경을 그려야 한다고 생각했다. 화가는 눈으로 직접 본 것을, 눈에 순수하게 나타난 것을 그려야 한다는 것이다. 이천 년이 넘는 서양 회화사에서 정작 관념적 선입견에 의존하지 않고 자연과 사물을 직접 대면해 그리려고 시도한 것은 인상주의가 등장한 19세기 말이 되어서였다. 세잔은 앵그르를 포함하여 고전주의자들이나 살롱 화가들이 샘물을 그리면서 신화 속 요정을 함께 그려 넣는 것을 강하게 비판했다.

인상주의자들은 눈의 논리에 순수하게 의존한 최초의 화가들이다. "인상주의란 게 뭔가? 색채들의 시각적인 혼합 아닌가? 화폭 위에 분할해놓으면 망막이 그걸 다시 구성하는 거야."[1] 주지하다시피 모네는 루앙 성당의 벽이 시시각각 변하는 모습을 그대로 반영해서 그렸다. 인상주의자들은 캔버스를 들고 야외로 나가서 자연의 빛 아래 변하는 풍경을 그린 최초의 화가들이기도 하다.

하지만 세잔은 인상주의자들과 곧 멀어진다. 인상주의자들이 그린 것은 말 그대로 인상impression, 즉 풍경의 순간적이고 가변적이고 일시적인 모습일 뿐이다. 세잔은 그것으로 충분하지 않다고 생각했다. 풍경은 단지 표면적인 것이 아니라 그 나름의 심연을 품고 있기 때문이다. "보다 신비스럽고 존재의 바탕에 닿아 있는, 손으로는 만질 수 없는 감각의 근원"이 있다고 본 것이다. 이것은 관념이 실재적이고 이미지는 피상적이라는 이분법에 익숙한 학자에게는 모순된 표현처럼 들린다.

하지만 세잔은 감각 고유의 심오한 근원이 있고, 예술가는 그것을 포착해야 한다고 생각했다. 그는 인상주의에 자연 내에 엄연히 존속하는 견고함이 부족하다고 보았다. "나는 인상주의를 박물관의 작품처럼 견고하고 지속적인 것으로 만들려 했네."[2] 그는 철학자들이 흔히 하듯이 감성과 지성을 대립시킨 것이 아니라, 감성의 두 층위를 구분했다. 즉 보이는 것과 그 안쪽, 다시 말해 인상과 그것이 발생되는 층위, 또는 감성적인 것과 그것의 깊이로 구분한 것이다. 세잔의 이러한 구분은 현대 화가들과 현대 미학자들 모두에게 중요한 질문을 던졌다. 이것을 어떻게 그림으로 그리고, 어떻게 이론화할 것인가?

2.

메를로퐁티는 세잔에 관한 두 편의 에세이를 남겼다. 하나는 「세잔의 회의」이고, 다른 하나는 『눈과 정신』이다. 메를로퐁티 연구자들은 그의 사상을 크게 두 시기, 또는 세 시기로 구분한다. 흔히들 전기 사상을 '신체의 현상학'이라고 부르고, 후기에는 그가 새로운 존재론을 시도했다고 평가한다. 중기를 따로 구분해서 이야기한다면 중기는 구조주의의 영향하에서 볼 수 있고 말할 수 있는 것들의 조건, 그것들의 이면에 있는 조건을 탐구하던 시기이다. 우리는 이 시기의 저작들에서 그가 현상학에서 존재론으로 이행하게 되는 몇 가지 단서를 찾을 수 있다.

아무튼 「세잔의 회의」(1945)는 전기의 대표작 『지각의 현상학』(1945)과 연동되어 있고, 『눈과 정신』(1961년 저술, 1964년 출간)은 후기의 대표작 『보이는 것과 보이지 않는 것』(1964년 미완성 출간)과 연동되어 있다(그는 1961년 사망했다). 세잔에 관한 두 편의 에세이는 각각 메를로퐁티의 전기와 후기 사상이 회화라는 주제를 통해 표현된 짧지만 빼어난 작품이다. 특히 『눈과 정신』을 읽을 때 독자는 세잔의 그림을 보는 것 못지않게, 아니 어쩌면 그보다 더 긍정적이고 행복한 감정에 빠져들게 된다.

메를로퐁티가 중요한 순간마다 예술로, 특히 회화로 되돌아갔던 이유는 무엇일까? 그가 비판의 대상으로 삼은 것은 두 가지 태도였다. 하나는 유용성에 입각한 일상적인 관점이다. 우리는 사물들, 이를테면 사과, 의자, 나무를 있는 그대로 보지 않으며, 더군다나 주의깊게 보지 않는다. 사람들은 생활하는 데 바쁘기 때문에 얼마간은 불가피한 일이기도 하지만, 문제는 존재자들이 크기나 편리함, 세간의 평가와 욕망에 따라 인지된다는 점이다. 특히 자본주의하에서는 가격과 매매, 교환의 관점에서 사물들을 인식한다. 사람들은 주위 세계의 사물들을 백화점에 전시되어 있는 상품 보듯이 보고, 사람도 그러한 상품을 얼마나 지니고 있는가(또는 구입할 수 있는가)에 따라 본다.

다른 하나는 분석적이고 조작적인 태도이다. 이런 관점에 의하면 존재자들은 우리에게 주어지는 것이 아니라, 인간이 이해할 수 있는 요소들로 분해할 수 있는 대상이다. 물론 그렇게 하는 이유는 사물들을 재구성해서 유용한 에너지와 재료로 사용하기 위해서이다. 동물, 식물, 산, 바다는 우리에게 나타나는 모습대로 있다기보다 과학 법칙하에 입자들이 정렬되어 있는 것이다. 이렇게 해서 존재자는 대상objet이 된다.

첫 번째 에세이 제목에 '회의'라는 단어가 들어 있는데, 철학사에 대한 기초 지식이 있다면 자연스럽게 누군가를 떠올리게 될 것이다. 메를로퐁티는 두 편의 글에서 명시적으로 데카르트를 비판적으로 겨냥한다. 데카르트가 비판의 주요 표적이 된 이유는 그가 의식과 공간에 관한 서구의 근대적 개념의 길을 연 철학자이기 때문이다. 근대적 개념화란 인간은 지각하는 신체가 아니라 무엇보다 생각하는 의식이며, 이에 맞추어 세계는 인식의 대상으로 분해되어 지성적으로 이해되어야 할 대상이라고 간주하는 관점을 말한다. 이 관점하에서는 공간 역시 사물들이 명석하고 판명하게 분해된 채로 배열되어야 할 큰 용기 같은 것으로 파악된다.

메를로퐁티의 의의를 알기 위해 데카르트에 대해 조금 살펴보자. 데카르트는 남다른 지적 욕구를 가진 사람이었다. 그는 세계에 대한 확실한 진리를 알고 싶어 했으나, 세상의 선생들이 알려주는 이론들은 허접하고 서로 모순된다고 보았다. 그래서 그는 혼자서 진리를 구하기로 마음 먹었다. 그가 선택한 방법은 조금이라도 의심의 여지가 있는 것은 옆으로 제쳐놓는 것이었다. 여기서 의심의 여지가 있다는 말은 '그것이 틀렸다'는 뜻이 아니라, 다만 지금으로서는 확실치 않으니 옆으로 미루어둔다는 것이다. 그는 이러한 '과장된 회의'가 진리를 건져낼 극도로 촘촘한 체와 같은 역할을 할 것이라는 뜻에서 '방법적 회의'라고 불렀다.

합리주의적 전통에 있는 많은 철학자와 마찬가지로 그가 가장 먼저 기각한 것은 감각의 대상들이었다. 뜨겁고 차가운 성질 등과 같은 감각적 성질은 가장 변덕이 심하고 변화무쌍하기 때문이다. 그리고 그다음에는 신체를 가지고 있다는 것도 회의의 바구니에 넣었다. 비유하자면 그는 결벽증에 걸린 사람처럼 사과 껍질을 벗기다가 과육을 계속해서 잘라냈다.

그가 감각과 신체적인 것을 불확실한 것으로 간주했다는 점은 합리주의적 전통에서 볼 때 특별할 것이 없다. 그런데 데카르트가 과격했던 지점은 그가 수학 공식마저도 의심의 대상으로 삼았다는 점이다. 이는 플라톤과 매우 다른 점이다. 플라톤은 수학 공식을 세상에 확실한 진리가 존재한다는 증거로 삼았다. 그런데 데카르트는 그것마저 방법적 회의의 희생물로 삼았다. 예를 들어 2+2는 사실 5인데 일종의 악령이 우리를 따라다니면서 4라고 계속 소근거리는 바람에, 요즘 말로 하자면 가스라이팅을 하는 통에 우리가 그렇게 받아들인다는 것이다(정확히 말하자면 우리는 그렇다고 '의심'할 수 있고 이 의심을 완전히 반박하는 것은 불가능하다는 것이다).

이는 악의적으로 과장된 것처럼 들리지만, 의미가 없는 말은 아니다. 데카르트는 우리의 인식 구조에 어떤 선천적인 결점이 있어서 편향된 결론을 내릴지도 모른다는 주장을 하고 있는 것이다. 예를 들어 길이가 같은 두 개의 선이 있는데, 주위를 둘러싼 다른 방향의 선들로 인해 두 개의 선이 길이가 다른 것처럼 보이는 심리학 실험 같은 것을 말하는 것이다.

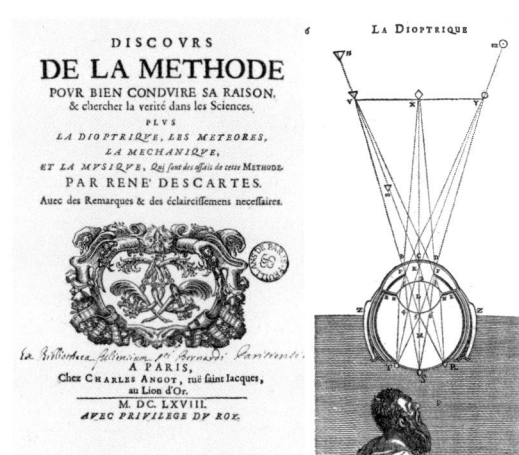

데카르트, 『방법서설』의 표지(왼쪽)

그 안에 함께 수록된 「굴절광학」(1637)에 실린 도판(오른쪽)

데카르트는 이렇게 해서 사과의 살을 거의 모두 없애버렸다. 불순물로 오염되었을지도 모르는 껍질을 벗기려다 사과 전체를 내다 버려야 하는 상황에 처한 것이다. 그는 아마 깊은 절망감을 느꼈을 것이다. 그런데 그 어둠 속에서 어딘가로부터 미세하게 한 줄기 빛이 스며들었다. 이 세상의 모든 것은 의심에서 벗어날 수 없다. 하지만 역설적으로 한 가지 확실한 것이 있다. 의심하는 행위 자체는 의심할 수 없다. 의심하는 행위를 의심한다는 것은 오히려 의심이라는 존재를 더욱 강화하는 것이다. 데카르트는 이렇게 해서 어둠의 심연으로부터 확실한 지점을 발견했다. '나는 의심한다.' 그것은 사과의 살이 모두 벗겨지고 남은 씨앗 같은 것이었다.

데카르트는 이것을 좀 더 일반화해, "나는 생각한다, 그러므로 나는 존재한다"라고 말했다. 생각은 의심을 포함하는 보다 일반적인 말이고, 달리 말해 의심은 생각의 한 가지 방식이다. 저 명제는 라틴어로 "Cogito, ergo Sum"이라고 하고, 줄여서 코기토 명제라고 한다. 코기토 명제는 세계의 불확실성을 제거하면서, 불확실한 것들로부터 물러나서 가장 확실한 토대를 찾으려는 성찰로서, 내가 의심하고 있다는 행위, 생각하고 있다는 사실로부터 그 토대를 발견했다. 나는 생각하는 실체로서 존재한다. 그리고 그것을 더 이상 의심할 수 없는 출발점으로 삼아 다시 신체, 감각, 세계로 외출할 수 있다. 신체, 감각, 세계가 있다는 것은 이제 나의 정신에 그것이 명석한 관념으로 포착된다는 사실로부터 입증된다.

여기에는 사실 신이 그것을 보증한다는 순환론적인 사고가 들어 있는데, 이 점은 좀 복잡하니 넘어가도록 하자. 다만 여기에서 강조할 것은 신체, 감각, 세계는 그 자체로 긍정되는 것이 아니라, 정신이 재현한 것 또는 지성이 이해한 것으로서 구성된다는 점이다. '당신이 신체라고 말하는 것은 사실 당신의 정신이 신체라고 이해한 것을 의미한다.'

이로부터 근대 내내 유지되었던 이분법적 위계가 도출되었다. 정신과 신체, 이성과 감성, 논리와 감정, 사유와 지각, 객관적 과학과 주관적 경험, 순수한 내부성과 혼합된 외부성. 그리고 몇 가지 연결고리가 필요하겠지만, 좀 더 멀리까지 나아가보자면 보편성과 특수성, 남성성과 여성성, 유럽과 그외 지역 등등.

후설은 20세기로 넘어가는 전환기에 유럽 정신의 위기를 목격했다. 과학이라는 이름으로 축소된 합리성이 경험을 이차적인 것, 부차적인 것으로 만들었기 때문이다. 그는 철학의 출발점이 기존의 방식처럼 외양과 대립하는 의미에서 진리가 아니라, 살아가면서 나타나는 것들이라는 의미에서 현상이어야 한다고 생각했다.

우리는 무엇이 진리인지 알기 이전에도 이미 어떤 장소, 세계 안에서 살아간다. 이 살아감은 그 자체로 세계와 관계를 맺고 있고, 세계에 어떤 통일성을 부여한다. 당신은 건축학을 몰라도 집을 꾸미며 살아가고, 도시공학을 몰라도 동네 골목에서 사람들과 만나며 살아간다. 세계는 이미 의미의 체계이다. 이것은 '반성 이전의 세계'이고, 이와 연동하여 '반성 이전의 주체'가 있다. 후기 후설은 이것을 "생활세계"라고 명명했다. "세계는 나의 사유가 아니라, 내가 살아가고 있는 장소이다."[3]

말하자면 데카르트와 칸트는 순수한 의식의 내부성으로 뚫고 들어가 그것의 본성과 구조를 우선 발견하고, 그다음 미루어두었던 세계를 되찾기 위해 의식에서 세계로 외출했다. 여기에는 항구적인 의심, 회의의 불안이 동반된다. 칸트의 '사물 자체'는 그러한 것의 표지이다. 칸트에 따르면 인식은 우리의 감성에 주어지는 자료와 지성이 산출하는 개념이 만나서 형성된다. 그렇다면 우리는 감성과 지성이라는 두 인식능력을 벗어나 있는 것에 대해서는 어떤 것도 알 수 없다.

그 너머에 있는 것을 칸트는 '사물 자체'라고 불렀다. 이 개념은 근대적 주체가 나아갈 수 있는 반경을 표시한다. 인식하는 주체는 자기 분수를 알아야 한다. 그는 넘어가서는 안 되는 경계가 있고 정해진 반경 안에서 머물러야 한다. 이러한 철학 안에서라면 인간과 세계는 근본적으로 화해할 수 없다. 인간은 세계를 자신의 정신 안에서 재구성한다는 조건하에서 세계를 만족할 만한 것으로 수용한다. 그러나 정신과 무관하게 우리에게 바깥으로부터 '주어지는' 세계는 철학적 의미를 지니지 못하고, 거의 없는 것처럼 취급된다.

현상학은 이러한 근대적 인식론의 균열을 극복하려는 하나의 시도이다(여기에서 다루지는 않겠지만 또 하나의 중요한 시도는 베르그손이다). 후설은 철학의 출발점이 어딘가 잘못되었다고 생각했다. 그는 다음과 같은 상식에서 다시 시작하자고 제안한다. "세계는 우리가 지각하는 그대로 존재한다."(이러한 인식은 베르그손도 공유한다. 후설과 베르그손이 갈라지는 지점은 다른 곳에 있다.) 후설은 인간 의식이 의자처럼 고립된 실체나 독립적인 형식으로 있는 것이 아니라고 비판한다. 의식은 이미 세계와 관계를 맺으면서만 활동한다.

주관의 초월성은 세계를 재구성할 수 있는 정신적 범주의 발견에 있는 것이 아니라, 정신이 자기 자신을 넘어 세계로 향해 있다는 점에 있다. 이렇게 향해 있다는 것이 의식의 '지향성intentionality'이다. "의식은 언제나 무엇에 대한 의식이다." 이것은 등대, 화살표, 벡터, 시선 같은 것이다. 어두운 바다를 비추지 않는 등대는 의미가 없듯이 인간의 정신도 언제나 세계의 어떤 것을 향해 있다. 등대와 다른 점은 특별히 자기 자신을 비추는 경우가 있다는 것이지만 — 이것은 반성reflexion이라고 불린다 — 어찌됐든 인간의 정신이 언제나 무언가를 향해 있고 비추고 있다는 점에는 변함이 없다.

데카르트와 후설로 멀리 돌아, 이제 메를로퐁티의 철학에 도착했다. 메를로퐁티는 세계가 반성 이전에 존재하고, 의식의 본성은 지향성에 있고, 의식은 세계와 직접 관계 맺고 있다는 후설의 현상학적 테제들에 깊이 공감한다. 그러나 메를로퐁티가 보기에 후설은 여전히 의식 중심의 근대 철학의 전통에서 크게 벗어나 있지 않았다. 메를로퐁티는 현상학적 기획을 보다 분명하게 하기 위해 지각의 문제를 전면에 내세웠다. 그의 철학은 '지각의 현상학'이고 '신체의 현상학'이다.

메를로퐁티가 후설과 미묘하게 갈라지는 또 하나의 지점은 그가 후설처럼 의식의 초월론적 성격을 해명하는 데 주력하기보다는 인간과 세계, 신체와 풍경이 상호 간에 얽혀 있다는 사실을 깨우치는 데 사유를 집중했다는 점에 있다. 그는 우리가 세계와 접해 있다는 사실, 우리가 세계를 필요로 하고, 세계 역시 우리를 통해서 드러난다는 상호 교차라는, 명백하지만 포착하기는 힘든 사실을 지각이라는 주제에 집중해 해명했다.

메를로퐁티는 세잔에게서 서구 근대 내내 세계로부터 분리되었던 인간이 세계를 회복하려는 운동을 본다. 데카르트와 칸트를 거치면서, 이들이 세계의 특권적 중심으로서 주체를 내세우면서 인간의 정신은 자기 밖으로 외출하기 위해 극심한 인식론적 회의에 시달려야만 했다. '나는 생각하면서 확실히 존재한다. 하지만 세계는 내가 생각하는 그대로 있는가?'

메를로퐁티가 현상학에서 새로운 돌파구 또는 출발점을 발견하는 이유는 그것이 회의와 반성 이전에 세계가 존재한다는 자명한 사실로부터, 그것도 벌거벗은 생경한 세계가 아니라 어떤 의미들이 잠재적으로 침전해 있는 세계에 대한 긍정으로부터 출발하기 때문이다. "현상학이라는 철학에 있어서 이 세계는 양도할 수 없는 현존으로서 반성 이전에 '이미 거기에' 항상 존재해 있는 것이고, 따라서 현상학의 모든 노력은 세계와의 직접적이고도 기본적인 관계를 재성취"하는 데 있다.[4]

현상학의 영향하에서 메를로퐁티는 인간과 세계의 근원적인 연결을 철학적으로 해명하려고 하고, 이를 "세계-에의-존재être-au-monde"라고 지칭했다. 이 표현은 묘한 뉘앙스를 준다. 우선 그는 인간이 '세계 내의 존재être dans le monde'라고 쓰지 않았다. 이 말은 세계가 먼저 있고, 단순히 인간이 그 안에 사는 존재가 아니라는 뜻이다. 그 대신 그는 전치사 'à'를 사용했다. 이는 영어로는 'at'이나 'to'를 의미하는데, 여기에서는 의도적으로 두 가지 뜻 모두를 나타내도록 사용되었다.

메를로퐁티가 염두에 두고 있는 이미지를 그리자면, 인간의 원과 세계의 원이 서로 밖에서 접해 있는 것이다. 전치사 'à'는 그 접점을 의미한다. 요컨대 "세계-에의-존재"는 두 가지 의미를 함축한다. 인간은 세계에 접해 있으면서 동시에 세계로 향해 있다는 뜻이다. 광장의 분수에서 물줄기가 두 개로 갈라지듯이 접점으로부터 인간과 세계는 동시에 피어오르고 분기된다. 데카르트나 칸트가 말하는 것처럼 인간이 먼저 자기 자신을 정립하고 세계를 대면하는 것이 아니다. 또는 반

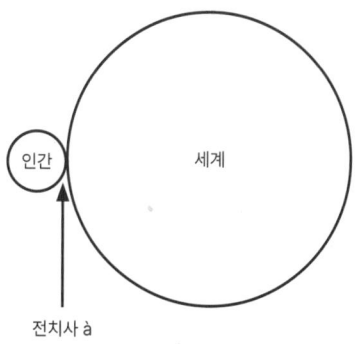

전치사 à

대로 소박한 실재론이나 과학적 사고방식이 말하듯이 세계가 먼저 있고 인간이 그 안에 살게 되는 것도 아니다.

　어쩌면 '세계'라는 단어가 다르게 사용되고 있다고 봐야 할 것이다. 물리학자들은 분자들과 에너지만 있던 때부터 세계가 있었다고 말하겠지만, 메를로퐁티를 포함해 현상학자들이 말하는 세계란 인간이 지각하고 의미를 부여한 세계이다. 그리고 더 나아가자면, 좀 더 복잡해지는 이야기가 되겠지만, 물리학자들이 말하는 그 세계도 사실은 인간이 최근에 와서 그렇게 발견하고 의미를 부여한 세계라고 현상학자들은 말할 것이다. 이 말에 대해 상대주의적 진리관이라고 비판하는 것은 초점에서 벗어나는 일이다.

　현상학자들이 말하려는 것은 사물과 진리가 나타나는 조건에 대한 것이다. 만약 인간에게 세계가 나타나는 조건이라는 것은 없거나, 진리는 그것과 무관하다고 말한다면 인간은 역사상 단 한순간도 온전한 진리를 가지지 못했다고 고백해야 한다. 왜냐하면 지금 우리가 알고 있는 법칙들 중 상당수는 미래에 교정될 것인데, 어떤 것이 그렇지 않을 수 있는지 지금은 우리가 알지 못하기 때문이다.

　'세계'라는 말에 담긴 논점과 함의를 설명하다 보니 너무 멀리까지 온 것 같다. 가장 기초적인 지점으로 되돌아가자. 메를로퐁티는 신체를 가진 인간과 공간을 가진 세계의 근원적인 접점을 지각perception이라고 불렀다. 지각은 세계가 인간의 시선 안에서 모습을 드러내는 활동 또는 과정이다. 세잔이 다음과 같이 말할 때 그는 메를로퐁티가 찬양해 마지않는 현상학의 화가가 된다. "우리는 봄으로써 사물이나 인간이 실제로 존재한다는 것을 느낄 수 있어. 말하자면 시간과 공간이 존재하는 형태를 색이라는 감각을 통해 드러내는 걸세."[5] 세잔에게 그것은 언제나 색으로 나타난다. 인상주의자들이 빛을 그렸다면, 세잔은 색을 그렸다고 할 수 있다. "색은 우리의 두뇌가 우주와 만나는 자리야."[6]

    메를로퐁티가 보기에 세잔이 뛰어난 화가인 이유, 그리고 훌륭한 현상학적 화가인 이유는 그가 이미 완결되어 정해진 형태들이 아니라, 풍경이 우리에게 나타나는 과정을 포착했기 때문이다. 사람들은 사물들이 단어들처럼 구획된 형태로 보인다고 생각한다. 그러나 사실은 그렇지 않다. 형태는 배경과 분리 불가능하게 얽혀 있다. 우리가 아침에 눈을 뜨면 하얀 벽에 둘러싸인 상태에서 사물들이 조금씩 형태를 갖추어간다. 또는 눈을 움직여 한 사물에서 다른 사물로 초점을 이동할 때, 예를 들어 의자에서 책으로 시선을 옮길 때 책은 갑자기 나타나는 것이 아니라 흐린 배경 속에 있다가 점차 형태를 갖추면서 나타난다.

    이처럼 풍경은 파편적으로 나타났다 사라지고 다시 나타나 인간의 지각 안에서 자발적으로 조직화된다. 화가는 눈에 보이는 대로 그려야 한다는 세잔의 말은 이런 뜻이다. 완결된 형태들을 재현하는 것이 아니라, 사물들이 스스로 조직화되어 형태를 갖추어가는 과정을 그리는 것이다.

    조금씩 조금씩 하나의 작품을 만들어가는 모든 행위에 대해 오직 단 하나의 모티프가 있을 뿐이다. 그것은 그 총체적인 의

세잔, <생트빅투아르 산> 연작, 1882-1885, 1885-1887, 1904, 1904-1906
(위부터 왼쪽에서 오른쪽으로)

미에서, 그리고 절대적으로 충만한 의미에서 풍경이다. 이것이 세잔이 '모티프'라고 불렀던 것이다. 그는 지질학적 토대를 찾는 것에서부터 시작했다. 세잔 부인의 말에 따르면 그는 그다음에는 움직이지 않고 눈을 크게 뜨고 응시했다. 그는 풍경과 함께 '발아했다'. 모든 과학을 잊어버린 상태에서 풍경이 태어나는 유기체처럼 구성되는 장면을 그러한 과학을 이용해 재포착하는 것이 그의 중요한 문제였다.[7]

세잔은 이미지의 자기 구성력을 신뢰했다. "그는 우리의 시선에 나타나는 고정된 사물과 그것이 순간적으로 나타나는 방식을 구분하려고 하지 않는다. 그는 물질이 형태를 획득해가는 과정, 자발적 조직화를 통한 질서의 탄생을 그리고자 한다."[8] 풍경의 사물들은 처음에는 혼돈처럼 나타나지만 충분히 기다려준다면 스스로 형태를 갖추어 간다. 물론 이렇듯 풍경의 사물들이 형태를 갖추어가는 것은 인간의 눈, 인간의 지각 작용을 필요로 하지만, 인간의 지각은 하나의 계기 또는 요소이다. 말하자면 인간은 능동적으로 구성하는 자라기보다는 매개체에 가깝다.

  메를로퐁티는 세잔의 작업에서 후설이 말한 에포케Epoché라는 것을 발견한다. 이는 후설이 판단중지, 괄호 넣기라는 의미로 말했던 것인데, 일상적이고 습관적인 의미와 규정을 일단 괄호 안에 넣고, 이미 널리 알려진 것을 알려지지 않은 것으로 가정하는 것이다. 이것은 세계가 대상화되기 이전의 상태를 복원하는 것, 주체의 개념과 범주가 세계를 이렇게저렇게 구분하기 이전의 세계에서 출발하는 것, 특히 색과 같은 2차 성질이라고 불리던 것들이 다시 사물과 분리 불가능해지도록 통일되는 것을 의미한다.

  메를로퐁티는 세잔에게서 현상학에 가장 적합한 회화를 발견한다. 세잔은 현상에 충실하고자 했다. 좀 더 정확히 말해 현상을 통해 실재에 도달하고자 했다. "그의 회화는 하나의 역설일 수 있다. 감각을 떠나지 않고 실재를 탐구하는 것. 자연에 대한 직접적인 인상 이외에는 어떤 가이드도 없이, 윤곽을 따라 그리지 않고, 색깔을 둘러싸는 윤곽선 없이, 어떤 원근법이나 회화적 구성 없이."[9]

  세계는 우리의 주시 안에서 자기 자신의 모습을 스스로 드러낸다. 세잔이 〈생트빅투아르 산〉 연작을 그릴 때 그는 응시를 반복했다. 산의 작은 요소들, 색들, 향기들, 선들은 파편적이고 부분적으로 나타났다가 사라지길 반복하다, 어느 순간 스스로 통일적이고 유기적으로 종합되면서 하나의 현상으로 나타난다. 비로소 화가는 그릴 수 있게 된다.

3.

　　메를로퐁티는 오감 중에 시각에 특별한 위상을 부여하고, 어떤 것이 존재한다는 것은 그것이 우리에게 보이도록 나타난다는 것과 같다고 생각한다. 그런데 사람들이 시각을 생각하는 데에는 어떤 착각이 있다. 인간은 신체를 가지고 있는 존재이므로 당연히 이 세계에서 무언가를 볼 때 자기 자신도 다른 존재자들에게 보일 수 있는 상황에 노출되어 있다. 그런데 우리는 마치 기둥 뒤에 숨어서 앞을 내다보는 고양이처럼 나는 세상에 드러나지 않은 채로 숨어서 세상을 볼 수 있는 듯이 착각한다.

　　우리는 신이 하늘에서 세상을 내려다보듯이 또는 세상 모든 곳에 편재하듯이 세상을 볼 수 없다. 사람은 각각 하나의 고유한 신체를 가진 존재로서 이 세계의 특정한 위치에 "닻을 내린 채로" 보고, 그 자신도 다른 존재자에게 보이는 상황에 있다. 그런데 사람들은 거리를 두고 다른 사물들을 보는 탓인지 종종 이 사실을 잊어버린다. 이는 말하자면 시각의 자기 기만성이다.

　　그리고 이 점은 단지 오감 중 하나인 시각에만 한정되는 문제가 아니다. 서양철학은 플라톤 이래로 오랫동안 지성을 일종의 정신적 시각에 비유했다. 즉 '이해한다'는 것은 (눈으로 보는 것처럼) '정신으로 본다'는 말과 같은 말이었다. 메를로퐁티가 고발하듯 시각의 자기 기만성은 정신의 기만으로 연장되었다. 인간은 자신이 신처럼 하늘에서 세계를 파악하고 이해할 수 있는 것으로 간주했다.

　　이러한 넓은 맥락에서 볼 때 메를로퐁티가 지각의 문제를 전면에 내세운 것은 단지 지각이 지성에 우선한다거나, 지각이 부당하게 폄하당했다는 사실을 말하기 위한 것이 아니다. 그것은 인간이 이 세계 안에 놓여 있거나 세계와 접해 있어서 세계를 투명하게 관통해서 이해할 수 있는 위치는 존재하지 않으며, 사람들이 서로 다른 지대를 다소간 투명하고 다소간 불투명하게 보고 이해할 수밖에 없다는 것을 말하기 위한 것이다.

메를로퐁티가 회화와 관련된 자신의 저작에서 내내 강조한 것은 이렇듯 인간이 특정한 관점에서 세계와 얽혀 있다는 것이다. 따라서 인간적 사유의 출발점과 도착점은 이 세계의 존재에 대한 분석과 조작이 아니라 경이와 묘사이다. 그러한 경이에 결정적으로 중요한 수수께끼가 있다. 메를로퐁티는 수수께끼에서 존재론과 회화가 동시에 태어난다고 생각한다. 그것을 사유로 포착하려는 것이 새로운 존재론이고, 이것을 가시적으로 보게 만드는 것이 회화이다. 그 수수께끼란 무엇인가? 그것은 인간과 세계가 상호 의존적이고 서로 얽혀 있다는 사실로부터 나오는 것인데, 좀 더 정확히 말하면 나의 신체가 이중적인 작용 안에 놓여 있다는 것이다.

> 수수께끼는 나의 신체가 보기도 하면서 동시에 보이는 것이기도 하다는 사실에 있다. 모든 사물을 보는 내 신체는 또한 보일 수도 있고, 그리고 그것이 보는 것 안에서 자기가 보는 역량의 "이면"을 본다. 나의 신체는 자기가 보면서 보이고, 자기가 접촉하면서 접촉되고, 대자적으로 보이고 접촉될 수 있는 것이다. 그것은 하나의 자아이지만, 사유처럼 무엇이든 동화시키고 구성하고 변형하면서 일어나는 투명성을 통해서가 아니라, 혼합과 나르시시즘, 다시 말해 보는 자가 보이는 것 안에, 접촉하는 자가 접촉되는 것 안에, 감각하는 자가 감각되는 것 안에 내 속함을 통해 하나의 자아가 되는 것이다.[10]

이 인용문에서 가장 핵심적인 구절은 "나의 신체는 자기가 보면서 보인다il se voit voyant"이다. 이 문장엔 설명이 좀 필요하다. (1) 눈이 있으므로 내가 주위 사물들을 본다는 말은 자명해서 별다른 설명이 필요 없을 것 같다. (2) 동시에 나는 정신만 있는 투명인간이 아니라 나의 신체로서 있으므로 '보인다'는 것도 당연해 보인다. 내가 내 친구를 볼 때 그 친구도 나를 본다. (3) 그런데 메를로퐁티가 하려는 말은 앞의 (1)과 (2)를 단순히 합친 말이 아니다. 인용한 문장은 우리가 사람이 아니라 주위 사물을 볼 때에도 해당되는 말이다. 방 안의 식물이나 책상 위의 컵을 볼 때에도 우리는 그렇게 느낀다는 것이다. 즉 내가 식물이나 컵을 볼 때 그 보는 행위 안에서 나 역시 보이고 있다는 느낌을 나 스스로 갖는다는 것이다.

앞의 문장은 여기에서 한 단계 더 나아가 그러한 식물과 컵의 시선을 통해 내가 보고 있다는 사실을 다시 보는 것을 의미한다. 말하자면 저 문장은 '나는 내가 보고 있다는 점을 스스로 보고 있다'는 뜻도 된다. 그런데 메를로퐁티가 강조하는 바는 이 '스스로 보고 있다'는 것이 순수히 내 안에서만 벌어지는 일은 아니라는 것이다. 달리 말하자면 데카르트가 규정했듯이 생각은 순수하게 의식의 내부에서 일어날 수 있다. 하지만 시선은 그럴 수도 없고, 그렇지 않다. 그것은 다른 사물들을 경유해서 자기 자신의 능력으로 되돌아온다.

즉 내가 나 자신이 '본다'라는 능력을 가지고 있다고 느끼는 것은 내가 보고 있는 사물들을 경유해서, 사물들 역시 나를 보고 있다는 감각들을 경유해서 벌어지는 일이다. 그러므로 여기에서 내가 보고 있다는 것과 보인다는 것은 식별 불가능하게 합치한다. 두 겹으로 된 옷감처럼 시선의 능동적인 행위의 안쪽으로 수동적인 측면이 덧대어져 있다. 내가 보고 있는 나 자신을 다시 보는 것, 이것이 '내가 보는 역량의 이면'이다.

메를로퐁티의 서술은 프랑스어 문법을 조금 알아야 잘 이해가 되는 측면이 있다. 사실 이는 메를로퐁티뿐만 아니라 서양 근대 철학 전체에 해당되는 것이기도 하다. 프랑스어에는 대명동사라는 문법이 있다. 예를 들어 'voir'는 타동사로 '보다'라는 뜻인데, 이것이 대명동사로 사용될 때 'se voir'가 된다. 그런데 이것은 상호, 수동, 능동, 이렇게 세 가지 용법을 갖는다. 첫 번째로, 주어가 복수가 되는 경우, 그러니까 'Ils se voient'는 '그들이 서로를 보다'라는 뜻이 된다. 두 번째로, 예를 들어 주어를 단수로 써보자면, 'Il se voit'는 자기 자신을 목적어로 해서 재귀적으로 '자기 자신을 보다'라는 뜻이 된다. 세 번째로, 경우에 따라 대명동사는 수동적인 의미를 갖기도 하는데, 말하자면 저 표현은 '누군가에게 내가 보이다'라는 뜻이 될 때도 있다.

대명동사의 의미는 미묘해서 일상에서 대명동사가 셋 중 어떤 뜻에 더 가까운지 구분하기 위해서는 단어와 문맥과 관례에 따라 파악하는 수밖에 없다. 그런데 메를로퐁티가 전개하는 논리의 핵심은 대명동사가 갖는 이 삼중성 또는 애매성을 근거로 하고 있다. 위에서 설명한 것처럼 그는 대명동사가 세 가지 용법 사이에서 진동하고 있다는 사실을 끝까지 밀어붙이며 이 어법을 활용하고 있고, 이를 통해 대명동사가 내포하는 존재론적 운동을 이해하도록 독자들을 안내하는 것이다.

대명동사로 표현되는 존재론적 운동을 간략히 정리하면 이렇게 된다. 나는 저 나무들을 본다. 그런데 저 나무들도 나를 본다(는 느낌을 나는 갖는다). 그로 인해 나는 내가 나무들을 본다는 것을 내 안에서 보게 된다. 즉 메를로퐁티의 사유는 우리가 충분히 길게 풍경을 바라본다면 나의 신체와 풍경의 관계에서 능동성과 수동성은 상대에게 넘어가고 마침내는 서로 구분하기 어렵게 얽히게 된다는 사실에 호소하는 것이다.

다시 데카르트가 규정한 코기토와 비교하자면 "나는 나를 생각한다je me pense"에는 외부를 경유하는 과정이 불필요하지만, "나는 나를 본다je me vois"에는 내가 보고 있는 것들, 그리고 그것들이 다시 나를 보는 것들을 경유해 되돌아오는 회로가 내장되어 있다는 것이다. 이 대조는 중요하다. 데카르트 이래로 주체성이란 자기 자신과 이러한 재귀적 관계를 맺을 수 있는 것을 의미한다. 요컨대 인간 정신이 주체성을 지닌다는 것은 동물 정신과 다른 특별한 성격을 갖는다는 것을 의미한다. 동물도 세상의 다른 존재자들, 나무나 강물을 생각하고 그것들과 관계를 맺을 수 있지만, 자기 자신을 생각하고 자신과 그러한 관계를 맺을 수 있는 것은 인간이 유일하다는 것이다.

그런데 '정신보다 신체가 먼저 주체성을 지닌다'는 메를로퐁티의 말은 우리의 신체가 이미 이러한 자기 회귀적인 또는 자기 반영적인 성격을 지닌다는 것을 의미한다. 인간의 신체는 정신에 앞서 이미 자기 자신의 활동성을 스스로 감지한다. 바닥이 울퉁불퉁한 돌길을 걸어갈 때 나의 신체는 각 기관이 보내오는 불균형과 불일치를 스스로 감지하고 조정해가면서 걸음을 앞으로 나아가게 한다. 다만 신체가 정신과 다른 점은 세계의 시선의 대상이 되는 존재자들을 경유하고, 그것들이 보내오는 시선을 받아 안으면서 그러한 자기 반영적인 주체성을 갖는다는 것이다. 앞 단락에서 했던 말을 순서를 바꾸어 다시 말하면 나는 내가 본다는 것을 스스로 보지만, 그것은 내가 본다는 것이 저기 나무와 하늘에 의해 보이기 때문이다.

4.

　　메를로퐁티는 회화에 특별한 가치를 부여했다. 그는 회화의 철학에서 출발해 일반적 미학으로 확장해가고자 했다. 모든 예술 장르를 포괄할 수 있는 일반 미학이 가능한가라는 질문은 중요하지만, 이 문제는 이 책의 관심 범위를 넘어선다. 그런데 메를로퐁티에게는 왜 회화였는가? 회화가 특별히 세계의 가시성visibilité에 관심을 두는 장르이기 때문이다. 또한 회화는 모든 종류의 창조 작업의 전범이므로 세잔에 대한 분석이 점점 확장되어 회화 일반, 다른 종류의 예술, 모든 창조적 활동 전체에 대한 미학, 궁극적으로 존재론으로 나아갈 수 있다고 그는 생각했다.

　　마찬가지 이유에서 메를로퐁티는 시각에 특별한 가치를 부여했다. 그가 종종 촉각의 상호성, 즉 만지는 자는 동시에 만져진다는 사실을 환기시킨 것은 사실이지만, 이것은 시각 또한 그러한 상호성을 갖는다는 점으로 되돌아오기 위해서이다. 그는 청각이나 촉각에 비해 시각을 특별한 것으로 간주하고, 유독 시각만이 세계의 불투명성과 두께를 우리에게 탁월하게 나타낸다고 강조하는데, 어떤 대목에서는 좀 과도해 보이기도 한다. 근대 서양철학이 시각 중심주의에 빠져 있었고, 이것이 공간을 통제하기 위한 권력의 표현이었다는 비판이 광범위하게 제기되었다는 점을 고려하면 메를로퐁티의 시각론은 더욱더 문제적인 것으로 보이기도 한다.

　　분명 메를로퐁티는 '어떤 사물이 보인다'는 말은 '그 사물이 존재한다'는 말과 같은 것이라고 간주한다. 하지만 여기에 주의할 점이 있다. 그것은 단순히 사물의 표면이 광학적 법칙에 따라 눈에 들어와 상이 맺힌다는 것을 의미하지 않는다. 중요한 것은 그것이 우리 안에, 나의 신체 안에 무언가를 불러일으킨다는 것이다. 누군가 못에 찔리는 것을 보면 그 고통이 내 안에서 느껴지고, 토마토를 보면 그 신맛이 입안에서 감돌 듯이 무언가를 본다는 것은 내 안에 그것과 같은 성분이, 요소가 깨어나는 것이다. 따라서 본다는 것은 단순히 광학적이고 외면적인 것이 아니라 기이한 내감이고, 함께 느끼는 것, 즉 공감하는 것이다.

> 사물들과 내 신체는 같은 옷감으로 이루어져 있기 때문에 내 신체가 갖는 시각은 사물들 안에서 어떤 방식으로 이루어져야 한다. 좀 더 정확히 말하면 사물들의 명백한 가시성은 내 신체 안에서 은밀한 가시성으로 이중화되어야 한다. 세잔은 '자연은 내부에 있다'고 말한다. 성질, 빛, 색, 깊이가 저기 우리 앞에 있을 때, 그렇게 있는 것은 우리의 신체 안에 반향을 일깨우고, 신체가 그것들을 맞아들이기 때문이다. 그것들의 현전에 상응하는 이 내적 등가물, 이 살의 방책은 사물들에 의해 내 안에서 자극되는데, 이번에는 이것들이 그 역시 가시적인 어떤 흔적을 자극하지 않겠는가? 전혀 다른 응시가 그의 세계의 조사를 떠받칠 모티프를 발견하게 해줄 흔적을 말이다.[11]

화가는 자신의 내부에서 느껴지는 자연을 그린다. 크게 두 가지 이유가 있다. 위에서 말한 것처럼 첫째, 풍경의 시각은 내 망막에 머무는 것이 아니라 나의 신체 안에 "내적 등가물"을 자극하고 그것들끼리 내적으로 유기적으로 조직화된다. 둘째, 화가는 이미 보이는 것들의 안정적인 총체를 그리는 것이 아니라, 어떤 사물이 왜 그리고 어떻게 갑자기 나타나게 되었는가에 대한 답을 그린다. "화가의 시선은 어떻게 빛, 조명, 그림자, 반사, 색이 작용해서 어떤 것이 갑자기 존재하게 하는가라고 묻는다."[12] 우리의 일상적이고 피상적인 시각은 이러한 질문

램브란트,
<야간순찰>, 1642

을 망각하고 그 답을 파악하는 데 무능하다. 오히려 우리 안에 있는 내부적 시선이 그러한 사물의 발생, 존재의 도래를 볼 수 있다.

내부적 시선은 신비한 표현이 아니다. 앞서 말한 것처럼 우리의 신체 안에서 지각의 발생적 조직화가 이루어지기 때문이다. 메를로퐁티는 램브란트의 <야간순찰>의 예시를 든다. 그의 분석에 따르면 이 작품에서 결정적으로 중요한 요소는 민병대장의 몸에 드리운 그림자이다. 이 그림자는 손의 뒷면을 표현하면서 공간에 깊이를 부여하고 있다. 이 그림을 볼 때 우리는 손과 그림자와 그 사이의 깊이를 상상하고, 이와 유사한 우리의 경험을 기억하면서 이 공간을 우리 안에서 느낀다. 따라서 우리의 신체는 그림이 나타내는 지각을 체험하기 위해서 총동원된다.

인간이 풍경을 본다기보다 풍경이 인간 안에서 나타나고 자기를 형성한다. 사정이 이렇기 때문에 지각과 사유하는 주체가 근본적으로 역전된다. 화가는 풍경을 오래 바라볼 때 어떤 환각에 빠진다. 내가 풍경을 바라본다기보다 풍경이 나를 바라보고 있는 것 같다.

화가와 보이는 것 사이에 불가피하게 역할이 역전된다. 바로 이 이유에서 그토록 많은 화가가 사물들이 자기를 응시한다고 말한 것이다. 파울 클레, 그리고 앙드레 마르샹도 비슷한 말을 했다. '어떤 숲에서 나는 숲을 바라보는 것이 내가 아니라고 여러 차례 느꼈다. 어떤 날들에는 나를 응시하는 것, 나에게 말을 하는 것이 나무들이었다고 나는 느꼈다…. 나는 들으면서 거기 있었다…. 화가는 우주로 관통당해야지, 우주를 관통하려고 해서는 안 된다고 나는 믿는다.'[13]

숲이 나를 응시한다는 느낌은 착각이 아니다. 오히려 인간이 주체의 울타리에서 존재의 세계로 나아가기 때문에, 자신이 유일한 능동적 행위자라는 자만의 울타리 바깥으로 벗어나기 때문에 일어나는 현기증이다. 존재가 스스로 자기 자신을 보여주고 자기 자신을 이야기하는 풍경의 리듬에 인간이 휘말려 들어가기 때문에 벌어지는 일이다.

메를로퐁티는 「세잔의 회의」에서 인간과 세계의 상호 얽힘을 해명하려고 했다면, 『눈과 정신』에서는 존재의 자기 표현, 자기 형상화, 자기 복귀의 과정 안에 화가와 회화를 모두 기입하고자 했다. 『눈과 정신』의 4장은 회화의 세 가지 주요 요소, 즉 깊이, 색, 선을 모두 이런 관점에서 새롭게 정의하고 그 의미를 해명한다. 여기에서 메를로퐁티는 세잔뿐 아니라 로베르 들로네와 클레를 참조한다.

메를로퐁티에 따르면 깊이는 선원근법이 만들어내는 착시가 아니라, 각 사물들이 이 세계 안에서 각각의 고유한 자리를 차지하고 있다는 사실을 일깨운다. 캔버스상의 색은 우리가 세계에서 보는 사물의 색들에 국소적으로 일대일로 대응하지 않는다. 반대로 색들 사이의 관계에서 하나의 세계가 만들어지며, 더 나아가 현실에 존재하지 않는 색, 예를 들어 〈발리에의 초상〉의 흰색은 "보다 일반적인 존재"의 층위를 알려준다. 선線은 단지 가시적 사물들의 윤곽선을 모방하는 데 머물러서도 안 되지만, 또 반대로 인상주의자들이 주장한 것처럼 회화에서 아예 추방되

세잔,
<레로브에서 바라본
생트빅투아르 산>, 1902

어야 하는 것도 아니며, 클레의 작품에서처럼 선이 지니고 있는 구성의 힘, 가시화하는 힘, 사물을 만들어내는 힘을 자유롭게 발휘시켜야 한다.

 메를로퐁티의 중심 개념은 다소간 이동한다. 「세잔의 회의」에서 중심 개념이 지각이었다면, 『눈과 정신』에서는 비전vision이라는 말이 반복적으로 사용된다. 지각이 인간 주체에게서 일어나는 작용이라면, 비전은 존재의 운동 속에 담겨 있는 사건이다. 존재의 자기 전개를 볼 수 있도록 허용하는 것이 비전인 것이다. 메를로퐁티는 비전과 사유를 일치시키면서 다음과 같이 말했다. 내가 하는 생각은 풍경이 나를 빌려 나타내는 생각과 같다. 인간인 나만 생각하는 것이 아니라 풍경 또한 생각한다. 풍경은 내 안에서 생각한다. 메를로퐁티는 세잔의 말을 빌려 이렇게 말했다. "풍경은 내 안에서 자기 자신을 사유한다. 나는 풍경의 의

세잔,
<발리에의 초상>, 1906

식이다."[14] 이 문장이 아마도 철학자 메를로퐁티가 화가 세잔을 가장 멀리까지 실어나르는 문장일 것이다.

　　메를로퐁티는 인간과 자연의 간극을 연결할 수 있는 길을 지각 또는 응시에서 찾았다. 그것은 나의 신체와 자연의 풍경이 서로 연동되어 있고 더 나아가 서로의 안에 내속하면서 하나가 되는 작용이다. 보는 자는 보이는 자 안에서 자기 자신을 느낀다. 문화 이전의 미술, 개념 이전의 자연은 서로 동시에 나타난다. 지각은 수동적 감성과 능동적 지성의 구분에 선행하고, 나의 신체와 자연의 살이 융합되는 활동이다. 나의 응시 안에서 자연이 자발적으로 조직화되는 것, 그것이 메를로퐁티가 발견한 유희의 모습이다.

　　그러므로 궁극적으로 메를로퐁티의 미학은 자기조직화하는 이미지들의 유희이다. "세계는 더 이상 재현을 통해 화가 앞에 서 있는 것이 아니다. 그보다는 보이는 것의 집중과 자기 복귀를 통해서인 듯 사물들 안에서 태어나는 자가 바로 화가이고, 그림이 최종적으로 경험적 사물들 중 무엇이 되었든 그것들과 연관되는 것은 오직 '자기 형상적autofiguratif'이라는 조건하에서일 뿐이다."[15]

우리는 앞서 현대 미술이 이미지와 개념이 불일치하는 공간에서 열렸다고 말했다. 세잔은 여기에서 확실하게 한 가지 방향을 선택했다. 그는 미술의 돌파구를 이미지를 그리는 능력, 즉 상상력의 자기혁신에 찾았다. 세잔과 메를로퐁티는 개념 이전의 자연을 복원하고, 문명 바깥의 예술을 발견하고자 했다. 이를 위해 미술가는 개념으로부터 끊임없이 벗어나야 하고, 우리는 일상적이고 습관적인 의미 체계에서 벗어나야 한다. "우리는 태어나면서부터 문명의 이기에 적응하게 되어 있네. 그것을 부수어야 하네. 문명의 이기는 곧 예술의 죽음을 뜻하기 때문이지. 난 사냥하는 꿈을 동굴 벽에 새긴 원시인이나 지하 묘지에 프레스코 벽화로 자신들의 천국을 그린 기독교도들처럼 되고 싶네."[16]

세잔은 말년에 자신을 "새로운 감각을 가진 야만인"이라고 칭했다. 고갱 역시 이와 비슷한 목표를 공유하고 있었고, 그 목표를 이루기 위해 다른 '원시적' 문화를 가진 나라로 가야 했다. 세잔이 고갱보다 뛰어난 점은 '자기 자리에서' 움직이지 않고 엑상프로방스의 한 지점에서 그것을 이루고자 했다는 것이다. 그는 공인된 학문과 예술론이 덧씌어놓은 반투명막을 뚫기 위해 오랫동안 반복해서 생트빅투아르 산을 바라봐야만 했고, 그 때문에 분열 증세에 시달렸다.

> 마치 내가 끝없이 무한한 색채로 덮여 있는 듯한 느낌이야. 바로 이 순간이네. 내가 그림과 하나가 될 수 있는 것은. 무지개빛으로 빛나는 카오스 상태라고나 할까. 나는 내 그림의 배경 앞에 서서 몰아의 경지에 빠지고 마는 거야.[17]

요컨대 세잔이 제시한 과제, 즉 개념 이전의 이미지의 생명력을 회복하는 것, 이는 20세기 현대 미술가들이 추구해야 했던 한 극단을 형성한다.

김그림, <엉킨 산>, 2021

작가 김그림은 잠자고 있는 감각을 깨우고 밖으로 열기 위해 멀리 남미로 여행을 떠났다. 이 작품은 칠레의 토레스 델 파이네 산을 트래킹하다 느낀 감정에서 태어났다. 그 산은 고도 변화가 커서 사계절이 공존하는 만큼 등반하는 사람들은 신체적으로 어려움을 겪는다. 작가도 열 시간 넘게 등반한 후에 탈진해서 바위에 앉아 있는 동안 비바람이 거세지면서 눈앞에 펼쳐진 산이 점점 엉켜서 흐려지는 경험을 했다고 한다. 작가가 그린 남미 여행 연작은 신체와 풍경이 뒤섞이는 순간을 보여준다. 높고 깊고 공기가 희박한 자연 속으로 들어가면서 신체는 점점 자신의 한계에 가까워지고 감각은 예민해진다. 신체는 풍경에 내맡겨지고, 신체의 한계 상황 안에서 풍경은 다시 태어난다. 이 작품에서 땅의 갈색, 나무의 노란색과 연두색은 서로 녹아내리듯 뒤엉켜 있다. 이 작업은 신체가 능동적인 활력을 소진할 때 비로소 새로운 시선의 능력을 획득하는 역설을 보여준다.

4장
투영 – 리오타르와 뒤샹

1.

『담론, 형상Discour, Figure』(1971)은 리오타르가 1968년에 발표한 박사학위논문을 출판한 것으로 이 책의 제목은 많은 것을 함축한다. 제목의 두 단어는 대립하고 있는데, 이는 앞서 보았던 메를로퐁티의 『눈과 정신』과 겹쳐진다. 즉 두 철학자 모두 지성과 감성, 사유와 감각, 개념과 시각을 대립시키고 있으며, 후자가 전자로 환원되지 않고, 그 바깥에서 자신을 표현하고 전개한다는 점을 일깨우고 있다. 이는 우연이 아닌 것이, 리오타르는 젊은 시절 동시대의 현상학 운동에서 많은 영향을 받았고, 『현상학』(1954)이라는 짧지만 효과적인 개론서를 쓰기도 했다. 사실 감성의 고유성과 독자성이라는 문제의식은 이 두 철학자에게서뿐만 아니라 현대 프랑스 철학과 미학 전체에 걸쳐 나타난다.

실제로 리오타르는 『담론, 형상』에서 메를로퐁티의 『눈과 정신』을 중요하게 언급하고 있다. 그는 이 작품을 높게 평가하면서도 메를로퐁티의 현상학이 어떤 지점에서 멈춰 섰다고 지적한다. 그 평가의 핵심은 메를로퐁티가 세잔의 작업의 위대함을 정당하게 주목하고 있지만 그것을 포착하기 위한 개념은 적절하지 않았다는 것이다.

생트빅투아르 산이 시각의 대상이기를 그만두고 이제 시각장에서 일어나는 사건이 되는 것, 이것이야말로 세잔이 원했던 것이다. 또한 이것이 현상학자[메를로퐁티]가 이해하려고 한 것이지만, 내가 보기엔 메를로퐁티로서는 이해할 수 없는 것이다. 주어진 것의 사건적 성격을 낚아채기 위한 그의 최종적 개념, 가장 섬세한 개념은 확실히 지향성이 아니라 수동성이다. 하지만 이 개념은 여전히 현상학에 의해 세워진 장 안에서만, 즉 지향적 능동성에 대한 상반자 또는 상관자로서만 작동할 수 있다. 조준하는 것은 (능동적) 행위이고 이는 어떤 수동적 종합에 근거하는데, 후자는 그 조준된 것의 주어짐donation 그 자체이다.[1]

리오타르의 메를로퐁티 독해는 섬세하고 미묘하다. 우리는 세잔과 더불어 '감각에 주어진 것'과 '그것이 주어지는 과정 자체'를 구분할 수 있게 되었다. 그리고 앞서 메를로퐁티가 이것을 어떻게 이론화했는지 살펴보았다. 그런데 리오타르가 보기에 메를로퐁티는 지향성과 수동성 사이에서 머뭇거리며 오가고 있다. 또는 달리 말하면 지향성 안에서 수동성을 제한적으로 바라보고 있다. 풍경이 우리에게 주어지는 과정은 수동적인데, 메를로퐁티는 현상학의 구도 안에서 이를 지향적 과정 안에 포함시키고 있다. 특히 메를로퐁티의 전기 사유에서는 풍경이 우리에게 주어지는 사건은 곧바로 우리 인간이 풍경을 바라보는 지각과 거의 같은 것으로 수렴된다. 메를로퐁티는 풍경이 우리에게 주어지는 수동적 성격, 비슷한 말로 사건적 성격을 충분히 이론적으로 전개하지 못하고 있다.

[메를로퐁티가 말하는] 개념 이전의 세계도 마찬가지로 사건(주어짐)은 세계(또는 역사)로서 흡수되고 수용되고 지각되고 통합되었다는 사실을 증언하는 것 같다. 사건의 수수께끼는 온전

히 남아 있게 된다. … 세잔을 산 앞에서 움직이지 못하게 한 것은 주어진 것의 조건에 대한 탐구가 아니라, 주어짐 자체의 조건에 대한 탐구이다.²

요컨대 메를로퐁티는 사물들이 시각에 나타나는 과정을 하나의 사건으로서 포착한 것이 아니라, 최종적으로 하나의 세계 안으로 수렴해가는 유기적 총체성 안에 위치시켰다는 것이다. 리오타르의 비판에 따르면 존재자의 나타남은 기존에 주어진 체계에서 이탈하는 (최소한 그럴 가능성이 있는) 사건으로서 일어나는데, 메를로퐁티는 이것을 나타나서 형상화되고 사라지는 존재의 자기 전개 운동의 한 단계로 간주하면서 사실상 사건의 고유한 층위를 마련해주는 데 무관심했다.

이 비판은 리오타르가 현상학과 어떤 점에서 가깝고 또 어떤 점에서 멀어지는지 잘 보여준다. 그리고 그의 사유의 중심 문제가 무엇인지도 잘 말해준다. 그는 어떤 존재의 출현을 하나의 고유한 '사건'으로 포착하고자 하며, 더 나아가 이것이 기존의 체계와 근본적으로 불화를 일으키는 힘을 옹호하고자 한다.

이것이 리오타르의 사유의 밑바닥에 흐르는 일관된 내용이다. 리오타르는 예술과 관련해 짧지만 다양한 글을 썼다. 이 책에서는 그 중 두 가지 생각을 그의 미학의 핵심으로 살펴보고자 한다. 하나는 미술의 개념적 성격과 관련된 것이고, 다른 하나는 숭고의 미학이라고 불리는 것이다. 후자는 2부에서 다루기로 하고, 여기에서는 전자에 관해 살펴보자.

2.

앞서 세잔에 대한 두 철학자의 미묘하게 상이한 해석을 살펴보았다. 사실 리오타르는 예술에서 사건을 보려고 한다는 점에서 메를로퐁티와 가깝다기보다는 그의 반대쪽에 위치한다. 이와 관련해 리오타르가 마르셀 뒤샹과 관련해 쓴 글은 우리에게 많은 것을 알려준다. 우리의 관심은 사실 여기에 있다. 리오타르의 에세이 『변형하는 자 뒤샹』(1977)은 그의 예술철학을 알 수 있게도 해주지만, 오늘날 많은 사람이 여전히 낯설게 느끼는 현대예술의 측면, 즉 개념적 측면을 잘 이해할 수 있게 해준다.

세잔이 미술의 성패는 이미지를 모든 관념으로부터 자유롭게 하는 것에 달려 있다고 주장했다면, 반대로 뒤샹의 작품은 이미지를 제작하는 활동이 명백히 개념을 의식하고 있다는 점을 드러낸다. 레디메이드ready-made란 작가가 기성의 오브제를 선택한 후 맥락을 전환해 그것을 예술작품으로 가리키는 것을 의미한다. 레디메이드가 작품이 되는 것은 그것이 새로운 이미지이기 때문이 아니라, 언젠가 새로운 개념의 조명 아래 놓일 것이기 때문이다(이 문장의 미래완료 시제는 중요한데, 이것의 의미는 2부의 리오타르론에서 살펴보자). 요컨대 뒤샹의 작업에서 이미지의 의미와 가치는 개념과 긴밀히 연동되어 있다. 그는 이미지나 사물을 기존의 개념과의 연관을 단절하고 새로운 개념으로 향하게 한다.

대표적인 예로 뒤샹의 작품 〈세 개의 표준 정지 장치〉(1913-1914)를 살펴보자. 이것은 실 세 개를 보관한 작품이다. 그는 1m짜리 실 세 개를 떨어뜨려 서로 다른 곡선을 만들어냈다. 그리고 이것을 보관함에 보관하면서 표준 미터자처럼 조심스럽게 다루었다. 그는 이 작품에 대해 "1미터에 대한 농담"이라고 말했다.[3]

4장 투영 – 리오타르와 뒤샹

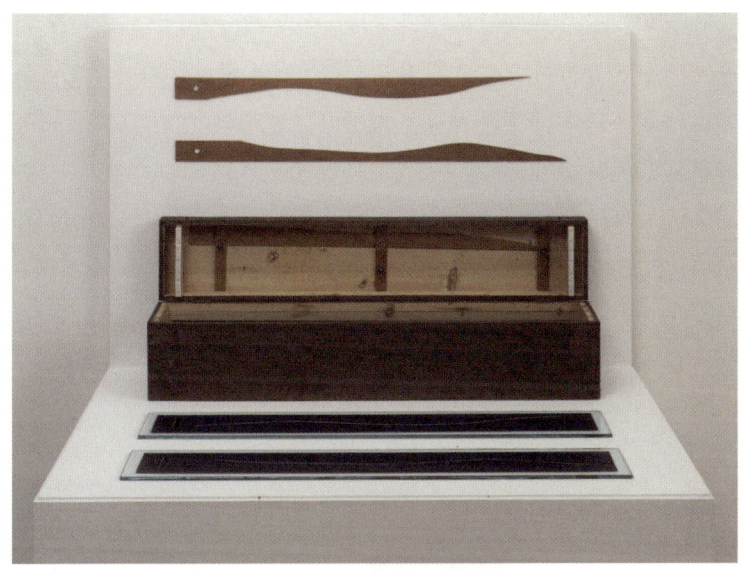

뒤샹, <세 개의 표준 정지
장치>, 1913-1914(위)

프랑스 파리 거리에
설치된 미터 도량형(아래)

참고로 말하면 표준 미터법은 프랑스혁명 시기에 만들어졌다. 혁명가들은 도량형을 개혁할 필요성을 느꼈다. 프랑스에서 당시까지 사용되었던 피트나 인치는 이름이 말해주듯 인체의 기관을 기준으로 삼은 단위이다. 이는 사람의 몸을 척도로 히므로 어떤 점에서는 편리했다고도 할 수 있지만, 역사적으로 권력 장치로 쉽게 변질되었다. 왜냐하면 누구의 몸을 기준으로 삼을 것이며, 누가 그것을 결정할 것인가라는 문제가 곧바로 등장했기 때문이다.

짐작할 수 있듯이 봉건제와 절대군주하에서는 영주나 왕의 몸을 신체의 기준으로 삼도록 했다. 이런 상징적인 조치보다 더 나쁜 점은 악독한 영주들이 도량형을 임의로 줄이거나 키워서 자신의 영토를 지나는 물품들에 과도한 세금을 매겼다는 점이다. 이런 사회적 배경에서 프랑스혁명가들은 도량형을 근본적으로 혁신하고자 했고, 사람의 몸이 아니라 지구의 몸체를 기준으로 삼아 근대의 보편적 척도를 마련했다. 1미터는 북극에서 남극까지의 거리(자오선)의 2,000만 분의 1로 정했고, 1kg은 얼음이 녹는 온도에서 물 1리터가 갖는 무게로 정했다. 미터 도량형은 곧바로 대리석에 새겨져서 프랑스 파리의 각 구역에 설치되었다. 오늘날에도 그중 두 개가 남아 있어 실물을 파리의 거리에서 볼 수 있다.

뒤샹의 이 작품에서 이미지를 만들어내고 (프랑스혁명 시기에 확립된) 보편적, 수학적 단위를 교란하는 것은 우연이 하는 일이다. 뒤샹은 이 작품을 "통조림으로 된 우연"이라고 부르기도 했다.[4] "나는 우연을 존중합니다. 결국 그것을 사랑하게 되었습니다."[5] 이 작품을 기획하고 실을 떨어뜨리는 것은 뒤샹이지만, 실이 자유낙하하는 공간은 말 그대로 우연과 유희의 공간이다. 그것은 작가 개인의 통제력을 벗어난다. 여기에서 상상력, 즉 이미지를 만들어내는 능력은 실-이미지가 스스로 다른 모습으로 변화하는 자기-변신력으로 나타난다. 그리고 이것은 기존 개념과의 안정적 연관을 끊고 다른 개념과 짝지어질 수 있도록 탈영토화하는 춤이다. 세 개의 실의 낙하는 개념과의 관계가 아니라면 아무런 의미도 갖지 않는다.[6]

리오타르는 『변형하는 자 뒤샹』에서 뒤샹에 관한 독창적인 분석을 제시한다. 뒤샹은 재현하는 자가 아니라 근본적으로 퍼포머performer, 즉 '수행하는 자'이다. 그의 수행성을 좀 더 한정할 필요가 있는데, 그의 작업은 개인의 실존을 표현하거나, 행위 자체를 반복하면서 삶의 과정에 의미를 부여하는 종류의 수행은 아니다. 그가 수행하는 것은 투영projection이다. 즉 하나의 공간에서 다른 공간으로, 하나의 차원에서 다른 차원으로 투사한다. 흡사 수학의 함수 관계와 같다. 하나의 집합 내에 있는 원소들이 어떤 함수식에 따라 다른 집합으로 옮겨간다.

감상자를 난감하게 하는 것은 뒤샹의 작품들에서 그 함수식이 무엇인지 추측하기 어렵다는 점이다. 그 이유는 여러 가지이다. 뒤샹의 머릿속에서 벌어진 일련의 연상이 너무 괴상한 경우도 있고, 작품의 출발이 너무 사소한 경우도 있다. 또는 모든 작가가 그렇듯 그 스스로 모든 과정을 다 이해하지 못하거나 기억하지 못하는 경우도 있다. 하지만 어느 경우든 리오타르가 중요하게 강조하는 것은 뒤샹이 "어떤 에너지와 어떤 변신 장치를 통해서"[7] 변신을 일으킬 것인지 탐구했다는 것이다. 그것은 위의 경우에서처럼 중력이 될 수도 있고, 그의 다른 많은 작품에서 뿜어져

뒤샹, <커피 분쇄기>, 1911

나오듯이 성적 리비도일 수도 있다.

뒤샹은 실제 변압기transformer를 소재로 작품을 구상하기도 했다. "변압기의 에너지원 예로는 전기 스위치를 누르는 과도한 압력, 내뿜는 담배 연기, 소변과 대변의 낙하, 험악한 시선, 정액, 떨어지는 눈물을 들었다."[8] 아마도 우리가 지금 자세히 보고 있는 리오타르의 에세이의 내용과 제목은 여기에서 영감을 얻었을 것이다. 위의 작품 〈커피 분쇄기〉도 주입된 커피 원두가 기계적인 규칙에 따라 커피 가루가 되어 나온다는 점에서 일종의 변압기라고 할 수 있다. 뒤샹은 다양한 기계적 변형, 수학적 변환에 매혹되어 있었다.

영화 〈트랜스포머〉에서 자동차가 로봇으로 변신하듯이 기존의 하나의 이미지는 뒤샹을 통해 다른 어떤 이미지로 변신한다. 이런 점에서 뒤샹을 변형하는 자transformer라고 말할 수 있는데, 아마도 이 표현이 더 포괄적이고 적합할 것 같다. 그런데 중요한 점은 투영을 통해 이루어지는 이 변형이 어떤 '불일치'의 느낌을 담고 있다는 점이다. 또는 리오타르가 자주 쓰는 표현은 "incongruence"인데, 이는 수학에서 두 도형이 합동을 이루지 않는다는 뜻을 지니고 있다.

뒤샹의 작품 중 〈로즈 세라비Rrose Sélavy〉의 예를 생각해보자. 이 작품은 여성의 복장을 하고 있는 인물의 사진인데, 사실 이것은 뒤샹이 여장을 하고 찍은 것이다. 우선 이 여성의 이름이자 작품의 제목에 대해 알려진 바로는 '로즈'는 '에로스Eros'에서 따왔고, '세라비'는 프랑스 사람들이 자주 말하는 "C'est la vie(그게 인생이지)"에서 왔다. 즉 '에로스, 그게 인생이지'라는 뒤샹의 인생관이 깔려 있다.

이 작품 역시 어떤 두 공간을 함축하고 있다. 즉 평면을 가운데에 놓고 한쪽에 남자 뒤샹이, 반대쪽에 여자 로즈 세라비가 있는 것과 같다. 남자 뒤샹을 평면 반대쪽으로 투영한 것이다. 또는 중성 뒤샹이라는 가상의 인물이 있고, 이 인물의 남성 버전과 여성 버전을 보여준

뒤샹,
<로즈 세라비>, 1920

것과도 같다.

여기에서 어떤 불일치가 발생하는데, 그것은 두 이미지 사이에 있는 것이 아니다. 두 이미지는 서로 닮았다. 불일치는 오히려 그러한 유사성과 우리 사이에 있다. 저 유사성은 성性에 대한 우리의 통념과 합치하지 않는다. 우리는 보통 두 성 사이에 큰 차이가 있다고 생각하는데, 정작 남성 뒤샹과 여성 로즈 세라비는 서로 닮은 것이다.

3.

뒤샹은 스스로 <그녀의 독신자들에 의해 나체로 벗겨진 신부, 심지어(약칭 '큰 유리')>(1915-1923)라는 작품을 대표작이라고 생각했는데, 이 작품도 두 개의 상반된 상황을 공간화해서 담고 있다. 이 작품은 경첩 같은 것으로 위아래 두 부분으로 나뉘어 있다. 너무 복잡해서 여기에서 다 설명하기는 어렵지만, 연구자들의 분석에 따르면 위 절반은 결혼한 상태를 담고 있고, 아래 절반은 미혼인 상태를 형상화하고 있다.

따라서 작품의 두 부분은 결혼 이전과 이후라는 변환의 공식에 따라 투영될 수 있다. 앙드레 브르통은 이 작품에 대해서 "사랑이라는 현상에 대한 기계적이고 냉소적인 해석"이라고 논평했다. 그의 해석에 따르면 이 작품은 "여성이 처녀 상태에서 처녀가 아닌 상태로 변화하는 과정을 감상적이지 않은 태도로 고찰하고" 있는 것이다.[9]

더 나아가 한 작품 안에서만 투영의 관계가 성립하는 것이 아니라, 뒤샹의 여러 작품 사이에서도 그러한 관계가 성립한다. 이 작품과 이후 작품 〈주어진 것〉(1946-1966)은 서로 투영의 관계에 있다. 두 작품은 옷을 벗은 행위 이전과 이후로 구분된다. 전자가 신부가 옷을 벗기 이전의 상태라면, 후자는 옷을 벗은 이후라는 것이다.

> 각 요소는 독특한 변형을 겪는다. 우리는 변형 장치를 발견할 수 있어야 할 것인데, 그 장치는 매우 복잡할 것이다. 나로서는 간단히 말하자면 〈큰 유리〉의 정식, 즉 금욕적이고 비판적인 조형적 정식에서 〈주어진 것〉의 정식, 즉 대중적이고 포르노그래피적이고 이교도적인 정식으로 이행한다고 말하겠다.[10]

뒤샹,
〈그녀의 독신자들에 의해 나체로 벗겨진 신부,
심지어(약칭 '큰 유리')〉, 1915-1923

뒤샹,
<주어진 것>,
1946-1966

　또한 뒤샹은 이 작품들이 미술의 기존 형식에 대한 도전을 담고 있음을 분명히 했다. 그는 근현대 미술이 '망막적 전율'에 대한 집착에서 벗어나지 못했다고 비판하고, 미술이 오래전 그랬던 것처럼 철학적이거나 정신적인 기능을 할 수 있다고 주장했다. 그는 <큰 유리>가 『녹색 상자』라는 책과 함께 전시되어야 하고, 작품을 감상하는 동안 그 책이 참고되어야 한다고 설명했다. "이 두 가지 결합은 내가 좋아하지 않는 망막적 측면을 완전히 제거해줍니다. 그것은 매우 논리적인 것입니다."[11] 이 작품은 현대 미술을 '망막적인 것' 바깥으로 이동시키고 변환시키려는 작품이다.
　이처럼 뒤샹은 다양한 "변신 기계machines à metamorphoser"를 제작한다. 이러한 변신의 투영은 항들이나 요소들이 일대일로 대응하는 그런 종류가 아니다. 전체적으로 보아 제도에서 상상으로, 보편적 규범에서 독특한 일탈로, 남성에서 여성으로, 또는 누드 이전에서 이후로 등 (성적인) 에너지의 재분배를 수행하는 것이다. 리오타르는 정신분석학과 그에 대한 비판을 자신의 사유의 주요 원천 중 하나로 삼았는데, 그의 뒤샹 해석에서도 이 점이 잘 드러난다. 성적 리비도라는 주제는 뒤샹 본인의 주요 관심사이기도 했지만, 리오타르의 해석에 의해 그 의미가 더 잘 드러난다. 정신분석학은 인간을 (성적) 에너지의 집중과 해소, 즉 변환 기계처럼 이해하는 길을 열었기 때문이다.

리오타르는 뒤샹의 기계를 단수가 아니라 복수로 서술했다. 이 세계는 정지된 사물들이 아니라 다양한 수준과 여러 구간의 변형들로 이루어져 있다.

> 예술이란 존재하지 않는데, 왜냐하면 대상이 존재하지 않기 때문이다. 오직 변형만이, 에너지의 재분배만이 존재한다. 세계는 에너지 단위들을 하나에서 다른 하나로 변형하는 다양한 장치이다. 변압기[=변형하는 자] 뒤샹은 같은 효과를 반복하길 원하지 않는다. 이것이 그가 그렇게 많은 장치여야 하는 이유이다. 그리고 그 스스로 변신하는 이유이기도 하다.[12]

앞서 설명한 것처럼 'transformer'에는 '변형하는 자'라는 뜻도 있지만 '변압기'라는 뜻도 있다. 여기에서는 인격적인 의도보다는 기계적인 과정의 의미를 부각해서 읽어야 한다. 뒤샹은 의도를 표현하는 예술가라기보다 에너지의 단위와 분포를 변경하는 장치이다.

리오타르의 독창적이고도 구체적인 분석을 확장해 개념적 미술에 대해 일반적으로 다음과 같이 말할 수 있을 것이다. 개념적 미술은 이미지를 다른 공간으로 투영시키면서 변환한다. 여기에서 변환은 표현expression에 대립한다. 뒤샹 이후로 현대 미술은 작가의 주관적인

렘브란트,
<명상 중인 철학자>,
1632

내면 세계의 표현에서 벗어난다. 작가 개인의 감정 표현을 삭제함으로써 비인격적이고 보편적인 차원으로 향한다.

　　잘 알려진 것처럼 롤랑 바르트와 미셸 푸코는 "저자의 죽음"을 선언한 바 있다. 17-19세기에 서구의 문학에서 하나의 작품은 작가의 고독한 내면으로부터 창조된 하나의 고유한 세계를 담고 있었다. 렘브란트의 작품 <명상 중인 철학자>(1632)는 작가의 이러한 고전적인 이미지를 보여준다. 그는 계단의 어둠과 창의 빛 사이에서 홀로 사색하고 있다. 독서란 그 작가의 세계로 진입해 그 세계를 충만하게 이해하는 것을 의미했다. 루소의 『고백록』이나 발자크의 『인간극』은 작품에 대한 이러한 관념의 정점을 이룬다. 작품이란 일인칭시점에서 고백하거나 관찰한 창작물이었다.

　　그러나 20세기 이후에 작품은 더 이상 한 개인의 고유한 것이 아니다. "오늘날의 글쓰기는 표현의 영역에서 해방되었다고 할 수 있다. 글쓰기는 오직 그 자체만을 언급한다. 하지만 그 내부의 한계에 구속되지 않으면서 그 자신이 펼쳐진 외부와 관계된다."[13] 롤랑 바르트는 동시대에 삼중의 이행을 목격한다. 즉 작품은 텍스트로, 작가는 필사자로, 독자의 이해는 해석으로 변화했다. 그리고 텍스트를 둘러싼 주도권은 이제 작가보다는 독자가 갖게 되는데, 독자가 텍스트text를 컨텍스트context에 접속해 새롭게 해석할 수 있는 자유를 누리기 때문이다.

바르트와 푸코는 주로 언어와 관련해서 이러한 이야기를 했지만, 우리는 이미지에 대해서도 마찬가지 이야기를 할 수 있다. 하나의 텍스트가 보다 넓은 문화적 기호망의 컨텍스트 내에서 발생한 부분인 것처럼 하나의 이미지는 광범위한 메타-이미지 내에서 생산된 결과물이다.[14]

창작자의 저자성, 작가성, 주관성, 표현성을 최대한 억제하기 위해서 뒤샹이 보여준 것처럼 변환의 공식은 수학공식에 버금가는 논리적인 어떤 것이어야 한다. 물론 그것은 수학공식과 같을 수는 없다. 그 대신 '미학적 공식' 같은 것이라고 해야 할지도 모르겠다. 그것을 통해 현대 미술은 세계를 구성하는 논리와 흐름에 참여하고 개입한다. 그 과정에서 많은 개념이 출몰한다. 일차적으로는 이미지들이 일상적인 의미로 작동하는 것을 중단시키고, 그다음으로는 그것들을 새로운 개념의 공간으로 전이시키는 것이 중요한 문제가 된다.

그리고 상위의 차원에서 이 개념들과 작용들 전체를 포괄하는 최종적 관념이 존재하는데, 그것은 미술 자체이다. 뒤샹의 〈샘〉의 출품과 전시회 운영자들의 전시 거부, 그리고 다른 곳에서의 전시로 이어지는 유명한 일화가 말해주듯 기성품이 작가의 선택만으로 곧 미술 작품이 되는 파격적 행위는 미술의 정의 자체를 영원히 유보시키는 것이었다. "레디메이드의 진정한 의미는 예술의 정의 가능성을 부정하는 것이었습니다."[15]

앞에서 본 작품 〈큰 유리〉는 오랜 시간 수공적인 작업을 요구하는 것이었기 때문에 이 작품은 레디메이드에 속한다고 할 수 없다. 그렇지만 오히려 이 작품을 통해 뒤샹은 더 적극적인 자세를 취했다. 그는 기존의 시각적이고 망막적인 미술과 자신의 기술적이고 개념적인 미술을 대립시켰다. "저는 이미 시각적 언어에서 탈피하고자 했습니다. … 모든 것은 개념적인 것이 되었습니다. 즉 그것은 망막이 아닌 다른 것에 달려 있습니다."[16] 이처럼 뒤샹 이후에 현대 미술은 이중의 과제를 갖는다. 감각적 집합체가 새로운 개념을 향해 가도록 변신을 일으키는 것, 그리고 그와 동시에 미술이라는 개념의 범위를 확장하거나 이전시키는 것이다.

뒤샹과 세잔은 여러 가지 점에서 대조된다. 세잔은 모든 관념과 개념으로부터 자유로워져야 한다고 외쳤지만, 뒤샹의 작품에는 이미지와 개념이 뒤섞여 있다. 뒤샹의 작업에서는 이미지의 구성 원리가 개념과 어휘 수준의 조작으로부터 도출되는 경우도 많다. 이미지를 단어로 번역하고, 그것을 분해하고, 그다음에 각각에서 연상되는 이미지들을 찾아내고 합성해 구성하는 식이다. 물론 그것은 진지하다기보다는 가벼운 말장난에 가까워 보인다. 뒤샹은 언어가 인간과 세계를 온전히 표현할 수 있는지에 대해서 깊은 불신을 가지고 있었다.[17]

뒤샹의 〈자전거 바퀴〉를 보면 바퀴와 의자를 붙여놓았는데, 이렇게 상관없어 보이는 두 사물을 연결하는 것도 언어유희에서 왔을 것이라는 분석이 있다. 물론 연구자들은 그 과정에 대해서는 추측만 할 뿐이다. 뒤샹은 대체로 자신의 작품에 대해서 거의 설명을 하지 않았기 때문에 그 '미학적 공식'은 비밀처럼 은밀하게 남아 있다.

또는 설명을 듣는다 해도 그다지 미학적이거나 예술적으로 보이지 않을 수도 있는데, 그의 작품에서 미학적 공식은 기술적 문제에 긴밀히 붙어 있기 때문이다. 그는 종종 개념이나 관념은 작은 문제이고, 기술적 관심 속에서 작업을 진행했다고 말하곤 했다. 이를테면 〈큰 유리〉의 경우 투명한 유리라는 소재 자체의 특성이 작업을 하도록 이끌었다고 회고했다.[18]

뒤샹의 예술 작업은 체스 게임과 뒤섞여 있다. 그는 평생에 걸

뒤샹,
<자전거 바퀴>, 1963

처 체스를 좋아했지만, 특히 1920년대 이후로는 작업을 그만둔 것처럼 보일 정도로 체스에 빠져들었다. "뒤샹이 평생에 걸쳐 몰두했던 체스는 숨바꼭질과 농담, 엄격한 논리, 예상 밖의 유보가 끊임없이 이어지는 게임과 같은 그의 예술을 이해하는 데 얼마간 도움을 준다."[19]

이미지와 개념의 간극이 벌어진 공간 안에서 뒤샹과 세잔은 정반대에 위치한다. 세잔이 이미지의 생명력에 확신을 가졌다면, 뒤샹은 개념과 기술의 주사위놀이에 내기를 건다. 세잔이 시각이 미술의 모든 것이라고 생각했다면, 뒤샹은 미술을 망막으로부터 논리적인 층위로 이동시켰다. 세잔이 "새로운 감각을 가진 야만인"이라면, 뒤샹은 '새로운 개념적 사유를 하는 도시인'이다.

안규철, <상자 속으로 사라진 사람 — 원근법적 순간이동장치>, 1998/2004

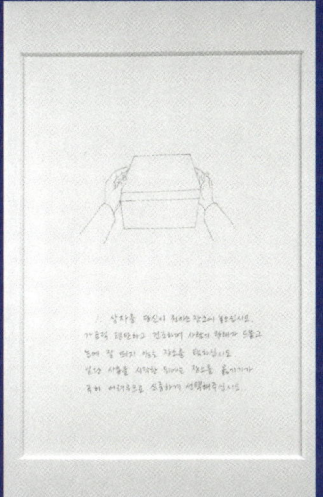

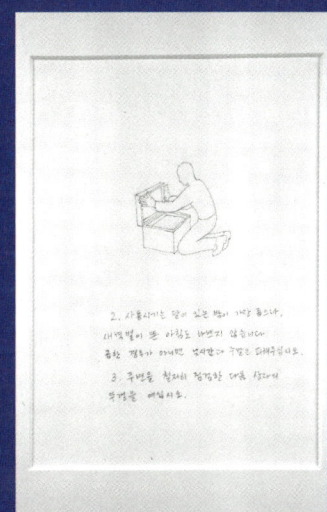

1. 상자를 당신이 원하는 장소에 놓으십시오. 가급적 평탄하고 건조하며 사람의 왕래가 드물고 눈에 잘 띄지 않는 장소를 택하십시오. 일단 사용을 시작한 뒤에는 장소를 옮기기가 어려우므로 신중하게 선택해주십시오.

2. 사용시기는 달이 있는 밤이 가장 좋으나, 새벽별이 뜬 아침도 나쁘지 않습니다. 급한 경우가 아니면 낮시간과 주말을 피해주십시오.
3. 주변을 철저히 점검한 다음 상자의 뚜껑을 여십시오.

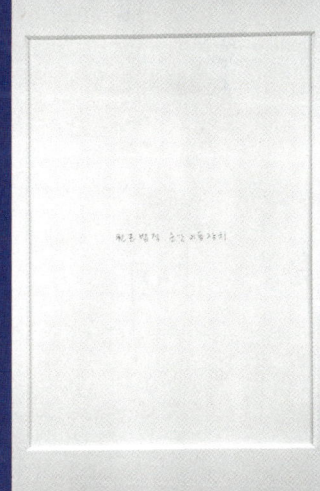

4. 상자 속에 들어있는 검은 천의 끝부분을 양손으로 가볍게 잡으십시오.

원근법적 순간이동장치

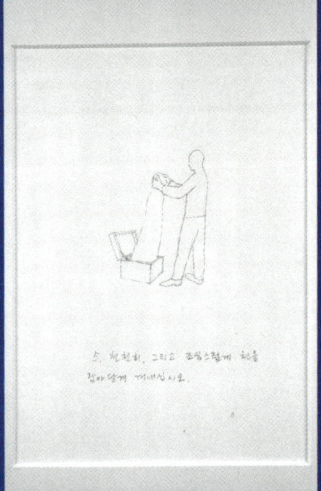

5. 천천히, 그리고 조심스럽게 천을 잡아당겨 꺼내십시오.

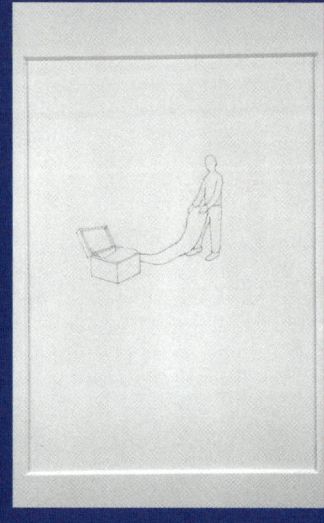

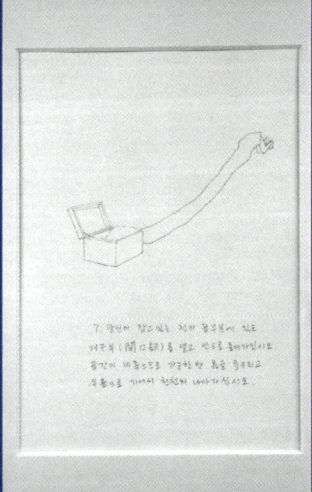

6. 천이 더 이상 나오지 않을 때까지 끌어내시고, 중간에 접히거나 구부러진 부분이 없도록 바닥에 똑바로 펼쳐주십시오.

7. 당신이 잡고 있는 천의 끝부분에 있는 개구부(開口部)를 열고 안으로 들어가십시오. 공간이 비좁으므로 가능한 한 몸을 웅크리고 무릎으로 기어서 천천히 나아가십시오.

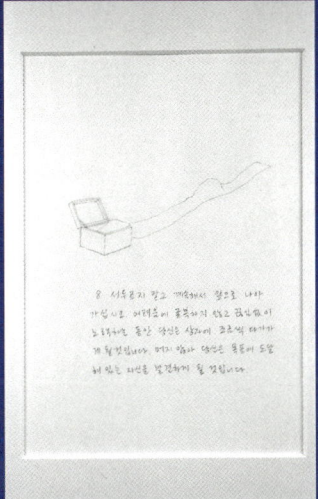

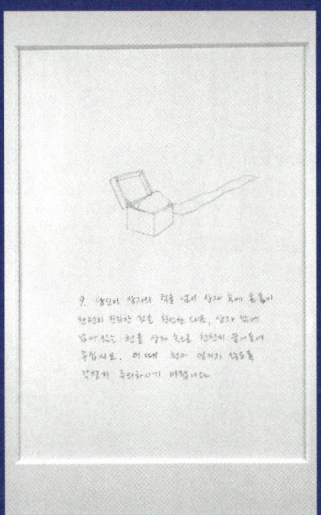

8. 서두르지 말고 계속해서 앞으로 나아가십시오. 어려움에 굴복하지 않고 끊임없이 노력하는 동안 당신은 상자에 조금씩 다가가게 될 것입니다. 머지 않아 당신은 목표에 도달해 있는 자신을 발견하게 될 것입니다.

9. 당신이 상자의 턱을 넘어 상자 속에 온몸이 완전히 진입한 것을 확인한 다음, 상자 밖에 남아 있는 천을 상자 속으로 천천히 끌어들여 주십시오. 이때 천이 엉키지 않도록 각별히 주의하시기 바랍니다.

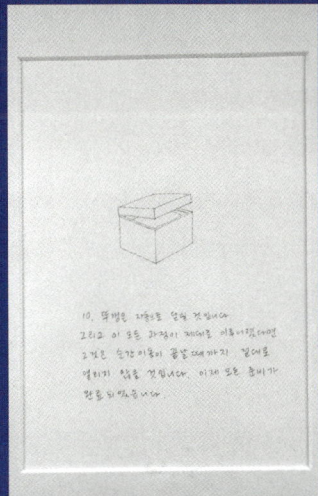

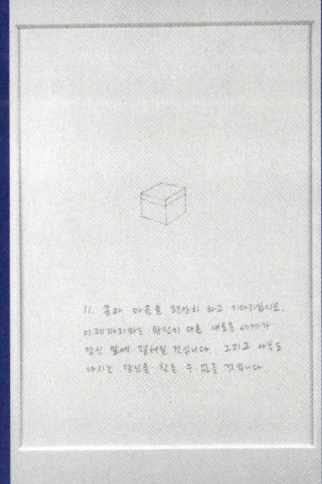

10. 뚜껑은 자동으로 닫힐 것입니다. 그리고 이 모든 과정이 제대로 이루어졌다면 그것은 순간이동이 끝날 때까지 절대로 열리지 않을 것입니다. 이제 모든 준비가 완료되었습니다.

11. 몸과 마음을 편안히 하고 기다리십시오. 이제까지와는 완전히 다른 새로운 세계가 당신 앞에 펼쳐질 것입니다. 그리고 아무도 다시는 당신을 찾을 수 없을 것입니다.

마지막 단계에서 아무리 기다려도
뚜껑이 닫혀지지 않는 경우가
있습니다. 이 경우는 다시 밖으로
나와서 처음부터 이 과정을
반복해야 합니다. 또한 천의
중간 부분에서 더 이상 진행이
불가능한 경우도 마찬가지입니다.
이동장치의 원리에 대한 확고한
믿음과 의지가 무엇보다도
중요합니다.

작가 안규철은 젊은 시절 오랜 탐색 끝에 민중미술과 모더니즘
회화 어느 쪽에도 만족하지 못하고 제3의 길을 걷기로
결심했다. 민중미술은 리얼리즘의 모토 아래 한국의 암울한
정치적 현실을 고발하고자 했지만 지나치게 설교적인 어조를
가지고 있었다. 반면 미술의 내적 논리를 발전시키고자 했던
작가들은 모든 이야기를 차단하라며 선생의 권위를 행사해
말했고, 결국 단색화로 귀결되고 말았다. 전자가 느낌표의
선동적인 어조를 띠었다면, 후자는 마침표의 단정적인 어조를
가졌다. 여기에 대항해 작가는 작은 오브제들에 물음표의
어조를 담기를 원했다. 그는 미술 관객들이 더 나은 세상을 향한
노력들이 더 나쁜 세상을 만드는 부조리함을, 그리고 그 안에
사는 우리 삶의 진퇴양난을 감각하기를 원했다.
그의 작품에는 목표에 도달할 수 없는 사물이 많이 등장한다.
끊임없이 다른 문으로 이어지는 문들, 움직일 수 없는 바퀴, 서로
반대 방향으로 맞물려 있는 두 대의 자전거, 원형으로 회전하는
흙을 고르는 도구, 음을 내는 현이 점점 없어지는 피아노 같은
것들이다. 또한 작가 본인이 들판에서 나무가 되거나, 구두가
되어서 사라지기도 한다. 그런 의미에서 그는 자아의 후퇴를
외쳤던 아방가르드의 후예이기도 하다. 다만 그는 두 차례의
세계대전에 대한 분노나 예술의 내적 논리에 따라 움직였던
유럽의 작가들과 달리 동아시아의 정서의 길을 거쳐 그곳에
도착했다. 그의 작품의 기본적인 정서는 염치이고, 그 부끄러움
안에서 작가는 사라지기를 자처한다.
이 작품에서 그는 우리가 원근법의 소실점 안으로 사라질 수
있는 방법을 말해주고 있다. 조립식 가구를 구입하면 들어
있는 매뉴얼처럼 친절한 말투로 한 단계 한 단계 그 과정을

설명해주고 있다. 당신은 작품과 비슷한 물건을 만들어서 직접 시도해보거나, 최소한 사고실험을 통해 그 예정된 실패를 체험해볼 수 있을 것이다. 그러나 이 모든 것은 발전의 속도를 유지해야 하기 때문에 배에서 떨어지는 사람들을 바라만 보고 있는 사회와, 그 속도에 맞추어 점점 거대해지고 많은 재료를 소비하고 스펙터클해지는 현대 미술을 소실점 너머로 옮길 수 있는지 묻기 위한 것이다. "이상한 나라의 앨리스"의 거울 너머로 사회와 미술, 그리고 무엇보다 우리를 이동시킬 수 있을 것인가? 작가의 말을 빌리자면 미술은 "상식이 통하지 않는, 매번 낯선 숲으로 통하는 문을 여는 일"이다.[20]

5장
공모 – 보드리야르와 워홀

1.

언젠가 멋모르고 겨울에 찾아간 뉴욕은 너무나 추웠다. 강가로부터 불어오는 바람이 고층빌딩들 사이로 매섭게 모여들고, 바둑판처럼 질서정연하고 길게 나 있는 도로를 타고 밀어닥쳤다. 메마른 공기가 얼굴을 날카롭게 베고 지나갔다. 그런데 이상하게도 뉴욕이라는 도시는 현실감이 없었다. 나는 마치 드라마 세트장에 와 있는 것 같은 느낌이 들었다. 도로에서는 강력계 형사들이 범죄 사건을 해결하기 위해 거칠게 운전을 할 것 같았고, 통유리로 지어진 화려한 건물의 정문을 지날 때면 장난하듯 수십억대 소송을 하는 로펌의 변호사들이 출현하리라는 환영을 보곤 했다.

두말할 필요 없이 드라마와 영화를 너무 많이 본 탓이었다. 나는 도시의 여행객이라기보다는 세트장을 방문한 관광객이었다. 도시에 실제로 살고 있는 거주민들과 그들의 삶에 대해서는 거의 아는 바가 없었다. 물론 그곳에 오래 체류한다면 더 많은 것을 알게 되리라는 것은 자명하다. 하지만 문제는 이미지들이 만들어낸 현재의 단면이다. 그때의 나와 같이 드라마로 뉴욕을 '배운' 사람이 전 세계에 훨씬 더 많지 않을까? 드라마와 영화 안에서 만들어진 뉴욕이 곧 인류를 지배하고 있는 그 뉴욕이 아닐까? 이것이 애플 시티에서 느낀 시뮬라크르의 첫 번째 모습이다.

옷을 사야 했기 때문에 한 옷가게에 들어갔다. 아마도 이름만

1부   이미지와 개념

대량생산 자본주의에서 상품은 아주 작은 차이를 반복하면서 만들어진다. 상품은 사용가치에 근거해 가격이 매겨지는 것이 아니라 다른 상품과 다르기 때문에 교환가치나 상징가치를 갖고 이에 근거해 가격이 매겨진다.

들으면 누구나 알 만한 대중적인 의류 체인점이었다. 매장이 아주 크고 높았는데, 진열대의 가장 위 칸으로 티셔츠가 진열되어 있었다. 아예 가게 전체를 둘러싸서, 말 그대로 티셔츠의 모든 색깔이 배열되어 있었다. 말하자면 티셔츠로 색상환을 만들었는데, 족히 백여 가지 색깔은 될 것 같았다.

그 가게에서 불현듯 앤디 워홀의 작품을 이해할 수 있었다. 그는 대량소비사회에서 생산되는 상품들이 새로운 미술의 색상과 재료가 될 수 있다고 생각했을 것이다. 무수히 많은 상품과 미세하게 달라지는 인공 색들이 이제 세잔의 물감을 대신해 우리의 감성을 형성한다고 느꼈으리라. 티셔츠 하나는 그 자체로는 별 게 아니다. 하지만 같은 디자인 안에서 빨간색에서 오렌지색으로, 다시 오렌지색에서 노란색으로 바뀌는 티셔츠는 일종의 상징체계를 띤다.

이것이 겨울의 뉴욕에서 발견한 시뮬라크르의 두 번째 모습이

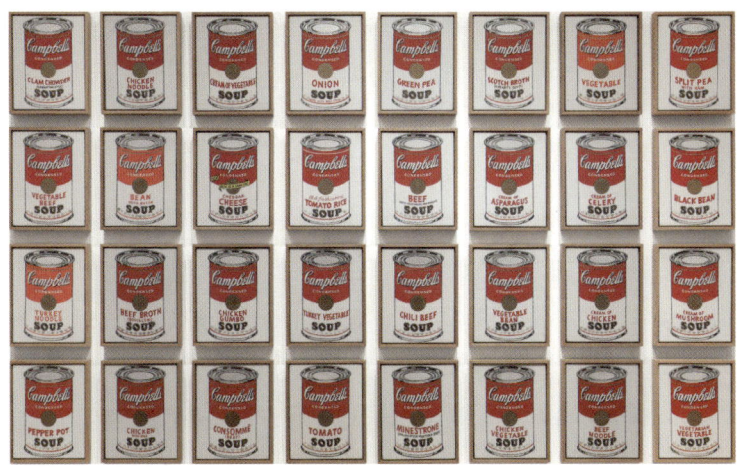

앤디 워홀, <캠벨 수프 캔>, 1962

다. 상징체계는 상품에 가치를 부여한다. 티셔츠 이야기가 사소한 것 같으면, 가방이나 자동차는 어떤가. 하나의 브랜드 안에서 하나의 상품은 다른 상품과 다르기 때문에 다른 상품과 함께 '사물의 체계'를 형성한다. 그리고 하나의 상품은 그 전체 안에서 차지하는 위계적 위치 때문에 소비 욕구를 자극한다. 보드리야르는 시뮬라크르 개념을 통해 후기자본주의사회를 비판하고자 했다.

'시뮬라크르'라는 말은 모방과 관련된다. 이 말의 가치를 알기 위해 철학사를 좀 거슬러 올라가보자. 이 주제와 관련해서 서양철학사를 거슬러 올라가면, 아니나 다를까 플라톤과 아리스토텔레스를 또 만난다. 그 둘은 스승과 제자 관계였으면서도 사뭇 다른 생각을 내놓았고, 이는 서양 사상사의 주류를 형성하는 두 개의 대립하는 흐름이 되었다. 예술에 관해서도 그렇다. 예술에 대한 가장 오래되고 '정통적인' 정의는 '예술은 미메시스'라는 것이다. 원래 모방이나 흉내라는 뜻이었던 미메시스는 이후 많은 규정과 해석이 중첩되면서 사뭇 심오한 말이 되었다. 예술이 미메시스라니, 구체적으로 무슨 뜻일까?

플라톤은 거울을 비유로 들었고, 아리스토텔레스는 그림을 예시로 들었다. 플라톤의 비유에서 3차원인 세계는 2차원의 거울에 비춰지는데, 거울이 아무리 성능이 좋아도 실제 세계에는 미치지 못하고, 실제를 왜곡할 수밖에 없다. 이처럼 예술은 거울과 같다. 연극이나 그림은 세계를 불완전하게 모방할 뿐이다. 따라서 예술은 대체로 좋지 않으니 금지하거나 아니면 공동체에 미치는 효용에 따라 선별해서 허용해야 한다는 것이 플라톤의 주장이었다.[1]

반면 아리스토텔레스는 사람들이 그림을 좋아한다는 경험적 사실로부터 출발한다. 1장에서 인용문을 통해 본 것처럼 그는 사람들이 시체나 흉칙한 동물은 싫어하지만 이것들을 잘 그린 그림을 보는 것은 좋아한다는 예를 든다. 대상의 본질적인 점을 잘 추출한 그림을 보며 사람들은 감탄을 넘어 즐거움과 감동을 느낀다는 것이다. 아리스토텔레스는 비극에 그런 성격이 있다는 이야기를 하기 위해서 짧게 그림의 예를 든 것이었지만, 그의 예술관이 어떤 것이었는지 그 핵심을 알기에는 충분하다.[2]

두 철학자 사이의 차이를 강조했지만, 사실 이러한 차이조차도 플라톤이 존재론적 위계를 내세웠기 때문에 가능한 것이었다. 다시 플라톤에 좀 더 집중해서 살펴보자. 서양 사상사에서 플라톤 이래로 전통적인 구분은 실재와 복사이다. 플라톤은 일차적으로 형상과 영상을 구분하고, 다시 영상은 모상과 허상으로 구분했다(이를 고대 그리스어로 쓰면 각각 eidos, eidolon, eikon, simulacre이다). 플라톤을 기원으로 하는 합리주의적 전통의 핵심은 형상을 발견해서 이를 옹호하고, 이것을 척도로 삼아 모상을 허상으로부터 방어하는 것이다.

플라톤은 침대의 예시를 든다. 뛰어난 제작자가 머릿속에 가지고 있는 생각이 침대의 형상이다. 이를 바탕으로 만든 방 안의 침대가 모상에 해당하는데, 이는 재료의 한계 등으로 형상에는 미치지 못한다. 그리고 이를테면 반 고흐가 그린 노란 방의 침대 같은 것이 허상에 해당한다. 그것은 모상을 보고 다시 만든 모상에 불과하고, 사람이 실제 누울 수 있기는커녕 일그러진 거울에 비친 이미지처럼 제멋대로이다.

플라톤은 다른 책에서 시뮬라크르, 즉 허상에 해당하는 것으로 방바닥에 떨어진 머리카락이나 진흙더미 같은 것을 예로 든다. 이것은 자신의 형상이 무엇인지, 자신이 무엇을 닮았는지, 무엇에 유용한지 알지 못하고 세계를 떠돈다.[3] 형상과 모상이 항성(태양)과 행성(지구)이라면, 허상은 우주의 혜성이고 세계의 아웃사이더이다. 이처럼 형상과 모상과 허상, 또는 실재와 모방 그리고 원본 없는 이미지라는 서열이 서양 문화사를 내내 지배해왔던 위계이다.

> 서구의 모든 신념과 믿음은 이 재현에 대한 자신감을 걸고 도박하였다. 기호는 의미의 심층을 지시할 수 있고, 기호와 의미는 서로 교환될 수 있으며, 이러한 교환에 무엇인가가 — 물론 신이 — 보증을 서준다. 그러나 만약에 신 자체가 시뮬라크르가 되어버린다면, 즉 신 자신이 보증을 서주는 기호들의 하나로 축소될 수 있다면 어떻게 될까?[4]

그런데 보드리야르가 오늘날 보는 것은 모방 또는 재현이 실재에 근접하고, 더 나아가 실재를 집어삼키고 있다는 것이다. 그로 인해 결국엔 허상(시뮬라크르)이 세계를 점령하게 되었다. 이것이 그가 '시뮬라시옹'이라는 말에 특별히 담아서 쓰는 뜻이다. 시뮬라시옹은 원래 뜻처럼 단지 '흉내낸다'는 뜻이 아니라 시뮬라크르(허상)의 운동이 실재를 대신한다는 것을 의미한다.

달리 말하자면 플라톤의 거울이 단지 수동적인 반사나 재현에 만족하는 것이 아니라 이제 살아 움직이고 있다는 것이다. 살아 움직여서 현실을 왜곡하다 못해, 우리가 실재라고 믿는 것을 만들어내는 지경에 이르렀다. 게임 엔진이 지각의 기준을 만들고, 소셜미디어에 게시된 이미지들이 게시자의 인격을 대변한다. 플라톤의 거울은 이제 3D 이미지를 실시간으로 배경에 비춰주는 '버추얼 프로덕션'으로 바뀌었다.

> 기술은 우리가 추구했던 '객관적' 현실을 잘 비춰줄 거울을 우리에게 제공해주었을 것이다. 그런데 수동적이고 객관적인 반영의 도구였던 거울이 지금은 극성을 부리면서 모든 것을 가상의, 디지털의, 컴퓨터화된, 수치적인 '현실'로 바꾸는 것 같다.[5]

실재와 재현 사이의 거리가 소멸하고 있다는, 또는 이미 소멸했다는 사실은 예술과 관련해 두 가지 함축을 갖는다. 하나는 시뮬라크르의 독주, 허상의 세계 점령이 일어나고, 이미지는 더 이상 외부 세계의 어떤 것을 지시하지 않는다는 것이다. 이제 하나의 이미지를 참조해 다른 이미지가 만들어지고, 이미지들 사이의 유희만이 중요해진다. 그리고 사람들은 이미지가 현실을 왜곡하고 은폐하는 것을 문제 삼지만, 정작 중요한 문제는 더욱 깊은 곳에 있다. 즉 사람들이 밝혀내야 하는 그 현실이 정작 부재한다는 것이다.

영화 〈메멘토〉처럼 반전에 반전을 거듭해 도달한 결말에서 모든 것을 걸고 도달한 실제 현실이란, 범인도 적도 없으며 단지 상대방에게 책임을 전가하는 상황 자체가 모두에게 필요한, 텅 비어 있는 허무이다. 그리고 이미지들은 그러한 환상을 증식시키고 조장한다. 그러므로 이제 예술에 유일한 방식이 있다면 그것은 이러한 이미지의

버추얼 프로덕션

유희를 가동시키되 여기에 어떠한 심오한 이유도 없다는 점을 긍정하는 것이다.

두 번째 함축은 보다 근본적으로 예술 자체의 존재 이유와 관련된다. 위의 방식이 아니라면 이제 예술은 존재 이유를 상실한다. 그런데 엄연히 현실에는 예술이라는 제도와 활동이 존재한다. 보드리야르가 보기에 현대 예술은 그것이 가진 내적인 가치에서부터 성립되는 것이 아니다. 아무것도 들어 있지 않은 상자를 둘러싸고 서서 그 상자에 대해 진지하게 대화하는 자세가 그것을 있어 보이게 한다.

이 대목은 『톰 소여의 모험』에 들어 있는 일화를 생각나게 한다. 톰 소여는 담장에 페인트칠을 하는 벌을 받았다. 페인트칠을 하기 싫었던 소년은 이 일을 다른 친구들에게 떠넘길 꾀를 내었다. 그는 진지한 표정을 하고 가끔씩 멀리 떨어져서 고개를 주억거리며 페인트칠을 했다. 벌칙이 아니라 일종의 예술을 하고 있는 중이라는 톰 소여의 말에 넘어간 친구들은 서로 자기가 대신하게 해달라고 졸랐다는 이야기이다. 이것은 한 명의 소년이 작은 장난을 친 이야기이지만, 만약 많은 사람이 모여 누군가에게 돈을 뜯어내는 이야기라면? 그것은 일종의 범죄이고, 공모라고 할 수 있다. 보드리야르는 현대 미술을 일종의 공모라고 규정한다. 이제 두 가지 함축을 하나씩 살펴보자.

2.

 이 책에서 다루는 여섯 명의 현대 철학자 중 가장 이질적인 이는 아마 보드리야르일 것이다. 사실 보드리야르는 철학자나 미학자보다는 사회학자에 더 가깝다(혹자는 그가 사회학을 맹렬히 공격하기 때문에 사회학자라고 말하기도 어렵다고 한다). 그는 격정적으로 말하지만 선언적이고 자의적으로 개념을 구사하고, 느슨하게 개념들 사이를 유희한다. 그가 철학적 개념을 사용해 말하는 짧은 글들은 거의 이해할 수 없는 종류의 것이며, 사실 읽을 가치가 있는 글도 많다고 하기 어렵다. 이런 점에서 그가 한때 포스트모더니즘이라는 이름 아래 현대 프랑스 철학의 색채를 대표하는 인물로 받아들여졌다는 사실은 유감스럽다.

 반면 그는 비교적 긴 분량의 저서에서 동시대의 사회적 예시들을 분석할 때 빛을 발한다. 그는 특히 미국에서 전파되어 나오는 현대사회의 여러 기만적 환영의 층위를 한 겹 한 겹 벗겨내는 일에 지칠 줄 모르고, 또 능숙하다. 현대 사상가들 중 아마도 보드리야르가 가장 냉소적이고 허무주의적일 것이다. 그의 책을 읽고 있으면 한여름에도 냉기가 돈다. 그의 책은 활자로 된 에어컨이라 할 만하다. 그는 일말의 희망적인 해결책도 없이 독자를 막다른 골목까지 몰아붙인다. 보드리야르는 현대사회에서 모든 사람이 일종의 환상에 빠져 있다는 점을 강력하게 고발한다. 그러면서도 한 인터뷰에서 자신은 대중들이 그러한 환상에서 벗어날 것을 기대하지 않는다고 말했다.

그러므로 그는 계몽주의자가 아니다. 그는 군중의 미신을 폭로하고자 했던 18세기의 계몽주의자들처럼 글을 썼지만, 계몽주의자들이 지니고 있었던 뜨거운 열의는 전혀 가지고 있지 않았다. 그가 보기에 환상은 인간이 지루한 삶을 견디기 위해 필수불가결한 것이었다. 그는 그저 자신이 보는 것을 말할 뿐이라고 대답했다. 그의 차가운 진단을 따라가자면, 현대사회는 자기가 향유하는 환상을 껴안고 망해가는 중이다.

그의 관점이 세상을 모두 설명하지 못한다고 비판하는 것은 그다지 적절치 않다. 그것은 모든 사상가가 마찬가지다. 모든 사상가는 자신만의 독창적인 관점으로 세계를 이해하고 다른 세상을 만들 수 있는 가능성을 탐색한다. 우리는 이러한 사상가들을 통해 이들을 조각보처럼 부분 부분 덧붙여가면서 지금의 세계를 이해하고 미래의 세계를 만들어갈 수 있다.

보드리야르가 우리를 곤란하게 하는 것은 그가 과도하게 비판적이거나 부분을 과장해서가 아니라, 앞서 말한 구성적 창조의 논리 자체를 거부하기 때문이다. 그는 우리가 비판의 준거로 삼고 있는 모든 이념을 무너뜨린다. 우리가 살고 있는 이 세계를 비판하기 위해 우리가 바깥의 어떤 지점에 서려고 할 때, 그는 정말로 그 지점이 믿을 만한 것이냐고 비껴 앉아 묻는다. 그리고 그가 들려주는 세상의 이야기를 듣고 있노라면 그의 무표정은 사실 냉소로 가득찬 것임을 느끼게 된다.

『시뮬라시옹』(1981)은 보드리야르를 전 세계적으로 유명하게 만든 출세작이다. 국내에는 한 단어의 제목으로 간략히 소개되었지만, 이 책의 원래 제목은 '시뮬라크르와 시뮬라시옹'이다. 앞서 언급했듯이 시뮬라크르는 복제물 중 원본과 관계가 희박한 것을 말하고, (흔히 쓰는 영어 '시뮬레이션'도 그렇듯이) 시뮬라시옹은 진짜 있는 것을 그럴듯하게 흉내내는 것을 뜻한다.

그런데 보드리야르는 이 말들이 갖는 여러 층위의 의미를 복합적으로 사용하므로 그 의미의 역사적 변천을 알 필요가 있다. 라틴어 'simulare'는 원래 복사를 의미했다. 이후 근대 불어와 영어에서는 'simulation'이 오류가 있다는 의미를 함축하게 되었다. 현대에 와서는 어떤 사물이 어떻게 작동하는지 인공적으로 알아내기 위해 수학적 모델을 발명하는 것을 의미하게 되었다.[6]

일반적으로 시뮬라크르와 시뮬라시옹은 우리가 현혹되지 않도록 주의해야 하는 것들이다. 그런데 보드리야르가 주장하는 바는 이것들이 현대사회와 문화를 점령했다는 것이다. 『시뮬라시옹』은 시뮬라크르의 복수극, 아웃사이더의 역전극을 담고 있다. 이것이 영화 속 이야기라면 주인공에 감정이입해 통쾌하게 볼 수도 있겠지만, 진짜와 가짜를 구별하고, 가짜에 현혹되지 않도록 주의해야 하는 실제 삶의 현장에서 이것은 거대한 혼란과 파국일 수 있다.

보드리야르의 시뮬라크르 이론의 핵심은 『시뮬라시옹』의 첫 번째 장인 「시뮬라크르의 섭동」에 잘 담겨 있다. 국역본에서 이 장의 제목은 '시뮬라크르들의 자전'으로 되어 있는데 이것은 오역이다. 원어는 'précession'인데, 이는 '섭동' 내지 '세차'라는 뜻이다. 팽이가 돌다 힘이 빠져서 쓰러지기 직전일 때처럼 자전축이 일정치 않고 흔들릴 때를 말한다. 따라서 이는 오히려 정상적인 자전과는 반대되는 뜻이다. 정상적이고 모범적인 회전이라면 실재-모방-시뮬라크르 순으로 궤도의 외각을 돌아야겠지만, 시뮬라크르들이 너무 강력해져서 이러한 회전 자체가 뒤틀리고 있는 것을 의미한다.

우리는 앞서 미메시스의 오래된 비유가 거울과 그림이라고 말했지만, 또 하나의 은유는 지도이다. 지도는 영토에 대한 미메시스(모방)다. 보드리야르는 지도 이야기를 하기 위해 보르헤스의 한 소설을 언급한다. 보르헤스는 형이상학적인 내용을 담고 있는 단편소설을 여러 편 썼는데, 그의 작품들은 무한에 도달하는 많은 방법을 발명하며, 그 과정에서 기이한 역설들을 보여준다. 그가 쓴 한 소설에서 지도 제작자는 지도를 최대한 정확하게 만들고자 했는데, 그러다 보니 지도가 점점 커져야 했고, 급기야는 영토를 뒤덮게 되었다. 이 가상의 이야기는 재현과 관련해 생각할 점들을 제공한다.

지도는 영토를 충실히 재현하도록 요구받는다. 그런데 영토에 가장 충실한 이 지도는 정작 너무 커서 쓰임새를 잃게 된다. 지도 제작의 딜레마는 재현의 역설을 말해준다. 재현이라는 복사는 실재라는 원본에 늘 모자라고 결여에 시달리기 때문에 실재에 가능한 한 충실하려고 노력하지만, 그것을 최대치로 끌어올렸을 때는 모든 것이 의미를 잃고 혼란스러워진다. 재현은 실재에 충실해야 하지만, 너무 충실해서는 안 된다. 재현은 실재에서 적절히 떨어져 있어야 한다.

보드리야르가 보르헤스의 이야기를 인용한 이유는 오늘날 이처럼 재현의 기술이 발전해서 실재를 뒤덮고 있는 것이 어떤 역설을 낳을지 느끼게 하기 위해서이다. 하지만 보드리야르는 이 이야기에 만족하지 않는다. 보르헤스의 우화는 재미있긴 하지만 전통적인 재현 모델이 그 극한에서 어떤 모습일지 보여줄 뿐이다.

> 사실 위의 우화는 그 내용을 뒤집어서라도 이제는 쓸모가 없다. … 모든 실재를 그들이 시뮬라시옹에 의해 만든 모델들과 일치시키려 하기 때문이다. … 무엇인가가 사라져버렸다. 추상의 매력을 낳았던, 어떤 것에서 다른 것 사이에 게재되었던 지고의 '다름'이 사라져버렸다.[7]

보르헤스의 소설에서는 영토라는 실재가 존재하지만, 보드리야르가 말하는 시뮬라시옹은 그러한 실재 자체가 사라진 것이다.

따라서 그가 동시대에 발견하는 것은 실재와 재현 사이의 차이가 소멸했다는 것이다. "시뮬라시옹은 더 이상 영토 그리고 이미지나 기호가 지시하는 대상 또는 어떤 실체의 시뮬라시옹이 아니다. 오늘날의 시뮬라시옹은 원본도 사실성도 없는 실재, 즉 과잉 실재hyperréel를 모델들을 가지고 산출하는 작업이다."[8] 오늘날 SF 영화 그래픽이나 게임 엔진이 만들어내는 이미지는 무엇을 보고 따라 그린 것은 아니지만 실재보다 더, 즉 지나치게 실재 같다hyper-réel.

불어나 영어에서 'hyper-'는 '과도한', '과잉의'라는 뜻을 지니므로, '하이퍼리얼hyperreal'은 '과잉 실재'나 '과도 실재'로 번역할 수 있다. 미술사에서는 '하이퍼리얼리즘hyperrealism'이 '극사실주의'를 의미한다는 것을 떠올리면 보드리야르의 논지를 좀 더 직관적으로 이해하는 데 도움이 된다. 우리는 새들이 벽에 그려진 나무에 와서 부딪쳤다는 옛날이야기를 듣기도 하고, 고양이가 고화질 TV에서 호랑이가 뛰어오는 장면에 놀라 도망치는 것을 보기도 한다. 보드리야르가 말하는 시뮬라시옹은 이 예시들과 비슷한 데가 있지만, 결정적으로 다른 점은 보드리야르의 시뮬라시옹에는 원본이 존재하지 않는다는 것이다. 시뮬라시옹이란 사물을 보고 그린 그림이 아니라, 연산과 편집을 통해서 만들어낸 이미지이다. 오늘날에는 시뮬라시옹이 모델을 만들어내고, 다시 실재를 이 모델에 일치시키려고 한다.

보드리야르는 전통적인 모방에 대한 개념에서부터 자신의 시뮬라시옹 이론에 이르기까지 이미지를 네 단계로 구분한다. 첫 번째와 두 번째가 고대 그리스 사상에서부터 전해져오는 관점이라면, 세 번째와 네 번째는 보드리야르가 현대사회에서 발견하는 현상이다.

다음이 이미지의 연속적인 단계일 것이다.
— 이미지는 깊은 실재의 반영이다.
— 이미지는 깊은 실재를 감추고 변질시킨다.
— 이미지는 깊은 실재의 부재를 감춘다.
— 이미지는 그것이 무엇이든 간에 어떠한 실재와도 무관하다. 이미지는 자기 자신의 순수한 시뮬라크르이다.[9]

세 번째와 네 번째 단계에서는 원본이 존재하지 않으므로 원본과 복사 사이에 존재했던 '차이' 또한 소멸한다. 이제 형이상학적 사유도 존재하지 않으며 불가능하다. 왜냐하면 개념 역시 실재를 비추는 거울이기 때문이다. 이제 사물을 비추지 않는 거울만이 존재한다. 시뮬라시옹은 인간의 관념상에서 일어나는 지각이나 개념적 작용이 아니다. "핵분열적이고 발생론적이지 전혀 사변적이거나 담론적이지 않다."[10]

시뮬라시옹은 최소한의 연산 단위로부터 생겨난다. 추상의 극단에서 발견된 요소들, 세포들, 연산자들은 이제 세계의 실재를 합성해낸다. "실재는 이제 축소된 세포들, 매트릭스들과 기억들, 지휘 모델들로부터 생겨난다."[11] 실재는 앞서 존재하는 것이 아니라 재생산되는 것이다. "실재는 이제 조작적일 뿐이다."[12] 실재는 이상적인 것을 참조해서, 또는 그것과의 거리 속에서 측정되지 않는다. 실재는 연산에 의해 재생산된다.

'조작적'이라는 말은 '본질적'이라는 말과 대립된다. 전자는 관찰 가능한 양으로 규정할 수 있다는 얘기이다. 예를 들어 열(온도)의 본질적 정의는 구하기 어렵지만, 조작적 정의는 온도계의 눈금을 통해 내릴 수 있다. 오늘날 트랜스휴머니즘도 이런 인간 이해에 기반을 두고 있다. 오랜 기간 동안 인간의 보이지 않는 본질을 탐구하기 위해 철학, 문학, 역사는 이런저런 말들을 해왔지만, 트랜스휴머니스트들에 따르면 그런 것은 정확히 알 수 없으며 관찰 가능한 인간의 행동들을 모방할 수 있으면 그것으로 충분하다는 것이다. 1980년대에 보드리야르가 조작적 관점이 세계를 지배하게 되었다고 진단했다면, 21세기에 그러한 관점은 대상에서 인간으로 확대되었다.

조작적 연산은 기호로 이어진다. 우발성을 거의 축출한 완전한 프로그래밍의 세계 안에서 실재는 합성된다. 따라서 실재는 이제 이상적인 의미와 연관되는 것이 아니라 연산적인 기호와 관련된다. 기호는 여러 수준에서 실재를 변형한다. 우선 기호를 통해 사물들은 자본주의하에서 상품으로서 교환된다. 그리고 사건들은 기호를 통해 일어날 수 있는 확률로서 계산된다.

이제 모든 사건은 일어날 법한 것이 된다. 이제 새로운 사건이란 없다. 예상치 못한 사건이 세상에 도래하고 세상을 변화시키는 것은 불가능하게 되었다. "문제는 실재가 그의 기호들로 대체된다는 데 있다. 즉 실재에 해당하는 모든 기호를 다 제공하여 기호가 아닌 실재로 우발적인 사건이 일어나는 것을 모두 차단해버린다."[13]

보드리야르는 다양한 예시를 제시하는데, 그가 좋아하는 주제인 사진에 집중해보는 것이 도움이 될 것 같다. 그가 기계를 싫어한다고 오해할 수 있는데, 그렇지 않다. 오히려 그는 아날로그 장치의 예찬론자이다. 아날로그 장치는 여전히 인간의 재현의 범위 안에서 작동한다. 이 점에서 회화와 사진은 그렇게 많이 다르지 않다.

이미 많은 미술사학자가 말하고 있듯이 르네상스 시기에 화가들은 풍경을 사실적으로 그리기 위해 검은 방camera obscura을 만들어 한쪽에 구멍을 뚫고, 그 반대쪽 벽에 맺힌 이미지를 얻어냈다. 화가들의 검은 방은 필름카메라의 전신에 해당한다. 보드리야르가 결정적으로 구분하는 것은 회화와 사진이 아니라 필름카메라와 디지털카메라

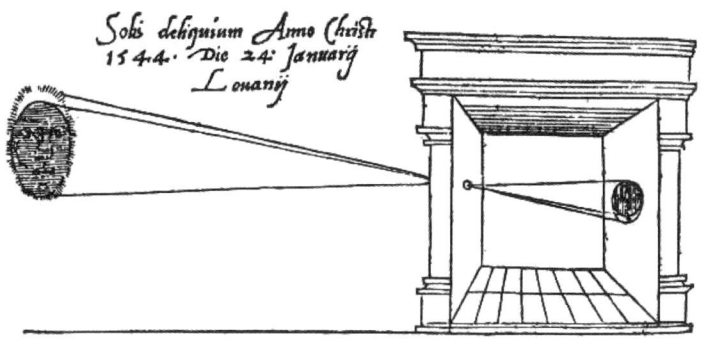

카메라옵스큐라에 관한 최초의 도판
젬마 프리시우스의 책 『천문학과 기하학의 광선De Radio Astronomica et Geometrica』(1545)에 수록

다. 디지털카메라의 등장은 인간이 세계를 대면하는 방식을 근본적으로 바꾸었다.

    그 이유는 크게 세 가지다. 첫째, 필름카메라에서는 셔터를 누를 때 잠시 동안 렌즈가 닫히면서 세계가 사라진다. 보드리야르의 사유에 따르면 우리가 세계를 지각하거나 이해한다는 것은 그 순간 그 대상이 사라진다는 것이다. 즉 여기에는 하나의 역설이 있는데, 이미지나 개념이 세계를 담는 것은 더 이상 그 순간의 세계는 존재하지 않는다는 것을 의미한다. 이것을 피할 수 있는 방법은 없으며, 이것은 인간과 세계 사이에서 벌어지는 필연적인 일이다. 더군다나 사진 이미지는 인화의 과정을 거쳐야 하기 때문에 얼마간의 시간 후에 우리에게 주어진다. 그런데 디지털카메라에서는 이런 두 가지 일이 벌어지지 않는다. 사진 촬영의 순간에 어떤 것도 사라지지 않고, 이미지는 즉각적으로 주어진다.

    다른 두 가지 이유는 촬영의 주체 및 대상과 관련된다. 롤랑 바르트가 말한 것처럼 사진의 본질은 '그 사람(또는 그 사물)이 한때 거기 있었다'는 사실을 증언하는 데 있다. 지금은 부재하지만 한때 그 대상이 거기 존재했었다 사실은 기이한 감정을 불러일으킨다. 왜냐하면 그것은 내가 직접 경험할 수 없으나 부정할 수도 없는 사실이고, 또는 달리 말하면 나의 경험과 의식의 범위가 매우 제한적이라는 고통스러운 자각을 불러일으키기 때문이다.[14]

하지만 디지털 사진에는 이러한 증언의 능력이 없다. 디지털 편집과 조작을 통해 구성된 이미지는 대상이 존재했었는지의 여부를 불확실한 상태로 빠뜨린다. 촬영된 대상뿐만 아니라 촬영한 주체의 측면에서도 마찬가지다. 필름카메라가 증언하는 것은 그 대상을 주시한 사람 역시 거기 존재했었다는 사실이다. 하지만 디지털 사진은 그러한 증언 역시 무의미하게 만든다. 사진은 이제 어떠한 실제 대상의 흔적도 아니며, 대상을 바라보았던 실제 시선의 암시도 아니다.

오랫동안 사진을 배우고 열심히 찍었던 후배 하나가 사진을 그만둔 적이 있다. 이유를 물어보니, 사진을 찍는 일이 더 이상 대상을 살피고 빛을 기다리는 일이 아니게 되어서라고 말했다. 필름카메라를 쓸 때는 '지금 여기에서 사진을 찍는다면 어떻게 나올까' 하고 오랫동안 생각해야 했는데, 디지털카메라로 넘어가면서부터는 사진을 그저 무수히 찍어대고 그 자리에서 마음에 드는 사진을 하나 건지는 일로 바뀌었기 때문이었다. 게다가 사후 보정을 통해 원하는 이미지를 얻을 수도 있게 되었다. 그 후배가 진로를 변경할 정도로 겪었던 절망은 보드리야르의 비판과 매우 가깝다.

보드리야르의 시뮬라시옹 이론은 단지 허상이 모상을 넘어서 진상에 가까워졌고 그것과 대등한 힘을 가졌다고 말하는 것이 아니다. 그것은 허상이 실상을, 모방이 실재를 생산한다는 것이다. 이런 의미에서 허상이나 모방이 아니라 시뮬라시옹이 제일 먼저 있다고 말하는

앤디 워홀, <엘비스 I과 II>, 1963-1964

것이다. "병의 시뮬라크르를 만드는 사람은 정말로 어떤 병의 증상들을 만들어내야 한다."[15] 이것은 서양의 형이상학의 근본 전제를 뿌리째 뒤흔드는 것이다. 플라톤 이래로 근대 철학까지 기본 공리는 원인은 결과보다 더 많은 실재성을 갖는다는 것이다. 즉 산출하는 것은 산출된 것보다 더 큰 완전성을 가져야만 한다. 이 공리는 이데아와 사물들, 신과 인간, 원리와 현상, 존재자와 관념 등에 걸쳐 모든 영역에 적용되었다.

그런데 보드리야르의 시뮬라시옹 이론이 당혹스러운 이유는 이러한 공리 자체를 붕괴시킨다는 데 있다. 실재를 파생시키는 시뮬라시옹은 거의 아무것도 아니다. 그런데 여기에서 산출된 실재는 단순히 가장이 아니라 정말로 실재하는 것이다. 시뮬라시옹 이론 앞에서 위협당하는 것은 실재라는 모델뿐만 아니라, 우리의 사고에 암묵적으로 전제되어 있는 공리이다. 전통적인 사고의 논리적 흐름을 붕괴시키기 때문에 이와 더불어 산출의 위계 자체, 실재와 상상 사이의 차이 자체가 소멸한다.

디지털 세계는 보드리야르의 논지를 잘 이해하게 해주지만, 그의 이론이 비단 디지털에만 한정되는 것은 아니다. 그의 시뮬라시옹 이론은 인간학과 사회학 전반에 걸쳐 전개된다. 예를 들어 그는 병리학적 사례와 정신분석학적 증상을 제시한다. 이것은 각각 신체와 정신에도 시뮬라시옹이 있다는 것을 증명하기 위해서이다. 학교에 가지 않기 위해 학생이 꾀병을 부린다고 해서 모두 시뮬라크르인 것은 아니다. 거짓 흉내 이면에서 실제로는 스스로 건강하다고 느낀다면 그것은 위장이다. 시뮬라시옹이란 아픈 척을 하다 보니 정말로 아프다고 느낄 때를 가리킨다. "시뮬라크르란 결코 진실을 감추는 것이 아니다. 진실이야말로 아무것도 존재하지 않는다는 사실을 숨긴다. 시뮬라크르는 참된 것이다."[16]

캘리포니아주의 디즈니랜드도 하나의 시뮬라시옹이다. 디즈니랜드는 첫째, 환상과 공상의 유희를 흉내내고, 둘째, 외부의 주차장과 내부의 상상 세계 사이의 대비가 미국 사회의 축소판과 같다. 세 번째 층위가 가장 중요한데, 디즈니랜드는 어린이들이 꿈꾸는 동화 세계를 시뮬레이트하는 것이 아니다. "실제의 나라, 실제의 미국 전체가 디즈니랜드라는 사실을 감추기 위해서 거기 있다."[17] 디즈니랜드가 있음으로 해서 그 바깥은 모두 성숙한 성인들의 문명이라는 점이 암시된다. 디즈니랜드의 실제 기능은 거기에 있다. 그것은 진정한 유치함이 도처에 있다는 사실을 숨기기 위한 "저지 기계"이다.

8-9세기 동로마에는 성상파괴주의 운동이 있었다. 신을 대리하는 조각이나 회화 작품은 신의 완전성을 재현할 수 없고 나쁜 경우 신성모독이 되므로 그러한 이미지들을 만들어서는 안 된다는 것이었다. 이것은 플라톤이 완전한 형상에 대해 좋은 모방과 나쁜 모방을 나누려고 했던 것에서 훨씬 더 멀리 나아가, 완전한 신에 대해서 좋은 모방의 가능성 자체를 거부하는 것이었다.

5장   공모 – 보드리야르와 워홀

그런데 보드리야르는 성상파괴주의자들이야말로 이미지의 무서운 힘을 잘 알고 있었다고 지적한다. 만약 신에 대한 이미지의 재현력을 보장해준다면 신은 이미지들 속에 함몰되어 하나의 이미지에 불과한 것으로 전락할 위험이 있었던 것이다. 이것은 니체의 "신은 죽었다"는 선언의 보드리야르식 버전이다. 즉 신은 이미지가 되었다.

> 시뮬라크르가 문득 보게 한 파괴적이고 말살적인 진리를 성상파괴주의자들이 감지하였기 때문이며, 결국 본질적으로 신이란 없었기 때문이고, 오직 시뮬라크르만이 존재하고 있었으며, 더군다나 신 자체도 시뮬라크르였기 때문이다. … 성상파괴주의자들의 형이상학적 절망은 이미지가 아무것도 숨기고 있지 않으며, 이미지가 요컨대 이미지가 아니라는 것으로부터 온다. 즉 이미지가 원래의 모델에 따라 바뀌는 것이 아니라, 자기 고유의 미혹으로부터 영구히 빛을 발하는 시뮬라크르였다는 사실로부터 온다.[18]

자체 발광하면서 자가 복제하는 시뮬라크르란 여러 가지가 될 수 있다. 그것은 OLED 액정에서 뿜어져 나오는 디지털 이미지이기도 하고, 나르시시스트적인 주체가 소셜미디어에서 증식하며 끝없이 게시하는 자기 자신의 사진이기도 하고, 공동의 부라는 발전의 이념이 부서진 상태에서도 도처에서 발견되는 '성장!'이라는 자본주의의 슬로건이기도 하다.

시뮬라크르는 회전 궤도에서 이탈하고, 궤도 자체를 붕괴시킨다. 그것은 이미지들의 순환과 교환과 자기 재생산 속에 존재한다. 보드리야르의 다음과 같은 말은 2장 3절에서 살펴보았던 것처럼 이미지가 상사의 관계 안에서 증식되고 전개된다는 푸코의 분석과 이어진다는 것을 알 수 있다. "[신神은] 더 이상 실재와 교환되지 않으며, 아무런 지시도 테두리도 없는 끝없는 순환 속에서 그 자체로 교환되는 시뮬라크르이다."¹⁹

두 철학자는 공히 시뮬라크르의 끝없는 순환과 무한한 연쇄를 보고 있다. 하지만 그 어조와 방향은 사뭇 다르다. 우리는 이 책을 시작하면서 현대 프랑스 미학이 이미지와 개념 사이의 관계에 대한 탐색이라고 말했다. 이미지와 개념이 어긋나는 공간에서 푸코는 간극, 심연, 문제를 보고 있다. 반면 보드리야르는 그에 대한 단적인 답을 내놓고 있다. 이미지와 개념 사이에 무엇이 있는가? 아무것도 없다. 오직 허무만이 있다. 이것은 미술의 종언이기도 하다.

3.

석사과정에 들어가기 전에 시간이 남아 미술 전시 준비 요원 아르바이트를 한 적이 있었다. 대부분이 설치 작품이어서 이동과 설치를 도와줄 많은 준비 인력이 필요했다. 수십 명의 작가가 참여하고 여러 개의 방을 전시 공간으로 사용한 큰 전시였다. 몇 주간 준비 과정이 진행되었다. 수없이 많은 전시 작품이 들어왔다 나가고, 설치를 위해 작품 부속들이 바닥에 늘어놓아지고, 작가들은 자기에게 할당된 공간이 마음에 들지 않는다고 항의를 하는 등 어수선한 날들이 계속되었다. 우리는 바닥에 놓여 있는 부품 하나가 작가들의 예민한 신경 조각이라도 되는 양 쉽게 건드리지 못하고 이러저리 피해 다녀야 했다.

어느 날 중앙 로비에서 2전시실로 들어가는 문 앞에 작은 사다리가 놓였다. '음, 전시장 문 사이에 작품을 설치하다니 기발한데.' 사

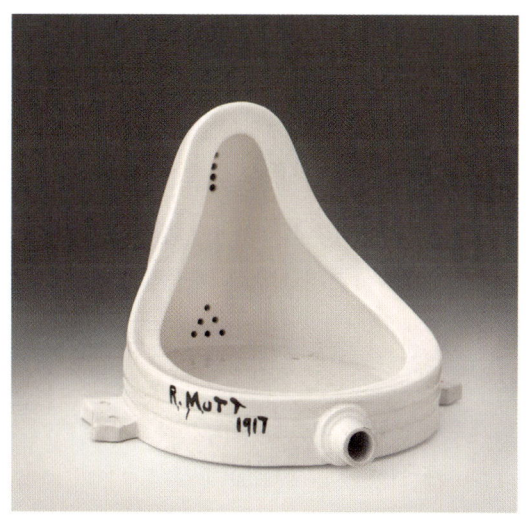

뒤샹, <샘>, 1917/1964

람들은 바쁜 와중에도 멀리 우회해서 다른 방을 거쳐 2전시실로 들어가야 했다. 작가와 작품명이 옆에 부착되지 않아 좀 의아하긴 했지만, 다들 바쁘기도 하고 실험적 작업을 존중하는 마음으로 그러려니 했다. '저것은 현대 미술이니까.'

그러다가 일주일쯤 지난 어느날 미술관 총무과에서 일하는 아저씨가 우연히 그 옆을 지나갔다. 그는 이 사다리가 여기 있었냐면서 아무렇지 않게 들고 사라졌다. 그렇게 사다리는 미술계의 경계 안쪽으로 아주 잠시 비집고 들어와 사람들을 속인 뒤 창고 안의 원래 자리와 용도로 되돌아갔다. 그 사다리는 단지 사다리일 뿐이었다. 뒤샹의 〈샘〉을 뒤집어놓은 것 같은 이 허무한 일화는 다음과 같은 사실을 일깨운다. 이미지는 이미지일 뿐이다.

보드리야르라면 이 광경을 보고 이렇게 말했을 것이다. '그것 봐, 이미지는 이미지일 뿐 사실 아무것도 아니지. 미술은 그것을 대단한 것으로 포장하는 제도일 뿐이야.' 다시 한번 말하자면 보드리야르는 우리가 이 책에서 다루는 이론가 중 가장 냉소적이고 회의적인 사람이다. '현대사회는 망해가고 있고, 사람들은 이미 멍청해졌고, 이 글을 읽는 당신은 아마 예외라고 믿겠지만, 그만큼 더 어리석을 뿐….' 혹 그의 사상에 관심이 있는 독자라면 되도록 여름에 그의 책을 읽기를 권한다. 체온이 1-2도쯤 내려갈 수 있다.

보드리야르의 시선은 예술철학자라기보다는 사회학자 내지는 인류학자에 가깝다. 그의 제안은 서구 바깥의 시선으로 서구를 바라보도록 하는 것이니, 정확히 말하면 역전된 인류학이라고 할 수 있다. 왜냐하면 인류학의 탄생이 '아프리카나 남미에 살고 있는 부족민들도 인간이라던데' 하는 '의외의' 발견으로부터 시작된 것이니 말이다. 미술 판매 옥션이라는 것이 없었던 아시아나 지금도 없는 아프리카의 시선으로 서구의 미술 제도를 본다면 어떨지 상상해보자는 것이다.

보드리야르가 볼 때 현대 미술이란 그 자체로는 성립 불가능한 제도이다. 미술가들이 칠해놓은 물감 덩어리와 멋대로 조립해놓은 설치품들의 내재적 가치란 제로에 가깝다. 그런데도 이토록 많은 사람이 그 제도 안에서 활동하고 그토록 비싼 거래 가격이 매겨지는 것은 이해 불가능한 현상이다. 미술작품을 소개하는 글이나 유명 작가의 작품이 최고 경매가를 갱신했다는 기사에 달린 댓글을 한번 보자. 나도 눈 감고 그릴 수 있겠다는 비아냥에서부터 작품을 이해할 수 없다는 푸념 그리고 탈세를 위한 돈놀이라는 욕설이 줄줄이 달려 있다.

헐리우드 코믹 액션영화 〈콘트라밴드〉(2012)에서는 마크 윌버그가 가정도 지키고 범죄도 해결하기 위해 분주하게 뛰어다닌다. 결말 부분에는 주인공이 모든 악당을 멋지게 처치한 뒤 수고비 삼아 잭슨 폴록의 그림 한 점을 멕시코에서 훔쳐서 미국으로 가져오는 장면이 나온다. 국경의 세관을 어떻게 통과할 것인가 하는 질문을 누군가 던지지만, 몸 좋고 잘생긴 주인공은 뭘 그런 걸 걱정하냐는 듯 씩 웃

잭슨 폴록, <수렴>, 1952

는다.
　그는 잡역부의 트럭을 훔쳐 폴록의 그림을 짐칸에 아무렇지 않게 던져놓고는 국경 세관들의 검사를 유유히 통과한다. 그러고는 그 그림을 뉴욕의 한 갤러리로 가지고 가서 큐레이터를 깜짝 놀라게 한 뒤 어마어마한 금액으로 팔아 해피엔딩을 누린다는 얘기로 영화는 끝난다. 멕시코에서는 페인트가 지저분하게 들러붙은 작업용 비닐과 구분되지 않았던 물건이 미국에 도착하는 순간 시가 수백억의 미술작품으로 변신하게 되는 것이다. 이 에피소드는 현대 미술 제도를 지탱하는 것이 미술 바깥의 사회적 구성체라는 점을 암시한다. 한마디로 현대 미술은 거대한 사기극에 가깝다.
　현대 프랑스 철학자들 대부분이 그렇듯이 보드리야르 역시 니체와 프로이트와 맑스의 영향을 강하게 받았다. 그의 『시뮬라시옹』은 니체의 허무주의 사상에 입각해 현대사회를 관찰한 것이며, 『기호의 정치경제학』은 맑스의 정치경제학 비판을 소비사회로 확장한 것이다.

여기에서 우리의 관심에 맞추어 논의의 초점을 좁혀보자. 이미지에 대한 그의 생각은 '칸트 그 이후' 전개 과정에서 어디에 위치할까? 그는 이미지와 개념 사이에 아무것도 없다고 생각한다. 그가 보기에 상상력과 지성의 자유로운 유희란 사실 그것들 사이에 아무런 관계가 없다는 것을 돌려 말한 것에 불과하다.

그의 예술론을 가장 잘 알 수 있는 글은 짧지만 핵심이 담겨 있는 「예술이라는 공모Conspiracy of Art」이다. 그는 프로이트의 영향 속에서 예술이 성적 환상과 긴밀한 연관이 있다는 점을 지적하며 글을 시작한다. 인간이 성적으로 "욕망의 환상"을 갖는다면 예술은 "환상의 욕망"이다.

그런데 현대사회에서는 전자도 후자도 비슷한 이유로 모두 위기에 봉착했다. 정확히 말하자면 자기의 목표를 모두 달성했기 때문에 더 이상 남아 있는 것이 없다. 집을 부수는 것 자체에서 희열을 느낀 사람이 집을 모두 부수고 나서 할 일이 없듯이 성적인 활동도 예술적 작업도 모두 그 극단에서 완료되고 난 이후의 시간 속에서 당황해서 어색하게 숨을 내쉬고 있다.

포르노그래피의 범람은 성을 완전히 투명하게 만들고 인간 신체의 어떤 부위도 더 이상 모호하게 남겨두지 않는다. 포르노는 성의 엑스레이 같은 것이다. 그것은 누드nude와 네이키드naked의 차이와 같다. 이 둘은 같지 않다. 네이키드는 아무것도 가리지 않은 벌거벗은 맨몸을 가리킨다. 하얀색 형광등 아래에서 수술대에 누운 사람의 신체처럼 말이다.

반면 누드는 네이키드가 될 수 있는 가능성을 말한다. 누드는 벗겨지고 있지만 아직 완전히 벗겨지지 않은 몸이다. 중요한 성적 부위를 가림으로써 그것은 욕망의 환상을 불러일으킨다. 그런데 욕망의 환상은 베일을 계속 벗겨내더니 마침내 신체의 모든 부위를 들추어냈고, 차갑고 정밀한 생물학적, 의학적 신체에 도달해 환상을 가질 어떤 것도 남겨두지 않게 되었다. 판도라의 상자에 담겨 있는 것들을 꺼내기 위해 온갖 소란이 있었지만, 맨 마지막에는 (아마도 여성의) 성기가 찍힌 사진이 있었을 뿐이었다.

　　보드리야르에 따르면 비슷한 궤적을 따라 미술에서도 같은 일이 벌어졌다. 미술의 욕망, 즉 인간이 미술을 통해 실현하고자 하는 욕망은 사물들의 감추어진 면들을 드러내 보이는 것이다. 사물들과 인물들을 재현하고 변형하고 분해했던 서구 근대 미술의 긴 역사가 이러한 욕망 위에서 전개되었다. "예술에 있어서 근대성의 파티는 대상과 재현의 자신만만한 해체에 있었다."[20] 아마도 그 최종 도착지는 피카소가 사람들의 얼굴과 몸통을 이러저리 잘게 조각내서 분해한 다음 다시 이차원의 표면 위에서 합성했던 무렵 어디쯤일 것이다.

　　"이러한 두 가지 강력한 배치 — 욕망의 광경, 환상의 광경 — 가 동일한 트랜스섹슈얼, 트랜스에스테틱transaesthetic한 음탕함, 가시성의 음탕함, 모든 사물의 가차 없는 투명성을 위해 사라질 때까지 계속되었다."[21] 여기에서 보드리야르가 '트랜스trans-'라는 접두어를 사용한 것은 이중적인 의미에서이다. 우선, 앞서 말한 것처럼 성이나 이미지가 투명해져서transparent 더 이상 신비로울 것이 없다는 의미이다. 다음으로, 그래서 그것이 품고 있었던 어떤 내적 구분 또는 외적 한계를 '넘어서는' 지점에 도달했다는 의미이다. 성에서는 남성과 여성의 구분이 무너지고 양자가 투명성 위에서 혼합되었다. 회화에서는 가시적 이미지와 비가시적 본질의 경계가 소멸되고, 모든 것이 이미지 위에 투명하게 병치되었다.

　　간단히 말해 현대 미술은 파티에 너무 늦게 도착했다. 감추고 벗기는, 정숙한 외양 속의 음탕한 잔치가 끝나고 난 뒤 새벽 해가 비치는 파티의 스산한 현장에는 모든 것이 적나라하게 보이는 신체 부위

앤디 워홀,
<색칠한 모나리자>,
1963

와 이미지가 되어 널부러져 있다. 보드리야르가 보기에 미술은 현대에 더 이상 할 수 있는 것이 없다. 아니 없어야 옳은 일이다. 모든 것은 단순히 이미지일 뿐이며, 그 이면에 밝혀내야 할 감추어진 것은 없다고 선언하고 자신의 소멸을 순순히 받아들이는 것이 미술이 해야 할 최종적인 임무인 것이다.

그러나 일은 다른 식으로 흘러갔다. 현대 미술은 자기 자신이 아무것도 아니라는 것을 인정하지 않았다.[22] 이를테면 화면 가득 한 가지 색깔을 칠해놓고는 그것이 심오한 이념과 감정을 담고 있는 양 미술 관계자들은 폼을 잡기 시작했다. 갤러리 관장, 큐레이터, 미술사학자, 미술이론가, 옥션 관계자, 컬렉터 그리고 미술작가들은 그럴듯한 말들을 만들어냈다.

이것은 치밀하지는 않을지라도 광범위한 규모의 사기극, 거대한 '공모'이다. 영어와 프랑스어에서 공모conspiracy라는 말은 어원상 '함께 숨쉰다'는 뜻이다. 다양한 특기를 가진 범죄자들이 모여 함께 카지노를 터는 케이퍼 무비처럼 이들은 전체 판을 깨지 않는 범위 내에서 각자 자신의 최종적인 이익을 계산하며 맹렬히 움직였다.

어쩌면 그들이 이렇게 할 수 있었던 것은 그들이 원했던 대로 이해해주는 사람들이 있었기 때문일 것이다. 보드리야르는 현대 미술이 작동하는 데에는 인간의 독특한 심리가 깔려 있다고 지적한다. "이 모든 것은 진실이 되기에는 지나치게 명백해서 진실로서 받아들여질 수 없다. … 그 아래에 어떤 신비가 있음에 틀림없다."[23] 눈앞에 이미지가 있을 때 사람들은 그것을 단순히 있는 그대로 받아들이지를 못한다. 왜냐하면 인간은 의미를 추구하는 동물이기 때문이다.

보드리야르의 이 지적은 명백히 니체의 종교 비판을 변용한 것이다. 니체가 보기에 신이 인간을 만든 것이 아니라 인간이 신을 만들었다. 인간이 신을 만든 것은 이 세계는 그 자체로는 어떤 의미도 없다는 차가운 사실을 인간이 받아들이지 못하기 때문이다. 그래서 인간은 이 세계를 만들어서 돌보고, 착하게 산 사람들을 칭찬해줄 신의 존재를 만들었다. 이것이 니체의 니힐리즘이다.

이런 배경에서 보자면 보드리야르는 현대 미술을 종교적 현상으로 간주하는 셈이다. 미술관 안에 있는 나무와 철의 조립품에서 어떤 심미적 아우라를 느끼는 관람객은 나무로 된 십자가에서 신의 목소리를 듣는 신도와 같다. 인간은 무의미한 사실보다 주조된 의미를 선호한다.

속을 준비가 기꺼이 되어 있는 관객들 앞에서 작가와 큐레이터와 갤러리 관장과 평론가는 서둘러 어떤 공모에 가담한다. 예술작품은 아무것도 아니지만, 아는 사람들만 아는 것으로 하기로 한다. 그러한 은밀한 확인, 비밀을 소망하는 순진한 관객들 뒤에서 몰래 내뱉는 비웃음, 사실은 지갑을 열게 만들기 위해 캔버스에 발라놓은 물감칠, 그러한 것이 예술작품의 본질이 된다.

    동방예의지국에서 태어난 한국 사람들은 윙크를 잘 하지 않지만, 서양 사람들은 윙크를 일상에서도 자주 한다. 말하는 내용의 겉뜻과 속뜻이 다를 때, 누군가를 장난 삼아 속이면서 우리끼리는 괜찮다고 신호를 줄 때 윙크를 주고받는다. 예술은 윙크 같은 것이다. 예술작품은 아무것도 아니라는 것을 관객 빼고 확인하는 윙크 같은 것이다. "예술이 할 수 있는 전부란 최종적인, 역설적인 윙크를 하는 것이다. … 가장 인공적인 형태(반어)를 하고 있는 자기 자신과 자기 자신의 사라짐을 향해 웃는 예술의 윙크."[24]

    그런데 여기에 다시 한번 반전이 있다. 그러한 반어 자체도 현대 미술을 구성하는 요소가 되는 것이다. 예를 들어 백남준이 그 특유의 웃음을 터트리며 "예술은 사기다"라고 말했을 때 이 말은 다시 여러 논평과 주석을 낳았다. 보드리야르는 이것이 "현대 미술의 이중성"이라고 말한다. 현대 미술은 아무것도 아니라는 언명이 두 겹으로 포장되어 있다. 일단 그것은 아무것도 아닌데, 그 바깥으로 다시 '그래 인정해, 이것은 아무것도 아니야'라는 언명이 둘러져 있다. 마치 아무것도 쓰여 있지 않은 편지지가 '아무 내용도 들어 있지 않습니다'라고 적힌 편지봉투 안에 들어 있는 것처럼. 이것은 이중의 신비감을 불러일으키겠지만, 보드리야르의 냉혹한 비판에 따르면 이것은 "평범함의 제곱"일 따름이다.

    이미지는 이미지일 뿐이다. 이미지와 개념 사이에는 아무런 연관도 존재하지 않는다. 이러한 허무주의적 진실은 차갑고 냉정하다. 필요한 것은 이 앞에서 솔직한 태도를 취하는 것뿐이다. 그 사실을 명백한 것으로 받아들이고 그 사실을 진술하는 것이다. 보드리야르가 앤디 워홀을 높게 평가하는 이유가 여기에 있다. "워홀은 무無를 이미

앤디 워홀, <마릴린 먼로 연작>, 1967

지의 한복판으로 다시 도입했다는 점에서 그는 진정으로 아무것도 아니다."[25]

    그의 캠벨 수프 통조림 프린트나 마릴린 먼로 판화 연작은 이미지는 이미지로서 반복될 뿐 그 어떤 이념이나 목적을 향해 나아가지 않는다는 점을 보여준다. 대량 공산품이나 유명인의 얼굴이 차이 속에서 반복되는 그의 작품들은 뉴욕의 쇼핑가를 걸어보면 쉽게 이해된다. 대중적인 브랜드의 옷가게에서 같은 디자인의 티셔츠를 색상환처럼 각양각색으로 전시해놓은 것과 별반 다르지 않다. 그는 가치 없음, 의미 없음 자체를 예술작품으로 끌어들이고, 예술의 사건으로 만들었다. 그에 반해 대부분의 예술가는 상업적인 태도를 취한다. 그들은 이미지들을 판매 가능한 상품으로 포장한다.

    물론 아이러니하게도 앤디 워홀은 이후 가장 상업적인 성공을 거둔 예술가가 되었다. 그는 순수예술과 엔터테인먼트의 교집합으로서 팝아트를 개척했다. 하지만 앤디 워홀의 커다란 성공은 보드리야르에 대한 비판이 되지 못한다. 보드리야르라면 다시 한번 무가치와 무의미를 마켓 한복판으로 빨아들이는 현대 미술의 잡식성과 건재함의 증거일 뿐이라고 말할 것이다. 그는 순수함이 존속할 수 있을 것이라고 기대하지 않는다. 순수한 태도는 아주 잠시 나타날 뿐이다.

보드리야르의 비판 역시 아이러니하게도 예술 실천을 위한 또 하나의 지침이 되었다. 이를테면 미술계 내지 미술관이라는 제도 자체를 의심하고 비판하는 것은 오늘날 미술작가가 기본적으로 장착해야 할 태도가 되었다. 이는 미국 골든 글로브나 에미 시상식 오프닝의 모놀로그 코미디 같은 것이다. 최근 이 코미디들은 주최측을 놀리고 비아냥거리는 것을 필수적으로 포함한다.

예를 들어 미국 골든 글로브에서 다섯 차례나 사회를 봤던 리키 저베이스는 2016년과 2020년 시상식의 모놀로그에서 시상식이 너무 지루하다며 요즘 세상에 이걸 누가 보냐고 끊임없이 투덜댔다. 그는 이 시상식을 주최하는 할리우드 외신기자협회에 대해 "이들은 뇌물을 받지 않습니다, 공식적으로는"이라고 말했다(실제로 뇌물 사건이 있었다). 그리고 골든 글로브를 방송하는 NBC에 대해서 가장 공정한 방송국일 것이라고 칭찬했다. 왜냐하면 당시 시상식에 그 방송국의 후보작이 단 한 개도 오르지 않았기 때문이다. 여기에는 물론 진행자의 자기 비하도 포함된다.

이렇듯 자기 자신과 주최측을 향해 독한 풍자를 하고 나면, 이후 이어질 배우와 작품에 대한 대대적인 농담과 풍자에 대한 면죄부를 얻게 된다. 예를 들어 조니 뎁이 주연한 영화에 대한 짧은 몇 마디 안에 여러 차례 반전이 있는 농담이 있었다. "그 영화가 엉망이라고 하는데, 사실 저는 잘 모르겠습니다. 저는 안 봤거든요. 하긴 누가 보겠어요. 조니 뎁, 당신은 그 영화 봤어요?"

마찬가지로 세계 여러 나라의 비엔날레에서는 미술 제도를 공격하는 전시와 퍼포먼스가 넘쳐난다. 미술관 바깥의 비포장도로에 작품을 전시하기도 하고, 작품 수장고에서 작품을 꺼내 트럭에 실은 다음 미술관을 한 바퀴 돌고 다시 미술관 창고에 들여다놓는 퍼포먼스 등이 있었다. 하지만 미술관이라는 기관과 제도에 대한 의문, 비판, 풍자를 표현하는 이런 제스처는 현대 미술이 엄청난 잡식성이라는 사실을 일깨울 뿐이다. 이 잡식성 괴수는 SF 영화 장면처럼 자기를 공격하는 것들을, 오직 그것들만을 먹어치우면서 덩치를 키운다.

보드리야르가 어디선가 소스타인 베블런과 자신의 차이를 말하기는 했지만, 기본적으로 보드리야르의 차가운 관찰은 베블런의 『유한계급론』의 신랄한 비판과 공명한다. 베블런은 자본주의의 근본적인 동력이 막스 베버가 말한 것처럼 프로테스탄티즘의 검소와 성실에 있기는커녕 낭비와 사치에 있다고 주장했다. 부자들은 과시적 소비를 통해 자신들이 특별하고 고귀하며 노동계급과 구별된다는 점을 끊임없이 입증하고자 한다. "명성을 획득하기 위해서는 반드시 낭비를 해야 한다."

스스로 문명인임을 과신하는 이들도 사실상 야만인과 다르지 않은데, 타인에 대한 폭력과 차별에 큰 매혹을 느낀다는 점에서 그렇다. 다만 그 방법이 충분한 금전력으로 보장되는 여가와 취미라는 점이 다를 뿐이다. 더 나아가 체제 전체로 보더라도 자본은 자기 증식을 위해서 끊임없이 새로운 욕망을 창출해야 하고, 이는 사치품의 생산과 소비로 귀결된다.

베블런이 분석하는 소비 패턴은 주로 건축물, 의복, 식사 도구와 예법, 스포츠, 보석, 정원 같은 것들이다. 예술작품이 직접 언급되는 곳은 많지 않지만, 다음의 인용문은 예술시장에도 동일하게 적용될 수 있다. 한 세기가 지난 지금 미술작품의 상한가가 수천억 원에 이르는 상황을 볼 때 더욱 그러하다.

> 값비싸고 아름답다고 여겨지는 물건을 사용하고 감상하는 것에서 얻는 우월한 만족감은 보통 미를 명분으로 내세워 은폐한 고가품에 대한 만족감이다. 뛰어난 물건을 높이 평가하는 것은 아름다움에 대한 순수한 평가라기보다는 흔히 이 물건의 뛰어난 명성에 대한 평가라 할 수 있다.[26]

보드리야르가 말하려고 했던 것의 핵심은 이미지는 스스로 사소한 것으로서 반복될 뿐이라는 사실이다. 예를 들어 모나미 볼펜은 가격을 올린 한정판으로 반복된다. 이미지와 개념 사이의 관계 같은 것은 존재하지 않는다. 그것을 억지로 연결시키는 것, 또는 그러한 아우라가 풍기도록 유지하는 것은 갤러리 관장, 큐레이터, 미술사학자, 미술비평가, 소수의 구매자로 구성된 제도의 공모이자 협잡이다. 보드리야르의 예술론은 예술의 종말을 선언하고 미학의 기만을 고발한 반反미학이라 할 수 있다. 하지만 자연스럽게 현대 미술은 다시 이것을 미학적 원칙으로 삼아 자신의 영토를 확장한다.

> 예술 자체도 현대에는 그 사라짐의 기초 위에서만 존재한다. 실제적인 것을 사라지게 하고 그것을 단지 다른 풍경으로 대체하는 예술뿐만 아니라, 자기를 실천해가면서 저절로 없어지는 예술. … 오늘날 예술은 이미 사라졌지만 자신이 사라진 줄 모르고 있고, 게다가 더 황당하게도 혼수상태에 빠진 채 자신의 길을 계속 가고 있기 때문이다.[27]

4.

시뮬라크르 개념과 관련하여 두 철학자를 언급할 필요가 있다. 보드리야르와 들뢰즈는 모두 이 개념을 중요하게 사용했다. 들뢰즈의 경우는 특히 『차이와 반복』과 『의미의 논리』에서 전개한 전기 사상에서 그렇다. 두 철학자가 공히 이 개념을 중요하게 활용한 것은 이것이 서양철학의 큰 기둥을 이루었던 플라톤 철학을 전복하는 지렛대 역할을 하기 때문이다.

앞서 말한 것처럼 시뮬라크르는 모델을 닮지 않은 나쁜 이미지, 모델로부터 멀리 떨어져서 방황하는 사소한 것들을 의미한다. 이것들은 원본과의 유사성에 의해 규정되지 않으며, 들뢰즈의 표현을 빌리면 "차이와 반복"에 의해서 규정된다. 즉 자기 자신과의 차이를 반복할 뿐이다.

앤디 워홀의 작품은 이 점을 잘 보여준다. 예를 들어 그의 마릴린 먼로 판화 연작에서 이미지들은 마릴린 먼로라는 인격을 재현하는 것이 아니라, 파란색의 프린트에서 핑크색의 프린트로 옮겨가도록 관람객을 이끈다. 그리고 우리에게 마릴린 먼로의 진정한 인격이나 개성은 알 수 없는 표면에 머물고 있다는 느낌, 또는 우리를 그렇게 피상적인 수준에 머물도록 만드는 매스미디어의 문화 안에서 살고 있다는 깨달음을 준다.

대부분의 팝아트가 그렇듯이 이 작품 역시 이중적이고 모호한 태도를 유지한다. 즉 사람들은 대중문화의 피상성을 비판적으로 깨닫거나, 또는 반대로 그것이 주는 피상적 쾌감을 다시 한번 향유한다. 감상자가 어떤 쪽에 서 있든 판화 연작은 하나의 이미지에서 다른 이미지로 넘어가면서 그 차이와 반복 안에서만 심미적 의미를 갖는다.

신이라는 오래된, 결정적인 중심이 사라진 후 무신론적 사유의 극단에서 허상은 존재자들을 규정하는 새로운 위상을 획득하게 된다. 들뢰즈는 현대철학의 환경을 다음과 같이 단적으로 말했다. "플라톤주의를 전복하는 것은 허상을 표면으로 떠오르게 만드는 것을 의미한다."[28]

하지만 이 개념을 사용하는 두 철학자 사이에는 어조상의 큰 차이가 있다. 보드리야르에게 이 개념은 현실과 상상 사이의 거리의 소멸, 실재와 복사의 혼동을 의미하고, 이것은 현대사회의 저주, 환상, 착각을 의미한다. 아무것도 아닌 것들이 어떤 모델을 만들고, 현실은 거꾸로 이러한 모델에 입각해 형성되고 이해된다. 하지만 이것은 거의 피할 수 없는 일종의 '초월론적 환상'이다.

인간의 마음에 내재한 초월론적 환상에 대해서는 칸트가 비판한 바 있다. 그에 따르면 지성이 개념의 통일 작용을 할 때 경험 너머로 나아가는 성향이 있고, 이것은 인간 인식능력에 내재된 초월론적 환상이다. 칸트에 따르면 초월론적 환상은 제거될 수 없으며 다만 언제나 새롭게 경고되고 교정되어야 할 무엇이다. 보드리야르는 현대인들이 애지중지 다루는 이념들과 가치들 — 예를 들어 시장에서 상품들의 상징 가치, 또는 예술에서 소위 심미적 가치 같은 것들 — 이 사실은 이런 종류의 것이라고 비판하는 것이다.

반면 들뢰즈는 허상이야말로 잠재성으로 가득 찬 것이라고 본다. 그것은 불변의 형상으로부터 멀리 떨어져 있는 것, 즉 사건, 생성 그 자체, 동사 원형을 의미한다. 허상은 다른 허상과 새롭게 연결되면서 새로운 의미, 새로운 작동을 만들어내게 된다. 하지만 들뢰즈는 이 개념을 곧 포기한다. 그는 과타리와 함께한 중기 사상, 즉 『안티-오이디푸스』(1972)부터 이 개념을 사용하지 않는다.[29]

허상이라는 개념은 리좀, 다양체, 기계와 같은 개념들에 자리를 내어준다. 들뢰즈가 허상이라는 개념을 포기한 이유는 아마도 그것이 철학사에 너무나 깊게 박혀 있기 때문일 것이다. 들뢰즈에게 이 개념은 플라톤주의의 한계를 표시하고 그것을 역전시키는 과도기적 개념으로서 의미가 있다. 하지만 정작 허상에 어떤 긍정적인 힘이 있는지 말하기 위해서는 유사하지만 생산적인 내포를 지닌 다른 개념들로 옮겨가야 했다.

보드리야르에게 허상이 세계의 차이의 소멸, 열역학적 죽음을 의미한다면, 들뢰즈에게 허상은 순수한 차이들의 진동, 창조의 새로운 조건을 의미한다. 이것은 니체의 허무주의에 대한 두 가지 다른 해석이라고 할 수 있다.

재현의 문제와 관련해서도 보드리야르의 비관주의를 확인할 수 있다. 현대 프랑스 철학 전체의 문제의식은 재현주의를 넘어서는데 있다. 즉 존재, 인식, 실천의 근거를 인간 정신의 내면적이고 관념적인 산물인 재현으로부터 설명하는 근대 철학을 비판하고 그 대안을 마련하는 것이다. 다시 말하자면 인간을 둘러싸고 있는 것들과의 갈등과 협상 속에서 실천학이 구성되고, 인간의 바깥에서 들이닥치는 것으로부터 사유가 시작된다는 점을 해명하는 것이다. 대표적으로 들뢰즈는 이념적인 것과 강도적인 것의 차이와 반복에서, 푸코는 지식과 권력과 신체가 형성하는 삼중의 네트워크에서 그 답을 찾았다.

하지만 보드리야르는 재현이 소멸할 때 그 대안은 없으며, 오로지 인간과 사유와 예술의 죽음만이 있을 뿐이라고 생각한다. 왜냐하면 인간과 사유와 예술은 모두 재현에 근거하며, 재현을 벗어나서는 유지될 수 없기 때문이다. 그가 보기에 인간은 재현의 주체가 아닌 다른 것이 될 수 없고, 사유와 예술은 재현과 실재 사이에서 유희하는 것이다.

따라서 재현 또는 모방이 실재에 근접하고, 심지어 '시뮬라시옹'이 실재를 집어삼킨다면 이로 인해 예술과 사유는 파국에 처하고, 그와 함께 인간도 소멸한다. "조만간에 더 이상 환상과 현실성 사이에

아타나소프-베리 컴퓨터

서 사유의 머물기도 없을 것이고, 또 대립이 일어나는 민감한 표면도 없을 것이다."[30]

인간은 단지 생물학적인 의미에서 생존을 추구하는 하나의 종으로 축소될 것이다. 더 나쁜 것은, 점점 더 빠른 처리 능력을 가지게 될 기계에 비해 인간은 열등한 종처럼 간주되리라는 점이다.

> 이 경우 우리와 우리의 신체는 멀리서 우리를 지배하는 기계장치의 환영지, 허약한 부속, 유치한 장애에 불과할 것이다. (마찬가지로 사유는 인공지능의 유치한 장애, 인간은 기계의 유치한 장애, 실재는 가상의 유치한 장애에 불과할 것이다.)[31]

이것은 인간과 기술의 상이한 본질 그 자체로부터 나오는 귀결이다. "살아 있는 존재의 속성은 자신의 가능성을 극단까지 밀어붙이지 않는 것이다. 반면 기술의 본질은 전체에 대해, 그리고 전체에 반대하여 자신의 가능성을 철저히 전개하고 불태우는 것이다."[32]

데카르트와 칸트는 모두 인간을 어떤 두 경계선 사이에 위치시켰다. 데카르트는 인간을 인간의 무한한 지성과 신의 무한한 의지 사이에 위치시켰다. 인간은 권리상 인식을 무한히 확장할 수 있으나 절대자의 무한한 의지를 알 수는 없다. 그 사이에서 인간의 (한계 없는) 과학과 (한계를 갖는) 윤리가 각각 수립된다. 쉽게 풀어 말하자면 '지식은 과감하게, 실천은 신중하게'가 될 것이다. 이것이 서구 근대인이 갖는 권리이자 책임이다.

이러한 유한과 무한의 상관적 정립은 칸트에게서 반복되고 이중화된다. 우선 인식의 차원에서 인간의 정신은 사물 자체는 알 수 없으며, 다만 그것에 대한 관념상의 재현을 가질 뿐이고, 우리가 갖는 진리란 재현상의 판단이 갖는 정합성을 의미한다. 다음으로 실천의 차원에서 행위는 현실적인 사물들과 환경 안에서 이루어지지만, 행위의 원칙은 절대적 정언명령을 이념으로 해야 한다. 비유하자면 인간은 돌부리에 걸려 이리저리 넘어질 수밖에 없지만 저멀리 하늘에 떠 있는 별을 길잡이 삼아 걸어야 한다.

이처럼 서구 근대 철학은 인간을 실재와 재현, 무한과 유한 사이에 위치시켰다. 근대 철학에서 사유는 재현의 산출이자, 그것을 이념에 비추어 보는 반성이었다. 그러나 현대에 들어와 진공관과 트랜지스터와 마이크로칩을 통해 더욱 가속화된 전자들의 운동이 재현을 압도한다. 인간은 상반된 두 개의 힘 사이에 사로잡혀 고심하는 존재였지만, 이제는 무한히 연결 가능한 회로 속에 위치한 정보처리 기계가 되어가고 있다.

보드리야르가 반복해 말하는 것은 재현의 사유가 연산의 회로로 대체되었다는 것이다. 간단히 말해 칸트는 아타나소프-베리 컴퓨터에 의해 살해당했다.[33] 그때부터 인공지능이 활약하는 오늘날까지 인간이 사라지고 있다는 소문이 끊임없이 들려오고 있다.

노상호, <The Great Chapbook 3 — elsewhere>, 2020

노상호 작가는 본인 말을 빌리자면 "먹지 같은 사람"이다. 그는 인터넷과 인스타그램에 떠돌아다니는 이미지를 따서 캔버스로 옮기는 작업을 한다. 그는 들어오는 이미지들과 내보내는 이미지들 사이에서 거의 시차 없이 즉각적으로 반응하는 이미지 제작자이고자 한다. 그는 아주 빠른 속도로, 그 대신 가능한 한 다양한 방식으로 이미지를 제작해 내보낸다. 이러한 이유에서 그는 활동하기 위해 수용하긴 하지만, 순수미술이라는 제도를 거의 신뢰하지 않는다. 작가는 작품을 캔버스의 형태로 전시하지 않고 의류 매장에서처럼 작품을 비닐 파우치에 넣어서 전시하거나 천 그대로 걸개그림처럼 널어놓기도 하는데, 이는 작품 역시 상품일 뿐이라는 점을 노골적으로 드러내기 위한 것이다. 그리고 일반적인 장르 구분에 구애받지 않고 순수예술뿐만 아니라 일러스트레이션, 만화, 그래픽노블, 3D 이미지 작업까지 넘나든다.

이 모든 구분선이 흐트러지는 이유는 그의 작업이 하나의 가상 이미지에서 다른 가상 이미지로 이어지기 때문이다. 전통적인 의미의 회화는 그에게는 너무 깊고, 그만큼 너무 좁다. 그는 얇게 그리고, 넓게 내보내길 원한다. 전통적인 회화가 인물이나 풍경의 재현이거나 또는 그것의 요소들을 추출해 추상적으로 재구성한 것이라면, 그의 작품의 소재는 디지털 스케이프에 출현하는 이미지들이다. 이 이미지들이 무엇을 재현하거나 지시하는지는 문제가 되지 않는다. 문제가 되는 것은 옮겨 그릴 수 있는 이미지가 있다는 것과 그것에서 느껴지는 약간의 정서이다. 노상호 작가와 그의 작품을 좋아하는 세대는 자신들이 자연스럽게 보는 것이 스마트폰의 올레드 액정 위에 뜨는 이미지들이라는 점을 긍정하고, 그것을 미술의 출발점으로 삼을 수 있는 권리를 주장하는 셈이다.

그의 최근 작업은 가상 세계로부터 역으로 현실 세계를 구성하는 새로운 방법이 종종 나타난다는 점을 환기시킨다. 최근 젊은 작가들이 에어브러시를 많이 사용하고 있는데, 그에 따르면 그 이유는 많은 디자이너가 포토샵 같은 프로그램에서 에어브러시를 사용해서 익숙하기 때문이고, 가상 세계의 물체성을 나타내기에 에어브러시가 유화물감보다 더 적절해 보이기 때문이다. 작가들은 에어브러시가 오래전에 회화 작업에 실제 사용되곤 했었다는 것을 사후적으로 발견하는 것이다. 또한 노상호 작가는 자신의 전시 제목에 숫자를 1, 2, 3… 순으로 붙여가는데, 그는 자신의 전시를 계속 업그레이드되어 출시되는 컴퓨터게임처럼 생각한다고 설명했다. 기존에 전시했던 작품도 조합 가능한 모듈처럼 새로운 전시의 다른 프로그램 안에서 다시 활용할 수 있다는 것이다.

노상호 작가의 작품은 디지털 미디어 시대의 이미지에 대한 감각을 반영한다. 그의 <The Great Chapbook 3> 연작은 기본적으로 인스타그램의 피드에 뜨는 이미지들을 군중상으로 재구성한 것이다. 보드리야르가 말한 것처럼 시뮬라크르들은 모바일의 작은 창을 뚫고 나와 자신의 존재를 주장한다. 이 주장은 빠르고 과시적이지만 취약해 보인다. 이 연작에서 인물들과 사물들은 휴일의 강변 공원에서처럼 한곳에 모여 있긴 하지만 서로 연결되어 있다는 느낌은 들지 않는다. 오늘날 스마트폰과 노트북이라는 칸막이로 분리되어 있는 사람들은 이 그림에서 어떤 군중에 속해 있다는 위안과 재미를 얻는다. 하지만 어쩌면 그것 또한 또 하나의 시뮬라크르인지도 모른다. 이 작품은 그러한 유희와 불안을 모두 담고 있다.[34]

2부　　　　　　　　감성의 원천

6장
압도 – 칸트의 숭고론

1.

뒤샹은 개념과 현대 미술의 본질적 관계를 이중의 의미에서 상기시킨다. (1) 미술은 이미지를 다른 공간으로 실어나르는 것이다. 그 새로운 공간은 규정할 수 없는 미감적 개념으로 가득 차 있다. 칸트의 용어를 빌려 이를 "심미적 이념aesthetical Idea"이라고 말할 수도 있을 것이다.[1]

(2) 투영의 목적지뿐만 아니라, 투영 또는 변환의 과정 자체가 하나의 추상적 개념에 의해 인도되고 진행된다. 리오타르가 강조하는 것처럼 에너지 전환의 관점에서 볼 때 남성 뒤샹은 여성 로즈 셀라비로 변환된다. 이런 방식으로 작가나 관객은 변환의 공식을 정의하고 개념적으로 담아내려고 시도할 수 있다. 과정을 담은 개념은 목적지의 개념보다는 좀 더 분명하게 규정할 수 있는 가능성이 있지만, 이는 한 작가가 자신의 작업 과정을 스스로 얼마나 명료하게 의식하고 있는지에 따라 좌우된다.

다시 말해 뒤샹은 이미지가 (1) 아직은 알 수 없지만 어떤 새로운 개념과 관계 맺도록 기획하는 것을, (2) 그리고 그렇게 새로운 공간으로 이동해가는 변환의 과정 자체를 작품의 내용으로 삼았다. 이 과정에서 새로운 이미지가 만들어지겠지만, 사실 이미지가 외형적으로 어떻게 변하는가는 그다지 중요하지 않다. 극단적으로 말해 이미지는 그 자체로는 거의 아무것도 변하지 않을 수도 있다. 잘 알려져 있듯이 뒤샹은 구입한 변기에 자신의 서명만 추가해 〈샘〉이라는 이름의 예술 작품으로 제출했다. 중요한 것은 변환되는 과정 또는 전치되는 운동이다. 이것은 작품 안에 개념적으로만 담겨 있다.

따라서 현대 미술작품 앞에 선 감상자는 두 가지 질문을 하도록 요청된다. (1) 저 이미지는 어디에서 출발하여 어떻게 변환되어 이 자리에 오게 되었는가. (2) 연산operation에 비견할 수 있는 작업 과정을 거치고 난 후 저 이미지는 이제 어떤 새로운 개념을 향해 있는가. 그런데 이는 예기치 않게 시간성과 관련된 문제를 제기한다. 현대 미술작품은 우리 앞에 현전하지present 않는다. 그런 의미에서 그것은 현재present의 시간 속에서 관객을 마주보고 있지 않다. 그것은 이전before과 이후after의 시간을 지시한다. 그것은 작품 이전의 작업 과정을 품고 있고, 작품 이후에 도래할 개념으로 향해 있다.

관객이 현대 미술을 감상하는 데 어려움을 겪는다면 아마 이러한 이유 때문일 것이다. 작품의 의미가 가까스로 재구성되는 것은 드물게나마 작가의 진술statement과 비평가의 해설을 통해서이다. 전시장에 놓인 작품은 관람객의 현재의 시간과 직접적으로 관계 맺지 않으므로 진술이 담고 있는 작품의 과거와 비평이 더듬는 작품의 미래를 끌어와야만 한다.

인상주의 그림들과 비교해보자. 그것들은 영원의 권능 아래 현재의 순간을 반복한다. 세잔의 그림만 하더라도 자연이 눈앞에 현전하는 과정을 매번 반복한다. 그것은 영원한 현재의 순간이다. 반면 뒤샹 이후 개념적 현대 미술은 관객을 향해 있지 않다. 작품의 시간 선은 관객의 시선과 수직으로 엇갈린다. 작품은 나의 시선 안에서 충만한 현재를 선사하지 않는다. 그 대신 관객은 작품이 과거에서 미래로 중계되는 과정을 엿보는 것이다. 현대 미술작품은 배달 중인 선물present 같은 것이다. 그것은 재료와 노력과 가공이 담겨 있어서 무엇이 들어

펠릭스 곤잘레스 토레스, <무제(LA의 로스의 초상화)>, Art Institute of Chicago, 1991
이 작품은 작가의 동성 연인이 에이즈 감염 이후 긴 투병 끝에 사망하자 작가가 그리움을 담아 만든 것으로 알려져 있다. 관람객은 사탕을 가져갈 수 있고, 전시 운영자는 사탕의 무게가 78kg이 되도록 주기적으로 사탕을 보충한다. 78kg은 작가의 연인의 생전 몸무게이다. 작품은 상실과 부활을 반복한다. 관객은 사탕을 먹는 순간에는 이 작품의 의미를 잘 모르겠지만, 작가의 진술이나 작품 의도를 따로 읽고 나면 그 의미를 알게 될 것이다.

있는지 궁금하긴 하지만, 나를 수신인으로 하지 않는 인공물이다. 그것은 어디론가 가고 있다.

  이러한 시간성은 1960년대 유럽 영화가 공유하는 것이다. 미켈란젤로 안토니오니, 루키노 비스콘티, 페데리코 펠리니의 영화에서 인물과 사건의 관계가 그렇다. 인물들은 한 사건에 대해 너무 늦게 인식하거나, 너무 일찍 기다리고 있다. 인물들은 이전과 이후의 시간 속에 살고 있다. 이 영화들은 후회로 인한 우울함 또는 긴장으로 인한 무기력을 보여준다. 현대 미술작품 앞에서 관객들도 그런 느낌을 갖는다. 이 작품을 이해하기에는 너무 늦게, 아니면 너무 일찍 보고 있는

안토니오니,
<일식>, 1962(위)

안토니오니,
<정사>(원제는 '모험
L'Avventura'),
1960(아래)

것이다. 작가가 실행한 개념적 변환을 이해하기에는 너무 늦었고, 작품이 새로운 개념과 관계 맺으면서 끌고 올 미래상을 예측하기에는 너무 이른 것이다.

  그러나 이러한 무능력의 경험은 단순히 좌절을 낳기 위한 것이 아니다. 그러한 무능력 속에서 새로운 능력을 분만하기 위한 것이다. 현대 영화와 소설의 시도가 그러하듯이 관객이 앞서 언급한 두 가지 질문을 직접 던지면서 스스로 창조적인 훈련을 하기를 희망하는 것이다. 그것은 변환과 전망의 능력을 배양하기 위한 것이다.

  알랭 로브그리예는 누보로망nouveau roman에서 연속적인 이야기가 파괴되고 순간적인 묘사가 그 자리를 대체하는 기법이 독자들을 좌절시키기는커녕 새로운 힘을 독자들에게 돌려준다고 설명했다. 이 언명은 관객의 시간 기대를 좌절시키는 현대의 개념적 미술에도 적용된다고 할 수 있을 것이다.

> 그에게 요구하고 있는 것은, 완성된 세계, 충만한 세계, 스스로 마감한 세계를 이미 만들어진 상태로 받아들이는 것이 아니라, 그와 반대로 창조에 참여하는 것이고, 이번에는 스스로 작품 — 그리고 세계 — 을 창작하는 것이며, 그리하여 자기 자신의 삶을 창조하는 것을 배우는 것이다.[2]

현대 미술에는 두 종류의 시간이 엉켜 있다. 이미지는 현재에 있고, 개념은 과거 및 미래를 가리킨다. 이미지는 매번 우리에게 현전하는 방식으로 현재의 시간에 있고, 개념은 작품을 보는 우리를 끊임없이 나누고 분할해서 과거와 미래의 시간으로 실어 보낸다.

들뢰즈는 시간에 대한 두 가지 이해 방식을 구별했는데, 이는 우리의 논의에 큰 도움을 준다. 시간에 대한 한 가지 관점은 크로노스Chronos이고, 또 다른 관점은 아이온Aiôn이다. 크로노스에 따르면 시간에는 오직 현재만이 실존한다. 과거와 미래도 시점만 옮겨갔을 뿐, 그것들 역시 다른 현재들이다. 이것은 물체의 상태와 관련된다. 크로노스는 물체에 원인들과 성질들이 혼합되어 있는 영원한 현재의 시점을 의미한다. 반면 아이온에 따르면 시간에는 오직 과거와 미래만이 내속한다. 매 순간 현재는 둘로 쪼개져서 과거와 미래로 분기되고 도주한다. 아이온은 사건의 시간이다. 사건은 물체 또는 신체의 표면에서 일어나지만, 이 사건으로 인해 그 물체는 이전과 이후의 시간으로 분열된다.[3]

그러므로 세잔과 뒤샹 이후 현대 미술의 두 가지 극점이 무엇인지, 그 두 번째 의미가 여기에서 밝혀진다. 첫 번째 의미는 이미지와 개념 사이에서 방향을 정하고, 이것들의 종합을 시도하는 일이었다.

두 번째 의미는 시간과 관련된다. 그것은 현재, 그리고 과거 및 미래를 종합하는 일이고, 시간의 현전과 분열을 다루는 일이다. 세잔은 이미지와 함께 크로노스에 영원히 머물고자 한 반면, 뒤샹은 개념의 힘으로 아이온을 따라 변신을 일으키고자 했다. 이후 현대 미술의 각 작가마다, 개별 작품마다 크로노스와 아이온의 두 벡터를 더하는 다양한 관계와 비율이 존재한다. 어떤 작품은 영원한 현재 안에서 당신에게 충만한 환희를 선사한다. 반면 다른 어떤 작품은 지나온 과거나 다가올 미래로 당신을 실어나르면서, 달리는 자동차의 창문으로 들어오는 바람처럼 상실이나 희망을 느끼게 한다. 그리고 어떤 작품은 그 사이 어디쯤에서 타협이나 종합을 시도하며 위치한다.

2.

　　서양화과 졸업반 학생이 언젠가 말해주었던 이야기가 떠오른다. 서양화과 학부생은 졸업전을 위해 한 학기 동안 숱하게 야간작업을 한다. 대학 4년간 배우고 연마했던 실력을 종합해서 보여주는 자리이기 때문에 미대 학생들에게 졸업전은 큰 의미가 있다. 전시 날이 되면 예비 졸업생들은 마지막 에너지까지 쥐어짜내 준비한 작품을 벽에 걸고, 오랜만에 잘 차려입고 가족과 친구들 같은 관람객들을 초조하게 기다린다. 내 개인적인 소감을 말하자면 대학에서 소풍처럼 들뜬 분위기가 감도는 곳은 입학식과 졸업식을 제외하면 미대 졸업전이 거의 유일한 것 같다.

　　이 이야기의 슬픈 부분은 그 학생의 남자친구가 찾아왔을 때 시작된다. 꽃다발을 건네받은 작은 작가는 남자친구에게 조심히 묻는다. "작품 직접 보니까 어때?" 꽃다발이면 충분할 것이라고 생각했던 불쌍한 남자는 순간 자신이 이 세상에서 가장 어려운 상황에 처했다는 것을 깨닫는다. 그러고는 단어를 신중하게 고르며 말한다. "응? 음… 그림이… 그러니까… 크네." 안타깝게도 두 사람의 기분은 하염없이 멀어진다. 또는 언젠가 이미 이랬던 적이 있었다는 사실을 새삼 기억한다. 예술작품에 대해서 어떤 감상이든 말할 수 있겠지만, 막판 한 달 밤을 세워가며 창작에 매달렸던 사람이 듣고 싶은 말이 적어도 이런 종류는 아니었을 것이다.

두 연인이 서로 어색해진 이런 순간은 이 두 사람에게만 일어난 것이 아니다. 근대 서구인들 모두에게 일어났다. 17세기에 사물의 1차 성질(입자의 크기)과 2차 성질(색, 맛 등)이 구분되고, 이어 18세기에 인식적 감성과 심미적 감성이 분리된 것이다. 이러한 분리는 무엇보다도 칸트의 저서에서 가장 명시적으로 나타난다. 의미심장하게도 감성이라는 인식능력은 그의 3비판서 중 두 저서에서 상이하게 나타난다. 다시 칸트로 돌아가보자.

인식의 문제를 다루는 『순수이성비판』에서 감성은 외부로부터 "잡다를 수용"하는 능력을 의미한다. '잡다'라고 하는 이유는 지성으로부터 개념이 마중 나가서 무언가로 포착하지 않으면, 즉 통일성을 부여하지 않으면 감성에 의해 수용된 것이 잡동사니 같은 것으로 남기 때문이다. 여기에서 감성은 수동적이고 물질적이며, 지성의 능동적이고 통일적인 작용을 기다려야 한다. 그리고 지성의 주도하에 이루어지는 감성과 지성의 협동은 인식적 명제를 산출한다. 이 명제는 참과 거짓을 판정할 대상이 된다.

반면 감정(아름다움과 숭고함)을 다루는 『판단력비판』에서 감성은 상상력Einbildungskraft/imagination으로 통합되어 다루어지는데, 그 이유는 이제 이 인식능력이 오감을 통해 수용된 자료들을 가지고 스스로 하나의 이미지Bild/image를 형성한다는 것까지 함축하기 때문이다. 그리고 이렇게 형성된 이미지는 지성의 통제를 받는 것이 아니라, 지성이 산출하는 개념과 유희적 관계에 들어간다. 다시 말해 여기에서 이미지는 더 이상 수동적이거나 열등한 위상에 있는 것이 아니라 개념과 대등한 관계를 형성하며, 이들 사이의 미결정성과 지연 자체가 긍정적인 감정을 산출한다.

참고로 17-18세기에 상상력의 첫 번째 의미는 눈앞에 있는 것을 말 그대로 하나의 이미지로 통일적으로 그리는 것이었다. 오늘날에는 상상력이 지금 눈앞에 없는 것을 마음속으로 창조하는 능력을 의미하지만, 당시에는 이것이 상상력의 두 번째 의미였고, 19세기 낭만주의에 와서야 상상력의 이러한 의미가 강조되고 그 위상이 격상되었다. 상상력은 때로는 미래의 세계를 창조하는 것이기도 했고 때로는 과거의 전통으로 퇴행하는 것이기도 했지만, 어느 경우든 낭만주의는 상상력을 눈앞의 낙후된 현실에서 벗어날 수 있는 능력으로 새롭게 발견하고 그것을 높이 찬양했다.

요컨대 칸트에게서 감성은 두 가지 모습으로 나타난다. 한편으로는 수동적이고 스스로 통일성을 가질 수 없는 능력이며, 개념하에 포섭되면서 참과 거짓의 판단 대상이 된다. 다른 한편으로는 스스로 통일성을 형성할 수 있을 정도로 능동적이면서 지성과 대등한 관계로서 유희하고 아름다움과 숭고함과 같은 감정을 불러일으킨다. 이 두 가지를 과학적 영역과 예술적 영역에서 각각 작동하는 인식적 감성과 심미적 감성이라고 말할 수 있을 것이다.

과학자도 새로운 법칙을 정립해야 할 때가 있고, 예술가도 객관적 양의 관점에서 사물을 측정할 때가 있으므로 두 영역 사이에 겹쳐지는 지대가 물론 존재한다. 그러나 칸트는 두 영역이 뚜렷하게 구분된다는 점을 강조하면서 심미적 판단의 자율성을 확보할 수 있었고,

실제 근대 예술과 미학은 이 길 위에서 전개되고 다양화되었다. 칸트는 『판단력비판』의 초입부에서 심미적 판단의 보편타당성을 확보하기 위해서 다양한 방식으로 감성을 분할한다. 대표적으로 감성의 내용 또는 질료는 인식론으로 할당하고, 감성의 형식만을 미학에 남겨놓는다. 왜냐하면 칸트가 보기에 형식만이 보편성을 확보할 수 있기 때문이다. 칸트는 또한 인식적 감성은 대상과 관련되고, 심미적 감성은 오직 주체와만 관련되는 것으로 분할하기도 한다.

모든 사상운동이 그렇듯이 진선미의 근대적 분리에도 빛과 그림자가 있다. 단적으로, 도덕을 중심으로 진리와 예술을 종합했던 교회가 더 이상 갈릴레이 같은 과학자를 불러다 명령할 수 없게 된 것은 하나의 빛이라고 할 수 있다. 그러나 반대로 이제는 원자폭탄이나 인공지능같이 인류 사회에 지대한 영향을 미치는 기술의 문제에 윤리나 미학의 관점에서는 간접적이고 제한적으로만 개입할 수 있게 되었다는 것은 길게 드리워진 그림자라고 할 수 있다.

진선미의 근대적 분리는 감성이라는 인식능력 또한 분할하는 결과로 이어졌다. 질과 양을 담당하는, 그리고 특히 전자를 후자로 환원하는 방법을 발전시켜온 인식적 감성은 사물의 요소들을 분해해 감지하는 판명성distinctness을 강화하는 방향을 따라 상호 검증 가능한 데이터를 산출함으로써 근대과학의 발전에 중요한 역할을 담당했다. 반면 긍정적이거나 부정적인 감정들과 연관되어 삶의 생명력을 증감시키고 즐거움을 선사하는 역할을 하는 심미적 감성은 외부 감각 자료에 대한 뚜렷하고 직관적인 수용을 의미하는 명석함clarity과 결부되었으며, 인식적 감성과 별도의 성격과 기능을 가진 것으로 간주되었다.[4]

그런데 과연 인간 안에 있는 감성이라는 인식능력은 동음이의어처럼 서로 별 상관없이 두 가지 상이한 역할을 하는 것일까? 다르게 표현하자면 일상적 경험과 예술적 체험은 그렇게 다르기만 한 것일까? 감성의 통합의 문제는 칸트 이후의 철학자들에게 중요한 문제로 제기되었다. 2부에서 살펴볼 들뢰즈, 리오타르, 그리고 랑시에르는 새로운 감성론을 전개하면서 모두 감성의 원천을 향해 나아간다. "여기서 감성론의 두 가지 의미는 서로 뒤섞여 하나가 된다. 감성적인 것의 존재가 예술작품을 통해 드러나는 동시에 예술작품은 경험이나 실험으로 나타나는 상황이 벌어지는 것이다."[5]

3.

칸트의 『판단력비판』은 크게 두 부분, "심미적 판단력"과 "목적론적 판단력"으로 나뉜다. 이 책에서 우리의 관심사는 전반부에 있다. 후반부는 도덕과 연결되도록 짜여 있는데 오늘날 우리의 관점에서 볼 때에는 다소 의아하게 보인다. 미학과 도덕이 그렇게 자연스럽게 연결된다기보다는 칸트의 의도나 소망이 지나치게 강하게 개입된 것은 아닌가 하는 생각이 든다.

이 연결이 칸트가 의도한 것이라는 점은 분명하다. 앞서 말한 것처럼 칸트는 『순수이성비판』과 『실천이성비판』을 연결하는 다리에 『판단력비판』을 놓았다. 다시 말해 인식과 윤리 사이의 간격을 미학을 타고 건너려고 한 것이다. 그러므로 "목적론적 판단력"이 이 자리에 삽입되어 있는 취지는 칸트의 전체적인 기획 의도 속에서 이해할 수 있다. 반면 현대 프랑스 사상에서 미학과 윤리의 연관은 다른 방식으로 이루어진다. 이 점은 잠시 후에 살펴보기로 하자.

앞서 말했듯이 현대 프랑스 미학과의 연관 속에서 우리의 관심은 『판단력비판』의 전반부인 "심미적 판단력"에 집중된다. 이 부분은 다시 둘로 나뉜다. 전자는 아름다움에 관한 논의이고, 후자는 숭고에 관한 논의이다. 아름다움에 대해서는 이 책의 1부에서 다루었다. 상상력과 지성의 자유로운 유희가 아름다움의 감정을 낳는다. 상상력과 지성 사이에 만들어진 유희의 공간 속에서 이 둘은 협력하며 특정한 관계 내지 비율을 형성함으로써 조화로운 느낌, 즉 아름다움을 주는 것이다.

반면 숭고는 전혀 그렇지 않다. "아름다운 것에 대한 취미는 고요하게 관조하는 마음을 전제하고 이를 유지하는 반면, 숭고한 것의 감정은 대상의 판정과 결합된 마음의 움직임을 그 특성으로 지니기 때문이다."[6] 숭고는 운동과 동요, 심지어 어떤 파열을 가리킨다. 왈츠의 아름다움이 떠다니던 무도회장, 또는 평화롭게 마음을 고양시키는 피아노협주곡이 흐르던 콘서트홀에 압도적인 무엇인가가 쳐들어와 덮치고 휩쓸어 간다.

그렇다면 숭고the sublime란 무엇인가? 칸트에 따르면 숭고란 "단적으로 큰 것"을 가리킨다.[7] 또는 숭고는 그런 것을 볼 때 느끼는 감정이기도 하다. 여기에서 '단적으로'라고 번역된 말은 곧이곧대로 옮기자면 '절대적으로absolut'라는 말이고, 이는 '상대적으로'라는 말의 반대말이다. '상대적으로 크다'는 말은 어렵지 않다. 그것은 이를테면 3은 2보다 크고, 152층은 151층보다 높다고 말하는 경우에 해당한다. 어떤 하나의 실수實數에는 늘 그것보다 큰 수가 있으므로 수의 세계는 '상대적으로' 크고 작은 세계라고 할 수 있다.

그렇다면 '절대적으로 크다'는 말은 어떤 의미일까? 그것은 어떤 기준이 있고, 그 기준에 비해 크다는 뜻이다. 여기에서 기준은 인간의 인식능력상의 기준을 의미한다. 주의해야 할 점이 있는데, 칸트는 지금 수학이 아니라 인간학에 대해 말하는 중이다. 즉 우리는 지금 크

바티칸의 성베드로대성당

기나 힘 자체가 아니라, 인간이 크기나 힘을 대하는 태도 또는 그럴 때 생기는 감정에 대해 이야기하고 있는 것이다.

절대적으로 크다는 것은 인간의 일상적이고 표준적인 상상력의 범위를 넘어선다는 뜻이다. 칸트가 든 예는 이집트의 피라미드나 바티칸의 성베드로대성당, 그리고 난폭한 태풍과 폭발하는 화산 같은 것이다. 앞의 두 예는 크기가 큰 것이어서 '수학적 숭고'라고 부르고, 뒤의 두 예는 힘이 센 것이어서 '역학적 숭고'라고 부른다. 이런 거대한 대상들은 그 앞에 선 인간이 전체의 이미지를 그리려고 할 때 손쉽게 인간이 이미지를 그리는 능력, 즉 상상력의 범위를 넘어선다.

'사람마다 그 기준이 다를 텐데?'라고 반문할 수 있다. 물론 그 기준의 구체적인 크기는 개인마다, 문화권마다 다를 수 있다. 예를 들어 피라미드에 가까운 동네에 사는 사람은 그렇지 않은 사람보다 더 높은 것을 봐야 놀라긴 할 것이다. 하지만 얼마이든 간에 그러한 크기의 기준이 있다는 것 자체는 보편적이다. 숭고의 감정은 인간의 마음

속에 그러한 주관적인 척도가 있기 때문에 성립한다. 아름다움도 그렇지만 숭고도 사물 자체의 성질이 아니다. 칸트에게서 진리, 도덕 그리고 미감은 모두 인간의 보편적인 마음의 구조로부터 나온다.

숭고를 설명하는 칸트의 또 다른 구분법이 있는데 이를 살펴보자. 칸트에 따르면 숭고함을 선사하는 '단적으로 큰 것'은 포착apprehensio은 할 수 있지만, 포괄comprehensio은 할 수 없다. prehend는 어원상 무언가를 잡는다는 뜻이고, ap-는 하나씩 덧붙여간다는 뜻이다(점진적 파악). 반면 com-은 한번에 붙잡는다는 뜻이다(전체적 파악). 우리가 수십 층의 건물을 한 칸씩 올라가본다면 하나씩 세어가면서 그 건물의 전체 층수가 얼마나 되는지 포착할ap-prehend 수 있을 것이다. 그런데 건물 바깥으로 나와 어느 정도 거리를 두고 그 건물을 올려다보면서 세어간다면 우리의 눈은 어느 순간부터 세던 층을 놓치게 될 것이다. 인간이 이미지를 전체적으로 그리는 능력에는 한계가 있고, 그 한계를 벗어나면 이미지의 세부 사항을 놓치게 되기 때문이다. 이런 의미에서 그러한 건축물을 포괄할com-prehend 능력이 우리에게는 없다.

어떤 대상이 우리의 상상력 속에 있는 크기를 넘어섰을 때 그것은 숭고하게 나타난다. 'sublime'이라는 말 자체가 '문턱limis 아래에서sub- 위쪽으로 올려다보다'라는 뜻에서 나왔다. 영어 'sublime'에는 알프스산맥의 이미지가 배어 있다. 16세기 유럽 문화의 중심지는 피렌체였다. 그래서 섬나라 영국의 귀족 자제들은 하인과 말을 대동하고 이탈리아 단기 유학을 다녀오는 것이 유행이었다. 거의 평지밖에 없는 '촌구석'에서 살던 이들이 이탈리아로 가기 위해서는 스위스의 높은 산맥을 거쳐야 했다. 그들은 인터라켄 같은 마을에서 거의 수직으로 솟아오른 산을 올려다보고는 큰 충격을 받았다. '이 세상에 저런 것도 있구나!'[8]

카스파 다비드 프리드리히, <바닷가의 수도사>, 1810

알프스산맥 아래에서 청년들이 느꼈을 압도와 당혹의 감정이 칸트가 숭고에 주목한 이유이다. 앞서 칸트의 인식능력 이론을 설명한 바 있다. 감성은 감각 자료를 바깥으로부터 받아들이고, 상상력이 이것을 하나의 통일체로 종합하면 지성은 이에 상응하는 개념을 내보낸다. 어떤 개념이 마중 나가 맞아떨어지게 규정할 때 이것은 인식이 된다("저것은 사과이다"). 반면 개념과 이미지가 맞아떨어지지 않고 서로의 주위를 맴돌며 유희할 때 그것은 아름다움의 감정을 불러일으킨다("저 장미꽃잎들이 지독히도 붉은색을 하고 저렇게 모여 있다니, 마치 뭔가…"). 그런데 숭고는 감성이 받아들인 감각 자료들이 상상력의 범위를 넘어설 때 느껴지는 감정이다. 그것은 상상력을 초과하고 지성을 무력화한다.

이런 이유에서 그 대상은 처음에는 불쾌함을 준다. 보는 자가 지닌 마음의 능력을 왜소하게 만들고 한계를 느끼게 만들기 때문이다. 그러나 숭고라는 감정에는 이상한 역전 내지 도착이 있다. 그러한 유한성의 체험은 곧이어 자기 밖에 있는 무한한 것에 대한 생각을 가져오기 때문이다. "아, 내가 그동안 알고 있었던 것과 이미지를 그릴 수 있었던 것은 별게 아니었구나. 세상엔 엄청난 게 많네." 칸트의 표현을 빌리면 이것은 "무한의 부정적 현시"이다.

여기에서 '부정적'이라는 말은 '부정적 감정'과 같은 표현에서처럼 가치론적 의미를 갖는 것이 아니라, '영어 not은 부정어'라고 할 때처럼 논리적인 표현이다. 예를 들어 '망고는 노란색이다'라고 말하면 이는 망고를 '실정적positive'으로 규정하는 것이지만, '망고는 빨간색은 아니다'라고 말하면 이는 망고를 '부정적negative'인 방식으로 서술하는 것이다. 즉 여기에서 칸트가 '무한의 부정적 현시'라고 말하는 이유는 무한성을 그 내용을 채워 실정적으로 떠올리는 것은 아니기 때문이다. 나의 마음은 말 그대로 '네거티브'필름처럼 단지 나의 유한성의 역전된 인화인 듯 저 바깥에 있는 무한정한 어떤 것을 향하게 된다는 것이다.

칸트는 숭고가 우리 안에 있는 도덕의 소질을 나타낸다고 생각한다. 왜냐하면 그가 『실천이성비판』에서 본격적으로 전개한 바에 따르면 도덕이란 절대적이고 무한한 것에 대한 존경에서 성립하기 때문이며, 인간에게 그러한 도덕의 소질이 있다는 것이 숭고의 감정에서 발견되기 때문이다.

> 숭고한 것이란 그 표상이 마음으로 하여금 자연의 도달 불가능성을 이념들의 현시로 생각하도록 규정하는 (자연의) 대상이다. … 우리로 하여금 이 현시를 객관적으로 성립시킬 수는 없지만, 주관적으로 자연 자신을 그 전체성에서 어떤 초감성적인 것의 현시라고 사고하도록 강요한다.[9]

이처럼 숭고의 감정에서는 감성으로부터 시작된 상상력이 특이하게도 지성을 넘어 이성과 관계 맺는다. 간략하게 말하자면 숭고의 감정은 초감성적인 인식능력을 폭력적으로 불러온다.

이렇게 해서 숭고의 감정은 역전된다. 숭고한 대상 앞에 선 사람은 처음에는 무능력을 경험하면서 불쾌함을 느끼다가, 무한성에 대한 암시를 체험함에 따라 능력이 전체적으로 확장되면서 즐거움을 느낀다. 숭고는 역동적인 감정이고 도착적인 정서이다. 그것은 불쾌함에서 나오는 즐거움이다. "이 즐거움은 생명력들이 일순간 저지되어 있다가 곧장 뒤이어 한층 더 강화되어 범람하는 감정에 의해 산출"된다.[10]

숭고의 폭력적이면서도 재구성적인 성격에 주목한 현대 프랑스 철학자들이 있다. 대표적으로 들뢰즈와 리오타르가 그렇다. 이 두 철학자는 모두 형식의 안정성과 보수성을 공격하고, 탈형식의 사유와 예술을 높이 평가했다. 우리의 삶에는 약간의 질서와 형식이 불가피하지만, 만들어진 형식은 곧 경화되고 삶의 가능성들을 질식시킨다. 지적으로 활발하게 교류한 이 두 철학자는 각자 조금 다른 방식으로 형식은 단지 유용성에 따라 일시적으로 만들어진 것일 뿐이며, 삶은 형식보다 더 위대해서 형식 바깥을 가리키고, 형식 바깥으로 끊임없이 흘러넘친다는 점을 철학적으로 설명하고자 했다. 이들은 자신의 철학을 강력하게 지지하는 한 가지 요소를 칸트의 숭고론에서 발견한다.

[칸트의 숭고론에서] 능력들은 서로 직면하고 각각 자신의 극한까지 뻗친다. 그리고 근본적인 불일치 속에서 일치를 찾는다. 불일치의 일치는 『판단력비판』의 위대한 발견이며 칸트가 행한 마지막 전도이다. … 모든 능력의 규제되지 않은 활동, 그것

은 미래의 철학을 정의하게 될 것이었다.[11]

들뢰즈가 칸트의 숭고론에 미래의 철학의 씨앗이 들어 있다고 말한 것은 사실 그것이 이후 자라나서 니체의 디오니소스가 되었기 때문이다. 서양 미학사에서 각 시대를 대표하는 작품을 단 한 권씩만 고르라고 한다면 그 목록은 다음과 같을 것이다. 고대 미학은 아리스토텔레스의 『시학』이 대표하고, 중세 미학은 여러 책에 넓고 옅게 퍼져 있어서 한 권을 고르기는 어려울 것 같고, 근대 미학은 칸트의 『판단력비판』으로 집약되고, 현대 미학은 니체의 『비극의 탄생』에서 시작된다.

니체는 진리나 도덕을 추구하고, 그것을 세계를 받아들일 수 있는 중심으로 삼으려 했던 모든 철학자와 신학자에게서 삶의 약화된 본능을 감지한다. 니체가 보기에 그들은 이 세계의 끊임없는 생성을 감당할 수 없어서 영원의 진리와 피안의 종교로 숨어버린 것이다. 니체는 이러한 서양의 오래된 전통을 고발하며 다음과 같이 선언한다. "삶과 세계는 오직 미적 현상으로서만 정당화된다."[12] 이 문구는 『비극의 탄생』에서 가장 핵심적인 문장이자, 현대 미학을 여는 선언이다.

이렇게 해서 서양철학사는 인간을 데리고 진선미를 차례로 거쳐서 마지막 단계에 도달한다. 플라톤은 인간의 정신만이 진리에 접근 가능하다고 보았고, 칸트는 인간이 동물에서 벗어나 인간성을 체현할 수 있는 근거를 도덕에서 발견했다면, 니체에 이르러 비로소 감각과 예술만이 생성과 변화를 감당할 수 있는 주인공이 되어 무대에 나타난 것이다.

니체는 그의 첫 저작인 『비극의 탄생』에서 파격적인 주장을 내놓았다. 그리스 문화가 밝고 명랑하고 건강하다는 이유로 찬양했던 일반적인 이해를 공격하면서, 명랑성은 그리스 문화의 지극히 작은 부분에 불과하다고 비판한 것이다. 그는 고대 그리스의 문화를 분석하면서 크게 두 개의 힘 또는 예술 충동이 맞부딪치고 있다고 말했다. 예술 충동이란 인간에게 내재해 있는 '예술을 하려는 의지'를 뜻하는 말로 니체는 이러한 예술 충동을 아폴론적인 것과 디오니소스적인 것으로 구분했다. 이렇게 '맹목적인' 충동을 고유명사를 빌려와 명명하는 것이 좀 의아하게 느껴질 수도 있는데, 사실 이미 19세기 중반부터 예술 충동을 인격화해서 표현하는 것이 유행이기도 했다.

　아폴론은 빛의 신이다. 아폴론적인 것은 밝음, 형상, 개체, 기쁨, 꿈, 절제, 한정, 평온을 의미한다. 디오니소스는 술의 신이다. 디오니소스적인 것은 어두움, 반형상, 자기 망각, 고통, 도취, 과잉, 대지, 전체와의 합일의 방향을 의미한다. 아폴론적인 것은 밝고 명랑해 보이지만, 니체가 볼 때 이것은 삶을 피상적으로 이해하고, 삶의 근본적인 허무와 고통을 회피한 데 따른 것이다. 삶이 고통으로 차 있다는 사실을 회피하지 않으면서도 삶을 더욱더 사랑하는 태도는 디오니소스적인 것이다. 그리스신화에 따르면 디오니소스는 삶과 음악을 너무 사랑한 나머지 만취한 상태에서 반사교적인 태도를 보여 사지가 찢겨 죽었다.

　따라서 우리는 칸트에서 니체로 이어지는 두 개의 선을 나란히 그려볼 수 있다. 하나의 선은 칸트의 미론에서 니체의 아폴론으로 이어진다. 그것은 형식과 균형과 비례를 존중한다. 다른 하나의 선은 칸트의 숭고론에서 니체의 디오니소스로 이어진다. 그것은 탈형식과 과잉과 파열을 감당한다. 우리는 1부에서 이미지와 개념 사이의 공간이 어떻게 칸트의 미론에서 모습을 드러냈으며, 현대 프랑스 미학의 여러 이론이 어떻게 이 공간 안에서 다양하게 전개되었는지 살펴보았다. 이제 2부에서 우리는 칸트의 숭고처럼 무한 앞에 숨이 막히고, 니체의 디오니소스처럼 과잉의 힘이 신체를 뚫고 나오는 장면으로 나아가게 된다. 이미지가 개념을 압도하고 주어진 한계를 넘어서는 상황을 철학자들이 어떻게 자신의 이론 안에 수용하는지 살펴보고자 한다.

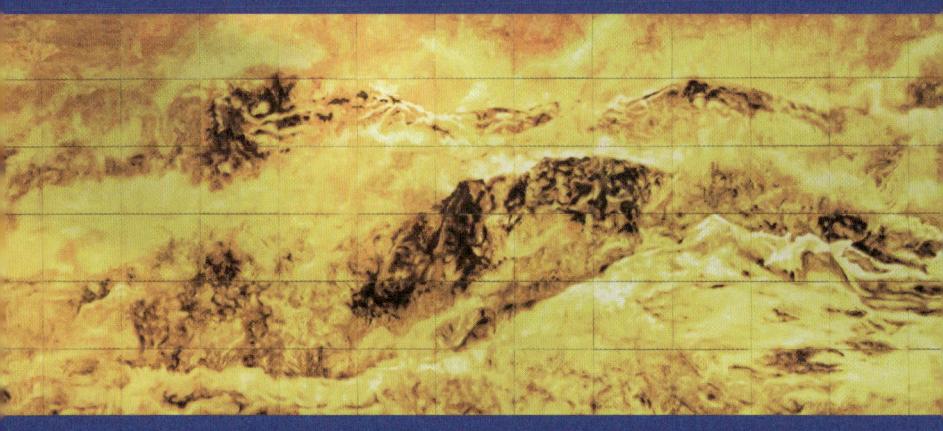

홍순명, <바다 태풍>, 2021

8장에서 보겠지만 리오타르는 숭고 개념과 관련하여 칸트의 이론을 심도 있게 참조하면서도 칸트와는 사뭇 다른 방향으로 그 개념을 전개했다. 숭고가 칸트에게는 '단적으로 큰 것'이었다면, 리오타르에게는 '단적으로 일어난 것'을 의미한다. 숭고한 것이 재현 불가능한 이유는 상상력의 범위를 넘어서고 개념적 인식능력과 불일치하기 때문인데, 칸트라면 그 이유가 그것이 너무 크기 때문이겠지만 리오타르에게는 사건이 일어나는 '지금'이라는 불연속적인 시간이 포착될 수 없기 때문이다.

홍순명 작가가 숭고를 주제로 삼아 그린 연작은 '큰 것'과 '일어나는 것' 양쪽에 걸쳐 있는 것으로 보인다. 우선 그가 '산들바람'과 '태풍'을 대비하며 인간에게 다정한 것이 크기와 힘이 커지면 인간이 감당하기 힘든 것이 될 수 있다는 점을 이야기할 때 그는 명시적으로 칸트적인 의미의 숭고를 생각하고 있다. 자연 사물들은 연속적으로 변할 뿐인데, 인간은 그 앞에서 태도를 달리하고 당황해한다는 점을 그는 '단적으로 큰 것'이라는 의미의 숭고에 담고 있다. 이를 통해 그는 우리가 평소에 갖고 있는 인간 중심적 기준과 사고를 간접적으로 비판하는 것이다.

그렇지만 다른 한편으로 그가 숭고의 소재로서 논란의 여지를 무릅쓰고 다른 것들보다 재난에 매혹을 느낄 때 그는 '단적으로 일어나는 것'이라는 의미의 숭고를 감각하고 있는 것으로 보인다. 그가 의식적으로 말하고 있지는 않지만, "거대한 재난에 역설적으로 이상한 아름다움이 있다"고 조심스럽게 말할 때 그는 재난이 품고 있는 절멸과 폐허의 이미지를 좋아하는 것인지도 모른다. 기존의 질서를 과격하게 단절시킬 수 있는 사건의 도래, 지루한 일상의 반복 속에서 지금이라는 시간이 새삼 느껴지는 강렬한 순간을 그는 그리고 싶은 것이다. 그는 우리에게 닥친 명백한 재난 상황에서도 우리가 그 상황에 묶이지 않고, 또는 차라리 그러한 재난 상황의 충격으로 인해 알게 된 것으로서, 우리가 우리의 유한성 너머로 여행을 떠날 수 있는 출발점은 오직 심미적 차원에 있다는 점을 보여주고 있다.[13]

7장
생성 – 들뢰즈와 프랜시스 베이컨

1.

들뢰즈는 감성에 포착되는 것을 두 가지로 구분한다. 바로 재인식되는 것과 재인식되지 않는 것이다. 우리는 어떤 것은 쉽게 알아보지만, 어떤 것은 그렇지 않다. '쉽게 알아본다'는 것을 철학 용어로는 '재인식recognition'이라고 한다. 들뢰즈에게 중요한 것은 재인식되지 않는 것들이다. 왜냐하면 재인식되는 것은 생각하도록 만들지 않기 때문이다. 재인식되는 것은 내가 이미 가지고 있던 개념이 마중 나가 어렵지 않게 처리한다. "저게 뭐야?" "응, 저건 책이지." 반면 재인식되지 않는 것이야말로 사유하도록 만든다.『이상한 나라의 앨리스』에서 앨리스는 서서히 사라지는 체셔 고양이를 보고 깜짝 놀란다. "저런, 저 고양이는 몸통부터 사라지고 웃음만 남았네." 공중에 떠 있는 웃음은 앨리스를 사로잡는다.

들뢰즈에 따르면 감성에서 올라오는 어떤 것으로부터 진정으로 사유가 시작된다. 요즘 정보과학이 말하는 것처럼 생각은 단순히 정보처리가 아니다. 미처 알지 못했던 것, 예기치 못한 난입으로부터 사유는 비로소 작동된다. 재인식되지 않는 것에는 다양한 종류가 있다. 연인 사이에서는 거짓말하는 것처럼 보이는 상대방의 얼굴 같은 것이다.[1] 사랑하는 사람이라면 그런 얼굴을 보고 나서 생각하지 않을 수 없다. '거짓말하는 건가? 왜 하는 거지? 이번엔 모른 척 넘어가는 게 좋을까?' 등등.

생각하도록 만드는 것은 여행자에게는 처음 경험하는 음식의 맛이라든가, 지역민들의 낯선 생활방식 같은 것이다. 과학자에게는 기존의 법칙으로는 설명되지 않는 과학 현상이 되겠고, 시민들에게는 지금까지 보지 못했던 권력자의 통치 방식 같은 것이 될 것이다. 생각은 스스로 시작하는 것이 아니라 외부로부터 난입하는 폭력적인 것이다.

감각의 세계는 종잡을 수 없는 변화, "한계 없는 순수 생성, 결코 멈추지 않는 진정으로 미쳐가는 생성"에 사로잡혀 있다.[2] 플라톤은 누구보다 이 점에 대해 잘 알고 있었다. 물질의 세계는 끊임없이 밀어닥치는 해변가의 파도와 같아서 한시도 같은 모습으로 머물러 있지 않다. 카페의 야외 테이블에 앉아 글을 쓰고 있는 지금도 공기가 온화했다 다시 서늘해졌다를 반복한다. 오후 네 시쯤이 되면 내 신체는 배고팠다가 배고프지 않은 상태를 왕복한다. 우리가 물질과 신체에 대해 이렇다저렇다 말하기는 하지만 그것은 '대략' 그렇다는 것이다. 엄밀히 따지면 우리는 물질의 현재 상태에 대해 정확히 말할 수 없다. 그러려면 우선 정확하게 인식해야 하는데 물체와 신체는 조금씩이라도 끊임없이 변화하니 이는 불가능하다.

세계에 정신적인 것과 물질적인 것이 있다면, 인간에게는 지성과 감성이라는 인식능력이 있다. 정신적인 것은 지성이 파악할 수 있고, 물질적인 것은 감성이 파악할 수 있다. 여기에서 문제는 철학의 가장 오래되고 중요한 주제인 '존재being'이다. 소크라테스와 플라톤이 사람들에게 끈질기게 던졌던 질문은 다음과 같다. 존재를 발견하는 것은 어느 인식능력이 어느 차원에서 할 수 있을까? 존재라는 말은 흔하기도 하고 어렵기도 하다. 그런데 철학책을 읽다가 이 말을 들을 때 주의할 점은 이 말이 고정된 의미로 쓰이지 않았다는 것이다. 철학자들마다 각자 존재를 이해한 고유한 방식이 있다.

프랜시스 베이컨, <뮤리엘 벨처의 초상화를 위한 세 가지 연구>, 1966

플라톤은 존재가 생성과 대립하는 것이라고 생각했다. '있다'는 것은 '무엇이다'이기도 한 것인데, 'be' 동사는 주어와 술어를 묶어주는 끈 같은 것이다. 예를 들어 'The leaf is green'이라는 문장이 있다면, be 동사는 많은 형용사 중 초록색이라는 형용사를 내가 보고 있는 저 나뭇잎에 묶어주는 역할을 한다. 이 끈은 풀리지 않을까? 아마 곧 풀릴 것이다. 가을이 되면 저 나뭇잎은 노란색이나 빨간색으로 변하기 때문이다. 그럼 그때는 이렇게 말해야 한다. 'The leaf is red.'

플라톤은 이것을 생성becoming이라고 했다. 생성은 하나의 주어가 있을 때 거기에 한 술어가 풀리고 다른 술어가 묶이는 것을 가리킨다. 그렇다면 플라톤은 존재에 대해 엄격한 규정을 한 셈이다. 'A is …'라고 말할 때 이 'is'의 끈은 풀리지 않아야 한다. 그것도 '영원히' 풀리지 않아야 한다. 그런 것이 있을까? 감성은 그것을 알아볼 수 없다. 밀물 때의 해변가에 누워 있는 사람처럼 감성은 찰랑거리는 생성의 세계에 잠겨 있기 때문이다. 존재, 즉 영원히 풀리지 않는 끈을 알아볼 수 있는 것은 지성이다.

끈이 풀렸다가 묶이는 생성을 겪는 경우에는 여러 가지가 있다. 나뭇잎처럼 한 사물이 실제로 변해서 생성을 겪을 수도 있지만, 관점이 달라져서 생성이 일어나는 경우도 있다. 몇 년 전에 있었던 일이다. 아는 사람이 오십 몇 인치의 TV를 샀다고 해서 '아, 크네요'라고 했더니, 그 사람이 '아, 작아요'라고 했다. 내가 다시 '큰 것 같은데'라고 했더니, 그 사람은 또 '요즘 다들 더 큰 걸 써요. 설치해놓고 보니 좀 작아서 마음에 안 드네요'라고 말했다. '그래도 큰데….' 덤앤더머도 아니고, 그런 평행선 같은 대화를 몇 번 더 주고받았다.

그 사람과 나는 계속 상대방이 묶은 끈을 푸느라고 바빴다. 이 경우 그 TV의 크기가 실제로 바뀐 것은 아니지만, 그 TV는 어떤 점에서는 생성을 겪은 것이다. 왜냐하면 기준에 따라 그 TV에 '크다'와 '작다'라는 술어를 번갈아 귀속시킬 수 있었기 때문이다. 따라서 비교의 기준으로 말하지 않고 단순하게 '그 TV는 크다' 또는 '그 TV는 작다'라고 말해서는 어느 쪽이 참인지 판정할 수 없다. 만약 절대적으로 참된 문장을 말하려면, '그 TV는 55인치다'라고 말하면 된다. 여기에서 인치는 절대적인 단위 역할을 하기 때문이다. 플라톤이 찾아야 한다고 말했던 이데아는 여기에서 인치 같은 것으로 어떤 것을 적절하게 평가할 수 있는 기준 역할을 하는 것이다.

이런 이유에서 플라톤은 지성적 사유를 통해서만 존재에 도달할 수 있다고 말했다. 나는 TV에 관해 말했지만, 플라톤이 들었던 예는 손가락이었다. 네 번째 손가락은 큰가, 아니면 작은가? 대답은 정해져 있지 않다. 그것은 클 수도 작을 수도 있다. 새끼손가락보다는 크고, 가운뎃손가락보다는 작다. 말장난 같지만 이것은 인식과 관련하여 심각한 문제가 된다. 진리란 적절한 술어를 주어에 귀속시키는 것이다. 그런데 이렇듯 비교에 따라, 사람에 따라, 경우에 따라 술어를 주어에 묶어놓은 끈이 풀리길 반복한다면 인식은 불가능하다.

감각이 사로잡혀 있는 곳은 바로 그렇게 번잡한 세계이다. 반면에 삼각형의 정의와 특성은 누가 보더라도, 무엇과 비교하더라도 그 자체로 영원불변한 상태를 유지한다. 요컨대 지금 이 야외의 온기에 대해 그나마 인식의 관점에서 말하려면 이렇게 말해야 한다. 지금 기온은 23도이다. 하지만 그것은 더울 수도 추울 수도 있다. 이것이 감각의 대상이다. 음악 콘서트홀을 나오면서 사람들이 연주에 대해 쏟아내는 말은 서로 다르고 엇갈린다. 감각의 세계는 이렇듯 현기증을 유발한다.

들뢰즈는 플라톤이 감각에 대해 서술한 이 대목을 높게 평가한다. 플라톤은 감성과 사유의 야생적인 순간을 포착했기 때문이다. 감각이 마주치는 것은 생성이고, 이것은 판명하지 않아서 뭐라고 포착하기도, 뭐라고 말하기도 어렵다. 감성은 이렇게 자신의 한계에 부딪친다. 그 한계 지점에서 감성은 상위의 인식능력인 지성을 불러낸다.

들뢰즈가 플라톤과 갈라지는 지점은 바로 여기다. 플라톤은 감성의 생성에 뒤엉켜 있는 두 요소를 나누면 그 각각이 형상(이데아)을 가리킨다고 생각했다. 네 번째 손가락이 클 수도 있고 작을 수도 있다 해도 '크다'와 '작다'는 각각 변하지 않는 자기만의 성격을 유지하고 있을 것이다. 감성이 혼란스러운 이유는 하나의 존재자 안에 두 형상이 관여해 상반성을 이루기 때문이다. 이렇게 해서 플라톤은 감성을 지성에 비해 열등한 인식능력으로 간주했다. 감성은 자기에게 주어진 것을 스스로 처리할 능력이 부족하다는 것이다.

반면 들뢰즈는 감성 안에서 두 가지 차원을 구분한다. 하나는 습관적이고 경험적인 차원이고, 다른 하나는 다소간 훈련해야 얻을 수 있는 초월론적 차원이다. '초월론적transcendantal'이라는 말은 칸트가 규정한 대로 '경험의 조건'을 가리킨다. 하지만 들뢰즈는 그것을 칸트와는 다른 의미로 사용한다. 칸트는 '가능한' 경험의 조건을 찾으려 했고, 그것은 궁극적으로 내용이 추상된 인식능력들의 형식을 의미한다. 반면 들뢰즈는 '실재적' 경험의 조건을 찾으려 했고, 그것은 경험을 분만하는 내용 또는 질료가 들어 있는 형식을 의미한다.

　예를 들어 밝은 방 안에 앉아 있다고 해보자. 시력을 가진 사람이라면 누구나 경험적인 차원에서 '밝다'는 것을 경험한다. 하지만 방이 밝다는 것은 빛이 얼마간의 강도로 진동한다는 것인데, 이것을 의식하기는 어렵다. 어두운 방에 들어가 조명 스위치를 켤 때 빛의 강도가 0에서 1로 올라가는 것을 경험하면서 이를 잠깐 지각하지만, 이내 인간의 감각은 새로운 상황에 적응하기 때문에 그러한 지각이 남아 있지 않다. '밝다'가 경험론적 차원이라면, '빛의 강도'는 초월론적 차원이다. 전자는 양이나 질로 나타나는데, 이는 '감성적인 존재자un être sensible'라고 명명된다. 반면 후자는 강렬함intensité으로 표현되는데, 들뢰즈는 이를 '감성적인 것의 존재l'être du sensible'라고 부른다.³

　이 구분법에는 얼마간 하이데거의 영향이 있다. 하이데거는 이전의 형이상학이 존재와 존재자를 구분하지 못했다고 맹렬히 비판했다. 대부분의 철학자가 '존재란 무엇인가'라는 좋은 질문을 던지고서는 정작 답을 구하는 과정에서 탁월한 존재자로 미끄러졌다는 것이다. 예를 들어 플라톤은 존재는 이데아라고 답했고, 아리스토텔레스는 존재의 중심에는 실체가 있다고 답했다. 예상할 수 있듯이 중세 신학자들은 신을 이해하거나 믿어야 한다고 설교했다. 근대에 데카르트와 칸트는 존재가 주체로 귀결된다고 생각했다. 대표 철학자들이 내세운 이 모든 것은 존재자 중 특별한 것이라고는 할 수 있지만 존재 자체, 다시 말해 '있다'는 것 자체를 의미하지는 않는다.

　존재와 존재자의 구분이라는 주제가 좀 어렵다면 다른 사례를 들어보자. '미술은 무엇일까'라는 질문에 대해 누구는 레오나르도 다빈치가, 누구는 렘브란트가, 누구는 게르하르트 리히터가 답이라고 한다면 어떨까? 이들 모두 위대한 미술가이고, 답을 말한 사람의 취향과 의도에도 깊은 뜻이 있겠지만, 그렇다고 이중 그 무엇도 온전한 답이 되지 않을 것이다.

　　　오히려 이렇게 말할 수 있다. 미술이 정확히 무엇인지 딱히 규정하기는 어렵지만, 시간의 흐름 속에서 미술은 이런저런 미술가들과 작품들을 세상에 내보낸다. 미술은 자신을 가리고 있는 베일을 걷어내며 작품으로 나타났다가 다시 베일 뒤로 사라진다. 하이데거에 따르면 존재와 존재자의 관계가 이렇다. 존재는 존재자를 내보내고 자기 스스로 은폐한다.

　　　이런 구분법을 수용해서 들뢰즈는 자신의 감성론을 이렇게 표현한다. '감성적인 것의 존재'는 이런저런 구체적인 '감성적인 존재자들'을 산출하고 자기 자신은 뒤로 물러난다. 다르게 표현하면 내포적 강렬함은 양과 질을 산출하고 사라진다. 내포적 강렬함의 예는 강도, 속도, 온도, 밀도이다. 우리말로 무슨무슨 '-도度'라고 하는 것들이 대체로 여기에 해당한다. 그것들은 어떤 질의 상태를 양으로 나타낸 것이고, 이런 뜻에서 내포량quantité intensive이라고도 한다.

　　　이것은 길이, 넓이, 질량 같은 외연량quantité extensive과는 성격이 다르다. 외연량은 부분들로 쪼갠 다음 다시 합쳐도 변하지 않는다. 반면 여기서 문제가 되고 있는 속도나 온도 같은 내포량은 그렇게 되지 않는다. 그것은 단적으로 어떤 질적 특성을 가지고 있는 상태를 가리키는 것이다. 그것은 분할되지 않거나, 만약 분할된다면 원래와는 다른 성격을 가진 두 항으로 분할된다.

　　　우리가 표면적으로 감각하는 것은 양과 질이지만, 그 깊이에는 강렬함이 있다. 이것이 들뢰즈의 감성론의 핵심이다. 그리고 이것은 세계가 근본적으로 어떻게 되어 있는지를 말해주는 존재론이기도 하다. 창밖에서 뜨거운 여름 햇빛을 받고 있는 열대 나무의 잎들은 많고 푸르다(양과 질). 하지만 정확히 말하면 나무 바깥에서는 햇빛이 내리쬐이고 나무 안쪽으로는 나뭇잎들이 서로 그림자를 만드는 통에 다양한 정도의 푸르름이 만들어진다(내포적 강렬함). 새파랗다, 푸르스름하다, 파르스름하다, 짙푸르다 등등. 이처럼 세상엔 크고 작은 차이들이 존재하기 때문에 변화가 있고 어떤 형태도 만들어진다. 만약 이런 차이가 없다면 세상은 아무 일도 일어나지 않는 정지 상태일 것이다.

2.

따라서 들뢰즈에 따르면 감성의 사용 방법에는 두 가지가 있다. 먼저 양과 질을 포착하는 것처럼 상식적이고 일상적인 사용이 있다. 이것은 "감성의 경험적 사용"이다. 다음으로 강렬함을 포착하는 예외적인 사용이 있다. 이것은 "감성의 초월적 사용"이다. 후자는 사실 이상한 사용이다. 왜냐하면 그것은 감성이 자기 자신을 낳는 원인으로 되돌아가 그것을 포착하려는 것이기 때문이다. 따라서 후자를 위해서는 어떤 훈련이나 교육이 필요하다.

감성의 초월적 사용은 매우 중요한데, 왜냐하면 이것이 예술이 필요한 이유이기 때문이다. 예술은 감성의 초월적 사용의 훈련장이다. 미술은 강렬함을 시각을 통해 감각하는 활동이다. 음악은 소리의 발생적 요소들을 청각 자체를 통해 감각하게 하는 활동이다. 물론 공감각적 장 위에서 두 영역은 서로 간섭을 일으킨다.

감성은 생성을 만났을 때 생성 안에 있는 강렬함을 감각하도록 변신해야 한다. 하지만 변신을 하기에 앞서 감성은 무력감과 당혹감으로 인해 상위의 인식능력을 호출한다. 앞서 말한 것처럼 들뢰즈가 플라톤을 높게 평가하는 것이 이 지점이다. 감성이 기억이나 사유를 호출하는 장면을 플라톤이 생생하게 보여주었기 때문이다. 하나의 인식능력은 칸트가 암묵적으로 전제하는 것처럼 일종의 예정 조화 때문이 아니라, 플라톤이 보여주는 것처럼 절박한 이유 때문에 다른 인식능력을 호출한다.

이것을 인식능력 이론으로 정식화하면 이렇다. 들뢰즈가 생각하는 인식능력의 목록과 작동 방식은 칸트의 그것과 많이 다르다. 칸트는 인식능력을 크게 감성, 상상력, 지성, 이성으로 나열한다. 『순수이성비판』에서는 감성과 상상력을 구분해서 말하지만, 『판단력비판』에서는 둘을 따로 구분하지 않고 상상력에 감성을 포함시켜 말한다. 아무튼 칸트의 이론에서는 감성(또는 상상력), 지성, 이성이라는 세 가지 인식능력이 각자 자신이 맡은 역할을 유기적으로 수행한다.

반면 들뢰즈의 인식능력 이론은 감성, 상상력, 기억, 사유로 구성된다. 사실 이 목록 자체는 새로운 것은 아니다. 이것은 18세기 고전주의 시기 프랑스 철학자들에게서 발견된다. 새로운 점은 들뢰즈가 능력들 사이에 불어넣는 관계에 있다. 감성은 자신의 경험적 사용의 범위 안에서 자신에게 주어진 자료를 해결하지 못할 때 상위의 인식능력을 호출한다. 이러한 호출은 상상력, 기억, 사유 능력 순으로 이어진다.

칸트는 상이한 인식능력들이 서로 조화롭게 작동하는 인간의 모습을 그려냈다. 그에 따르면 판단은 감성과 지성이 만나 서로 협력해서 이루어진다. 예를 들어 빨갛고 단단하고 동그랗고 신맛이 나는 등의 이미지들이 시각과 촉각 등의 기관들을 통해 들어온다. 유아는 아직 저것이 무엇인지 몰라서 그냥 그대로 감각적 다발로 받아들이지만, 유치원생쯤 되면 그간의 습득 덕분에 저걸 '사과'라고 부른다는 것을 알게 되고, 사과의 개념을 형성한다. 그리고 이렇게 판단할 수 있게 된다. "저 빨간 것은 사과이다."

하지만 들뢰즈가 보기에 분업을 담당하는 상이한 인식능력들이 이렇듯 능숙하게 협력할 수 있는 이면에는 칸트 본인이 그토록 비판했던 신학적 전제가 은밀히 감추어져 있다. 감성과 지성은 성격이 상이한데도 어떻게 잘 합치하면서 하나의 인식에 도달하는가? 라이프니츠는 신이 창조한 예정 조화 덕분에 영혼의 전개와 신체의 운동이 서로 합치한다고 설명했다. 그렇다면 칸트의 설명은 형이상학적 예정 조화가 인식론 안으로 숨어 들어온 것은 아닌가?

물론 칸트의 대답이 없는 것은 아니다. 칸트의 대답은 상상력의 도식 작용 덕분이라는 것이다. 『순수이성비판』에서 상상력의 역할은 성격이 서로 다른 감성과 지성을 매개하는 것이다. 즉 상상력은 도식이라는 것을 산출하는데, 이것은 지성의 개념이 감성의 자료에 적용될 수 있게 한다. 예를 들어 삼각형이라는 개념이 있을 때 이를 바탕으로 모양이 다른 다양한 삼각형을 그려내는 것이 상상력의 도식이 하는 일이다.

하지만 들뢰즈가 보기에 문제는 해결되었다기보다 자리를 옮겼을 뿐이다. 어떻게 도식-이미지를 그려내는 상상력은 추상적 개념을 담당하는 지성의 요구에 맞게 그토록 적합하게 자기 역할을 수행하는가? 이게 그렇게 자연스러운 일이라면 고등학생들이 수학 문제를 푸는 데 그렇게 어려움을 겪지 않을 텐데 말이다.

이것은 들뢰즈의 포스트칸트주의적인 측면이다. 칸트는 각 인식능력들이 합법적 영역 내에 온전히 머물러야 한다고 생각했다. 앞서 말한 것처럼 감성은 감각의 자료를 수용하고, 지성은 개념을 산출하는 것이다. 그리고 각각의 인식능력은 유기적으로 조화롭게 합치할 것이다. 반면 들뢰즈는 각각의 인식능력이 폭력적으로 다른 능력을 불러낸다고 생각한다. 들뢰즈에게 인간의 마음의 능력이란 연쇄적으로 연결된 다이너마이트 같은 것이다. 초월적 통일성 같은 것은 존재하지 않는다.

칸트의 믿음과는 반대로 초월론적 차원은 공통감의 규정을 통해 나타나는 바와 같은 일상적인 경험적 형식들로부터는 귀납될 수 없기 때문이다. 인식능력 이론은 철학 체계에 꼭 필요한 부분임에도 불구하고 오늘날 불신의 늪에 빠져 들고 말았다. … 이제 필요한 것은 각각의 인식능력이 그것이 고장나는 극단적인 지점으로까지 이르게 하는 일이다.[4]

비유하자면 칸트의 체계는 대학이나 행정부 같은 조직을 염두에 두고 있는 반면, 들뢰즈의 체계는 한 마을에 서로 담장을 맞대고 모여 살게 된 여러 집을 연상시킨다. 이는 우연이 아닌데, 여기에는 로고스와 노모스의 대립이 스며들어 있다. 고대 그리스에서 두 단어 모두 법률을 가리켰지만 로고스logos가 성문법을 의미한다면 노모스nomos는 관습법을 의미했다. 로고스가 연역적, 통일적, 수직적 건축물과 연관된다면 노모스는 경험적, 분배적, 수평적 영토와 관련된다. 전자가 사전 계획에 따라 만들어지고 구획된 신도시를 연상시킨다면, 후자는 산비탈 지형과 이주민들의 사정에 따라 만들어진 다랑이논에 함축되어 있다. 즉 후자는 우연과 습관과 역사의 축적이 만들어낸 규칙을 의미하고, 이는 다시 '노마드nomade'란 말의 어원에 해당한다. 노마드는 장소를 옮겨다니는 유목민을 뜻하기 이전에, 법과 규칙의 발생이 우연, 경험, 습관, 불일치 및 협상에 있다는 점을 이해하는 사람을 의미한다.

그런데 칸트의 체계 안에도 이러한 불일치로 인한 폭력적인 호출의 지점이 있다. 들뢰즈는 칸트에게 예외적으로 이런 대목이 한 곳 있다고 언급하며, 이것을 칸트의 탁월한 지점으로 평가한다. 숭고론이 바로 그것이다. "칸트는 숭고 속에서 상상력과 사유가 이루어내는 관계의 경우를 통해 역사상 처음으로 이런 불일치를 통한 일치의 사

례를 제시했다."⁵

　숭고의 경험에서 상상력은 무력감을 느낀다. 전체적인 이미지를 그려낼 수 없기 때문이다. 하지만 칸트의 전체적 구도 안에서 이 무력감은 역설적으로 긍정적인 기능을 수행한다. 공기 맑은 밤하늘을 올라다보며 무한히 많은 별빛을 바라보는 아이처럼 인간은 자신의 유한성을 체감하지만, 동시에 무한성에 대한 이념을 갖게 된다. '아, 세상엔 내가 알지 못하는 것이 많구나. 이토록 많은 것이 있고, 그것들 사이에 질서가 있는 이유는 뭘까?'

　칸트는 이러한 경계 너머에 대한 간접적인 체험과 감정을 도덕적인 영역과 연결했다. 다시 말해 숭고의 체험은 무한한 선善의 이념으로 이어진다. 끝이 잘 보이지 않을 정도로 아득하게 높은 고딕 성당은 그 자체로는 우리에게 도덕적 지침을 주지 않지만, 무한한 이념을 향하도록 우리를 강력한 힘으로 이끌어간다. 앞 장에서 인용했던 구절을 다시 한번 보자. "이 [무한성의 이념들의] 현시를 객관적으로 성립시킬 수는 없지만, 주관적으로 자연 자신을 그 전체성에서 어떤 초감성적인 것의 현시라고 사고하도록 강요한다."⁶

　즉 숭고라는 감성적 체험은 감성을 넘어서는 어떤 이념을 떠올리도록 힘을 행사한다. 칸트는 이 이념이 바로 도덕적 선이라고 말하며 미학과 도덕 사이에 연결고리를 만들고자 했다. 이 연결고리는 오늘날의 관점에서는 논란의 여지가 많으며 들뢰즈도 이에 그다지 동의하지 않는다. 다만 이 이념의 내용이 구체적으로 무엇인가라는 문제를 차치한다면 숭고론을 분석하는 칸트의 설명에는 중요한 함축이 있다.

　위 인용문에서 "사고하도록 강요한다"는 표현이 칸트 체계 안에서 예외적인 부분이다. 숭고의 감정 안에서 상상력은 잘 작동하지 않을 뿐만 아니라 불가능성을 느낀다. 그런데 오히려 그러한 좌절의 체험이 상상력 자신의 일상적이고 합법적인 능력 바깥으로 벗어나도록 강제한다. 인식의 영역이나 아름다움의 경험에서 상상력은 감성적인 것들의 영역 안에 머물렀다면 숭고의 체험에서 상상력은 초감성적인 것들을 향해 도주한다.

이처럼 들뢰즈의 사유는 칸트의 『판단력비판』과 연결되어 있기는 하나, 앞서 본 다른 현대철학자들과는 조금 다른 지점에서 공명한다. 그는 칸트의 현대성을 아름다움이 아니라 숭고에서 발견한다. 뒤에서 보겠지만 리오타르 역시 칸트의 숭고론에 새로운 미학적 돌파구가 잠재해 있다고 생각했다. 칸트의 숭고론은 현대 미학의 중요한 한 흐름을 연 원천이다. 그것으로부터 흘러가는 큰 강물을 따라갈 때 우리는 힘, 생성, 무한, 증언, 사건 등의 주제를 보게 된다.

그리고 우리는 여기에서 예기치 못하게 기호론으로 넘어가게 된다. 기호라는 주제는 거의 대부분의 현대 프랑스 철학자를 사로잡고 있었지만, 그 지형도 안에서도 들뢰즈의 기호론은 독특하다. 들뢰즈에 따르면 상징적 요소가 아니라 앞서 말했던 "감각적인 것의 존재"가 기호를 구성한다. 앞서 말한 것처럼 우리를 감각하고 생각하게 만드는 것은 예기치 못하게 바깥으로부터 들이닥친다.

나에게 낯선 풍경, 나와 다른 취향, 예기치 못했던 세련됨이나 혹은 반대로 바보짓, 나와 다른 생각 같은 것들이 나를 사로잡는다. 구름과 지면 사이의 전압 차 때문에 번개가 치듯이 나와 어떤 것 사이에 차이가 있기 때문에 무엇인가가 일어난다. 들뢰즈는 이것이 기호라고 정의한다. 기호는 전압 차 같은 내포적 강렬함에 의해 형성된다. 그리고 기호는 "생각하도록 힘을 행사하는 것"이다.[7]

들뢰즈의 기호론은 명백히 소쉬르의 영향하에서 전개되었던 기호론을 비판의 대상으로 삼고 있다. 앞서 2장에서 보았던 것처럼 소쉬르는 언어를 모델로 한 기표 중심적인 기호론을 제시했다. 여기에서 기표는 관념적인 분절 체계이고, 한 언어 공동체의 구성원들이 이미 공유하고 있는 것으로 전제되어 있다. 이러한 토대 위에서 기호는 의사소통을 가능케 한다.

　　소쉬르의 기호론은 구조주의 이론과 비평에 많은 영향을 미쳤다. 특히 소쉬르로부터 영향을 받은 야콥슨의 언어학과 레비스트로스의 신화학이 광범위한 구조주의 전파의 중심 역할을 했다. 예를 들어 앞서 살펴본 보드리야르의 소비 자본주의 비판도 구조주의 기호학에 근거하고 있다. 후기자본주의사회에서 소비자들이 상품을 구입하는 중요한 기준이 사용가치인 경우는 오히려 드물다.

　　소비자들은 상품을 하나의 기호로서 소비한다. 여기에서 기호는 상품에 일대일로 대응해서 발생하지 않는다. 상품은 기호의 체계 속에 존재한다. 많은 브랜드가 만들어내는 차이(또는 차별)의 체계, 그리고 각 브랜드 안에서 만들어지는 다양한 가격대의 상품들의 체계가 그것이다. 이러한 기호의 체계가 상품의 가치를 결정한다. 당신이 백화점에서 어떤 상품을 산다면 당신은 그 상품이 차지하는 위치를 사는 것이다.

　　이것은 한 가지 예일 뿐이지만, 구조주의는 문화현상들이 사물의 물질적 속성으로부터 파생되는 것이 아니라, 인간의 사고와 실천 안에서 차이가 작동하여 만들어내는 생산물이라는 것을 이해할 수 있도록 해주었다. 기표의 망이 언어라는 체계를 가능케 하는 것처럼 기호의 망이 문화라는 체계를 형성하고 부양하는 것이다. 이것이 지난 세기 중반에 전개되었던 구조주의의 기여이다. 구조주의는 언어, 신화, 정신, 사회의 본성을 새롭게 이해하고, 또 비판할 수 있게 해주는 또 다른 차원을 제시했다. 서로 차이 나는 요소들이 그러한 독립적 차원 또는 평면을 만들어낸다는 점에서 그 평면을 '상징적symbolique 차원'이라고 부를 수 있다.

7장 생성 – 들뢰즈와 프랜시스 베이컨

디에고 벨라스케스, <교황 인노첸시오 10세의 초상화>, 1650(왼쪽)
프랜시스 베이컨, <벨라스케스의 교황 인노첸시오 10세의 초상화에 따른 연구>, 1953(오른쪽)
프랜시스 베이컨은 공포가 아니라 외침을 그리고 싶었다. 공포는 그 대상에 초점이 가 있는 것이지만, 외침은 외치는 자의 강렬한 감정을 느끼게 한다. 베이컨은 신체적이고 감정적인 강렬함을 위해 무엇보다 서사를 차단해야 한다고 생각했다.

하지만 오늘날 돌이켜보면 좁은 의미의 구조주의는 자연과 문화를 단절하는 역효과가 있었던 것은 아닌가 하는 생각이 든다. 기호의 의미와 가치가 신체와 자연의 물질적 특성과 무관하게 정신과 사회 안에서 일어나는 차이의 변별적 운동에 의해 형성된다고 개념화했기 때문이다. 이는 소쉬르가 기의의 역할에 대해서는 거의 아무런 말도 하지 않고 기표에 과중한 역할을 부여한 데서부터 예견되었던 일이기도 하다. 이에 반해 오늘날 신체와 생태와 지구를 주제로 하는 다양한 이론이 시급한 요구에 따라 부상한 것은 '자연의 귀환'이라고 말할 수 있다. 물질과 사유가 연속적으로 뒤엉켜 있는 기호론이 필요한 것이다.

들뢰즈의 기호론은 이런 의미에서 선구적이었고, 오늘날에도 중요한 가치를 지닌다. 들뢰즈가 말하는 기호는 언어학적 기호 같은 것이 아니다. 그것은 일단 물질적이고 신체적인 것이다. 모든 물질은 기호가 될 수 있는 무엇인가를 방출한다. 들뢰즈는 『시네마』에서 "신호를 보내는 물질matière signalétique"이라는 표현을 쓰는데, 이는 모든 예술, 특히 조형예술의 조건을 이룬다. 언어에 비유하자면 소쉬르의 기호 개념이 알파벳에서 온 것이라면, 들뢰즈의 기호는 상형문자 같은 것이다. 우리는 처음 보는 문자를 맞닥뜨린 이집트학자처럼 물질의 표현과 신체의 움직임을 해독해야만 하는 것이다.[8]

감성이 왜 중요한가? 들뢰즈의 인식 이론에 따르면 모든 사유는 감성으로부터 시작되기 때문이다. 소위 지성적인 진리들은 내적으로 정합적인 체계 안에 안전하게 갇혀 있다. 그것은 미리 정해져 있는, 단지 우리가 아직 알지 못할 뿐인 그러한 진리만을 말해준다. 그러나 모든 진정한 감각과 사유는 바깥으로부터 들이닥친다.

그리고 그 시작은 감성에서 일어난다. "사유되어야 할 것으로 이르는 길에서 진실로 모든 것은 감성에서 출발한다."[9] 감성에 무언가 불이 붙어야 그다음으로 상상, 기억, 사유로 이어지는 회로가 타오른다. 여기에 문학과 예술의 중요성이 있다. "그런[지성적인] 진리들은 필연성이 결핍되어 있다. 예술이나 문학에서 지성은, 항상 이전이 아니라 이후에 돌발적으로 찾아온다."[10] 그리고 예술은 모든 기호 중에서도 하나의 세계를 담고 있다는 점에서 가장 탁월한 기호이다.

3.

『프랜시스 베이컨: 감각의 논리』(1981)라는 저서의 제목은 어떤 긴장을 품고 있으며, 또 그만큼의 야심을 담고 있다. 우선 '프랜시스 베이컨'이라는 고유명사를 내세운 것은 이 저서가 한 개별 화가에 대한 전문적인 연구라는 점을 의미한다. 하지만 곧바로 뒤따르는 '감각의 논리'란 표현은 단숨에 독자를 가장 일반적인 차원으로 올려놓는다. 이 표현은 단지 수사학적 장식이 아니다. 왜냐하면 이 표현은 미학의 정의 자체에 해당하기 때문이다. 미학Aesthetica이라는 분야를 창시한 바움가르텐은 이 학문을 통해 지성의 논리와 구별되는 감성의 고유한 논리가 있다는 점을 입증하고자 했다.[11]

따라서 들뢰즈의 이 저서는 특정한 한 화가에 대한 연구를 통해 미학의 핵심적인 문제들에 대한 답을 제시하겠다는 목표를 암시한다. 이러한 기획은 그 구도상 앞서 언급한 『프루스트와 기호들』과 짝을 이룬다. 이 저서 역시 프루스트라는 특정한 소설가에 대한 연구이긴 하지만, 동시에 이를 통해 문학과 예술, 그리고 철학의 일반적이고 핵심적인 문제에 대한 답을 탐구하고 있다. 특히 상징적 기호 개념과 합리주의적 철학의 전통을 비판하면서 신체적이고 예술적인 기호에 의해 강제로 촉발되는 사유의 모델을 제시하고 있다.

특정한 작가에 대한 전문적인 연구를 통해 한 영역의 일반적 문제에 대한 답을 탐색하는 것은 어딘가 이상해 보일 수 있다. 앞서 하이데거와 관련해 언급했던 것처럼 구체적인 사례들을 나열하는 것이 어떤 것의 본성을 대신하지 못한다고 느낄 수 있다. 그러나 들뢰즈가 두 저작에서 다루고 있는 것은 단순한 사례exemple가 아니라 칸트가 말한 의미에서 '범례exemplaire'라고 봐야 할 것이다.

프랜시스 베이컨, <아이스킬로스의 오레스테이아에서 영감을 받은 삼면화>, 1981

칸트는 『판단력비판』에서 판단의 두 종류를 구분했다. 하나는 법칙에서 사례로 나아가는 것이고, 다른 하나는 사례에서 법칙으로 나아가는 것이다. 전자가 법칙을 사례에 적용하는 것이라면, 후자는 사례로부터 법칙을 발견 또는 발명하는 것이다. 예를 들어 물리 문제를 풀고 있는 고등학생은 뉴턴의 법칙을 적용해서 물체의 낙하 속도를 구할 수 있다. 반면 (사과의 일화는 좀 과장되어 있다고 하지만) 뉴턴은 사과의 낙하와 달의 회전으로부터 그 이전까지 알려지지 않았던 만유인력의 법칙을 발견했다. 칸트는 전자를 "규정적 판단", 후자를 "반성적 판단"이라고 불렀다.

칸트가 이러한 구분을 한 이유는 인식적 판단과 심미적 판단의 성격이 상이하다는 점을 분명히 하기 위해서다. 인식적 판단은 주로 법칙을 사례에 적용하는 규정적 판단의 성격을 띤다. 당신이 망고라는 과일을 알고 있다면(즉 그 개념을 가지고 있다면), 과일가게에서 망고를 알아보고 살 수 있다. 반면 심미적 판단은 그렇게 이루어지지 않는다. 당신이 '아름다움'이라는 개념을 가지고 있어서 미술관에서 어떤 작품을 아름답다고 말하는 것이 아니다. 플라톤이라면 아름다움이라는 형상도 엄연히 있다고 말하겠지만, 칸트는 아름다움은 망고 같은 개념이 아니라고 주장한다. 이것은 『판단력비판』의 가장 중요한 주장 중 하나이다.

아름다운 미술작품이나 위대한 문학작품은 여기저기에서 그리고 때때로 갈피를 잡을 수 없는 방식으로 나타난다. 우리는 그런 작품들을 통해 아름다움과 위대함이 무엇인지 새삼 알게 되는 것이지, 그 반대가 아니다. 그런 작품들이 없다면 아름다움과 위대함은 중단되거나 단지 박제될 것이다. 천재란 이런 작품을 만드는 사람을 말한다. 칸트는 천재를 매개체 또는 영매medium 같은 존재로 생각했다. 자연은 새로운 규칙을 천재를 통해 내보낸다. 아마도 칸트의 표현을 조금 바꾸자면 아름다움과 위대함은 이런 놀라운 작품들을 통해 비로소 주기적으로 생기를 되찾는다고 말할 수 있을 것이다.

이런 수준의 작품은 단지 한 '사례'가 아니라 '범례', 즉 모범적인 사례가 된다. 왜냐하면 그 뒤를 잇는 작가들과 비평가들은 그 작품에 담긴 요소와 규칙을 분석, 습득, 모방, 참조, 변형하기 위해 노력하기 때문이다. 말하자면 이것은 이어달리기 같은 것이다. 작가에서 작가로 달리기가 이어지고, 비평가들은 그 이어달리기가 어디로 향하는지 짐작하는 역할을 한다. 육상경기와 다른 점이 있다면 결승점이 정해져 있지 않다는 것이고, 달리는 시간도 정해져 있지 않아 인류가 지속되는 만큼 계속될 것이라는 점이다.

칸트의 재미있는 표현에 따르면 천재는 어떤 원리에 따른 것인지는 모르면서 새로운 작품을 만드는 사람이다. 바꾸어 말하면 그는 기존에 알려졌던 좋은 작품의 규칙을 무시하고, 자신의 작품 안에서 이후 도래할 새로운 규칙들을 창조한다. 따라서 예술에 관한 논의는 사후적으로 이루어질 수밖에 없고, 일개 평범한 사례를 뛰어넘는 범례의 작품을 대상으로 이루어진다. 물론 논의의 대상이 되는 작품이 탁월한 수준에 위치하는지의 여부는 이후 다양한 평가가 축적되면서 분명해질 것이다.

 들뢰즈에게는 프랜시스 베이컨의 회화가 이러한 범례적 위상을 갖는다고 할 수 있다. 이 둘뿐만 아니라 이 책 전체에 걸쳐 드러나듯이 한 철학자가 한 미술가에게 예외적이고 특별한 이론적 관심을 보이는 것은 이러한 맥락에서 이해할 수 있다. 메를로퐁티가 세잔을, 리오타르가 뒤샹을 분석한 것은 이들을 단지 하나의 사례가 아니라 현대 미술의 핵심을 보여주는 특별한 범례로 생각했기 때문이다.

 더 큰 맥락에서 보면 이것은 현대 프랑스 철학이 미학만이 아니라 사상 전체에 가져온 새로운 사유의 방식이다. 리오타르의 『쟁론』이나 랑시에르의 『아이스테시스』, 그리고 무엇보다 들뢰즈와 과타리의 『천 개의 고원』은 어떤 텍스트에서 또 다른 텍스트로, 하나의 사건에서 또 다른 사건으로 뛰어다니면서 논지를 전개한다. 이러한 텍스트의 구성 방식은 귀납적 결론이나 연역적 도출 또는 체계적 구성을 의도하지 않는다. 우리는 이것을 범례적 장면화라고 말할 수 있는데, 이것은 범례의 수준에 오를 수 있는 사건들의 계열화 또는 배치를 시도하는 것이다.

4.

들뢰즈는 예술의 과제가 "힘들의 포착"에 있다고 간략히 규정한다. 달리 말하자면 회화가 그리는 것은 감각sensation이다. 왜냐하면 "힘은 감각의 조건"이기 때문이다. "감각이야말로 그려지는 바로 그것이다."[12] 이것으로부터 회화의 모든 문제가 등장하며 화가가 돌파해야 할 어려움들이 나타난다. 감각에 대립하는 것, 그리고 감각 자체를 그릴 수 없도록 하는 것은 형태와 클리셰이다.

우선 가장 먼저 피해야 할 것은 가시적인 형태를 재현하는 것이다. 파울 클레가 말한 것처럼 회화의 과제는 "보이는 것을 재생하는 것이 아니라, 보이지 않는 것을 보이게 하는" 데에 있다.[13] 클레는 음악가 집안에서 태어나 어렸을 때 악기 연주를 잘했다고 한다. 고등학교 때 진로를 결정해야 했는데, 가족과 친척 중에 음악가가 너무 많아 자신은 오히려 미술을 통해 음악의 리듬을 표현하는 것에 도전하고 싶다는 생각을 했다고 한다. 따라서 그가 말한 '보이지 않는 것'이 일차적으로 가리키는 것은 리듬이었을 것이다. 실제 그의 작품 중 많은 수가 리듬감을 표현하는 것을 알 수 있다.

클레의 이 유명한 정식은 현대 프랑스 미학자들을 사로잡았는데, 미학자들은 '보이는 것'과 '보이지 않는 것'을 각자 다르게 해석하고 수용했다. 그렇다면 보이는 것은 형태라면 보이지 않는 것은 무엇인가? 화가가 보아야 하고 그려야 하는, 보이지 않는 것이란 무엇인가? 현상학의 영향을 받은 미학자들은 이것을 형태와 배경, 또는 대상과 지평이라는 현상학적 도식의 기본 개념 쌍에 맞추어 이해했다. 즉 뛰어난 화가는 형태만을 그리는 것이 아니라 그것이 출현하는 배경 또는 지평을 암시해야 한다. 우리는 이러한 관점이 메를로퐁티의 현상학적 미학에서도 어느 정도 나타났다는 점을 앞서 보았다.

반면 들뢰즈는 이 명제를 자신의 방식대로 다음과 같이 제시했다. 즉 형태가 아니라 힘을 그려야 한다. 감각된 것이 아니라 감각 자체를 그리는 것이 중요하다. 사물 안의 푸른색을 그리는 것이 아니라, 푸른색을 일으키는 작용 자체, 바깥으로부터 나에게 밀어닥치는 차이 자체를 그려야 한다. 들뢰즈에게 감성론의 문제는 감각적인 것을 포착하는 것이 아니라, 그것을 생산하는 조건을 포착하는 데에 있다. 그 조건이란 신체를 관통하는 물리적, 심리적, 사회적 힘들이다.

　　이 지점에서 프랜시스 베이컨은 중요하다. 20세기 초중반 화가들은 구상과 추상의 선택지 사이에서 고민하고 있었다. 19세기 중반 사진의 등장으로 인해 구상회화가 약화되었고, 그 대안으로서 20세기 초 칸딘스키가 정신성을 표현하는 예술로 추상회화의 길을 열었다.[14] 하지만 프랜시스 베이컨은 이 문제를 양자 선택의 문제로 받아들이지 않고, 구상과 추상의 대립 속에서 새로운 길을 열었다. 그에게는 두 길 중 어느 쪽도 만족스럽지 않았기 때문이다. 그는 구상은 더 이상 회화의 과제가 아니고, 추상은 너무 쉬운 해결책이라고 말했다.

　　들뢰즈는 베이컨이 연 제3의 길을 "형상Figure"이라는 개념으로 명명한다. Figure라는 단어가 베이컨의 작품 제목에 자주 나타나긴 하지만, 이 단어에 특별한 뜻이 있다기보다는 단순하게 '인물'을 뜻하는 경우가 대부분이었다. 들뢰즈가 여기에 미학적인 의미를 부여했다. 즉 형태가 지성과 두뇌에 연관된다면, 형상은 감각과 신체에 직접 관계한다는 것이다. "형상은 신경 체계에 무매개적으로 작용한다. 여기에서 신경 체계는 살에 속한다. 반면 추상적인 형태는 뇌에 호소하고, 뇌의 매개를 통해 작동한다. 여기에서 뼈는 뇌보다 멀리 놓여 있다."[15]

　　이 개념의 어원은 라틴어 'figura'로 거슬러 올라가는데, 이는 운동 속에서 나타나는 연속적인 신체의 동작을 가리킨다. 형태는 멈춰 있는 그리스 조각상에서 이상적으로 구현된다면, 형상은 김연아의 연속적인 '피겨'스케이팅 같은 것이다. 우리가 김연아의 연기에 놀라고 감탄하는 이유는 한순간의 형태가 완전해서가 아니라 그녀의 신체가 연속적인 흐름 안에서 극도로 어려워 보이는 다양한 동작을 연이어 보여주기 때문이다.

　　이러한 보이지 않는 힘, 또는 리듬을 어떻게 보이게 할 것인가? 이 문제는 위대한 화가들을 공통적으로 가로지른다. 그들이 어떤 구상적 형태들을 선택한 것은 사실 어떤 힘들을 표현하고자 했기 때문이다. 밀레는 그가 그린 봉헌물이 감자 자루처럼 생겼다는 비평가들의 비판을 받았다. 그는 '나는 봉헌물이나 포대 자루를 그린 것이 아니라 대지가 그것을 끌어당기는 힘을 그리고 싶었다'고 답했다. 이처럼 위대한 화가가 그리고자 했던 것은 구상적 형태들을 가로지르는, 일상적이지만 눈에 잘 띄지 않는 힘들이었다. 밀레는 들판에서 느낄 수 있는 중력의 힘을, 세잔은 산들을 주름지게 하는 지질학적 힘을, 고흐는 해바라기 안에서 이글거리며 보는 이를 집어삼킬 것 같은 낯선 힘을 그렸다.

그런데 이러한 회화의 과제가 모든 위대한 화가에게 공통적이긴 하지만, 들뢰즈가 보기에 베이컨은 특별히 세잔에서부터 출발하는 어떤 선 위에 놓여 있다. 『감각의 논리』의 가장 독특한 점 중 하나는 아마도 들뢰즈가 프랜시스 베이컨의 독창성을 이야기하기 위해 반복해서 세잔으로 되돌아가 그와 비교하고 대조한다는 데 있을 것이다. 일견 풍경화를 좋아한 세잔과 인물화를 그린 베이컨 사이에는 공통점이 없어 보이는데 말이다. 들뢰즈가 이러한 방식으로 비평을 한 이유는, 적어도 부분적으로는, 메를로퐁티의 세잔론의 영향력을 인정하면서 동시에 그것과의 차이를 드러내기 위한 것으로 보인다. 그리고 들뢰즈의 이러한 접근과 비교 작업은 앞서 보았던 것처럼 푸코가 클레와 칸딘스키로 우회해 마그리트에 도달했던 것과 비교할 만하다.

들뢰즈가 보기에 베이컨이 세잔과 이어지는 이유는 이들이 힘을 그리기 위한 해답을 여타 화가들과는 상이한 지점에서 구했다는 데에 있다. 즉 형태 변형transformation이 아니라 형태 와해déformation를 통해 그 힘을 표현하려고 했다는 것이다. 형태 변형은 하나의 형태에서 다른 형태로 이행하는 것을 의미한다. 예를 들어 미래주의 작품들이나 그 영향을 받았던 뒤샹의 작품 〈계단을 내려오는 누드〉는 형태

프랜시스 베이컨,
<이야기 중인 조지
다이어의 초상>, 1966

변형을 보여준다. 반면 베이컨과 세잔은 형태가 소멸하거나 붕괴되는 것을 통해 힘을 표현하고자 했다.

    세잔의 〈생트빅투아르 산〉 연작(3장 2절 도판 참조)은 후기로 갈수록 나무, 집, 계곡 등 산의 풍경을 이루는 요소들이 형태를 잃어가고 대신 색들의 배치만이 전면에 등장한다. 프랜시스 베이컨은 기이한 동작들과 일그러진 얼굴을 통해 신체를 관통하고 있는 힘을 포착하고자 했다. 이를테면 뛰어가는 육상선수보다 의자에 묶인 우주비행사가 중력의 힘을 훨씬 더 잘 드러내는 것이다.

    그런데 여기에서 감각은 지각과 구분된다. 외부로부터 오감五感에 주어진 다양한 자료가 하나의 사물로 모일 때 그것은 지각perception이라 불린다. 예를 들어 노란색, 단단함, 둥근 모양 등이 모여 '저건 망고네'라고 통일적으로 조직될 때 지각이라고 한다. 반면 들뢰즈에게 감각sensation은 어떤 조직화에도 종속되지 않고 발산되는 무엇이다. 다양한 감각은 공존하면서 서로를 자극하고, 더 나아가 수렴하지 않고 서로 발산한다. 노란색은 내가 언젠가 치앙마이에서 먹었던 망고의 맛을 떠올리게 한다. 또는 정확히 언제 어디에서 경험했던 맛인지 알 수 없어 다른 기억의 연쇄 속으로 빠져들게 한다. 장뤽 고다르는 이렇게 말했다. "이것은 피가 아니다. 붉은색이다." 이는 지각과 감각의 차이를 잘 드러내주는 가장 짧은 말이다.

메를로퐁티와 들뢰즈의 차이는 이들의 책 제목이 잘 요약하고 있다. 메를로퐁티가 쓴 『지각의 현상학』, 그리고 들뢰즈가 쓴 『감각의 논리』는 공히 신체의 고유하고 독자적인 역량을 긍정하고 있다. 하지만 궁극적으로 메를로퐁티의 현상학에서 신체의 힘은 그 스스로 다양한 감각 자료를 유기적으로 종합하는 데 있는 반면, 들뢰즈의 분열증적 신체는 거미줄처럼 강렬한 에너지로 진동하며 흐름들을 전달한다. 그리고 세잔과 베이컨 사이에도 이만큼의 거리가 있다.

메를로퐁티는 "세계의 살"이라는 독특한 표현을 했는데, 이를 통해 두 사람이 촉각을 통해서 서로 만지고 동시에 만져진다는 사실을 경험하듯이 인간과 세계가 상호작용을 주고받는다는 점을 환기하고자 했다. 앞서 보았듯이 그 상호작용이란 인간이 세계에 접해 있으면서 세계가 인간에게 나타난다는 것을 말한다. 일종의 살이 있어서 세계는 우리에게 나타난다. 세계의 살은 "근원적인 현전 가능성"이다.[16] 하지만 들뢰즈는 현상학적 미학을 높이 평가하면서도 다음과 같이 말했다. "살은 너무 부드럽다."[17] 그 대신 그가 프랜시스 베이컨과 함께 신체에서 보는 것은 피가 흐르는 정육점의 고기, 강렬함이 진동하는 투우장의 싸움이다.

들뢰즈에게 예술은 지각이 아니라 감각의 문제이다. 그리고 이 감각들은 지성의 매개 없이 직접적으로 서로 힘을 전달한다. 시각이 청각을 소환하고, 청각이 후각을 동원하는 이상한 공감각이 감각의 논리이다. 프랜시스 베이컨의 작품들 역시 이러한 폭력적인 감각들의 상호 영향 아래에서 만들어졌다.

형태에 맞서서 힘들을 포착하는 것 다음으로 예술가가 집중해야 하는 문제는 클리셰에 맞서 이미지를 발명하는 것이다. 클리셰는 너무 자주 사용해 이제는 낡은 상투적인 문장이나 이미지를 말한다. 예를 들어 파리에 가서 에펠탑을 배경으로 사진을 찍는다면 그것이 클리셰이다. 물론 우리 삶에는 경우에 따라서 클리셰가 필요할 때도 있다. 예를 들어 공항의 기념품 가게에서는 오직 클리셰만 파는데, 그러한 클리셰가 여행지를 곧바로 식별할 수 있게 해주기 때문이다.

그러나 예술은 습관적인 클리셰의 함정을 벗어나서 새로운 이미지를 어떻게 만들 것인가 하는 문제로 요약된다. 우리는 이미 너무나 많은 이미지로 둘러싸여 있기 때문이다. 베이컨은 우리가 사진과 잡지 이미지들에 둘러싸여 있어서 오히려 이미지를 비워내는 것이 문제라고 말한 바 있다. 오늘날 우리는 그보다 훨씬 더 강력하게 인터넷과 모바일의 이미지들에 붙잡혀 있다.

클리셰와 이미지의 문제는 회화뿐만 아니라 영화를 포함해 조형예술 전체에 해당하는 문제이다. 베르그손의 철학을 참조해 클리셰를 조금 다르게 정의하자면 그것은 세계에 대한 지각 전체에서 우리의 일상적인 관심에 따라 잘려진 부분이다. 따라서 우리의 일상을 구성하는 즉각적이고 습관적인 기제를 끊고 그로부터 벗어날 때 새로운 이미지는 우리에게 주어질 것이다. 물론 하나의 클리셰나 하나의 이미지는 영원히 같은 상태로 머물러 있지 않다. 고흐의 노란 카페처럼 처음에는 강렬한 이미지였다가 클리셰로 전락하는 경우가 적지 않다.

그리고 다시 새로운 이미지가 만들어질 때 그것은 클리셰를 뚫고 나아간다.

지금까지 설명한 들뢰즈의 이미지 위상학은 그의 사유 이론 및 신체 이론과 겹쳐진다. 들뢰즈는 순수한 사유란 모든 초월적 존재를 축출하며, 오직 존재의 일의성univocité을 긍정할 뿐이라고 말했다. 존재의 일의성이란 존재하는 것들은 모두 서로 다르지만 그러한 상이한 존재자들에게서 '존재'는 같은 의미로 이야기된다는 것을 의미한다. 그리고 이는 다른 존재자보다 선험적으로 더 탁월한 의미나 가치를 가진 존재자는 없다는 것을 함축한다. 들뢰즈는 이데아, 신, 국가, 심지어 자아의 동일성까지 모든 종류의 초월적 존재자를 타협 없이 밀어내고, 그 대신 그렇게 해서 만들어진 영토에 차이, 강렬함, 흐름, 기계, 리좀, 다양체, 분열자, 유목민을 살게 했다.

들뢰즈가 펼치는 사유의 전개에 따라 존재의 일의성이라는 테제는 여러 갈래로 퍼져 나간다. 가장 중요한 한 갈래는 신체의 동형성이다. 이것은 간단히 말하자면 모든 동물의 신체는 그 구성요소와 연결 관계가 서로 같다는 것을 의미한다. 주의할 것은 이는 신체의 가장 작은 단위의 수준까지 내려갔을 때 그렇다는 것이다. 이 수준은 이론적으로만 확인되는 것이기 때문에 이념적인 또는 잠재적인 차원이라고 말할 수 있다. 이런 차원에서 다양한 동물의 신체는 동형적인 요소와 구조를 가지고 있지만, 진화의 과정을 거치며 현실적으로 상이한 골격과 기관을 갖게 되었다. 예를 들어 코끼리의 앞다리와 고래의 지느러미는 현실적으로 다른 모양을 가지고 다른 기능을 하지만, 해부학적으로는 (또는 잠재적으로는) 같은 구조를 가지고 있다.

신체의 괴물성은 존재의 일의성이라는 형이상학적 테제에 대한 생물학적 버전이다.[18] 들뢰즈는 이전 저작들에서 자신의 신체론을 "기관 없는 신체"라고 여러 차례 제시하고, 이를 다양한 방식으로 전개한 바 있다. 베이컨의 회화와 관련해서 그는 다시 한번 이 개념을 동원한다. 기관 없는 신체란 무엇인가? 그것은 신체는 내포적 강렬함의 관점에서 이해되어야 하며, 기관들의 합으로 환원되지 않는다는 것이다.

    기관이란 선천적인 것이 아니라 이런저런 생물학적, 심리적, 언어적, 정치적 요구에 부응하며 형성된다. 그러므로 우리는 들뢰즈의 신체론과 이미지론 사이에서 간략하게 이런 대응 관계를 말할 수 있다. 이미지는 기관 없는 신체이고, 클리셰는 유기체적 기관이다. 신체는 어떻게 기관 밖으로 뚫고 나올 수 있을 것인가? 마찬가지로 이미지는 어떻게 클리셰를 뚫고 나올 수 있을 것인가?

    "기관 없는 신체"라는 표현은 원래 앙토냉 아르토라는 시인이자 연극 연출가가 쓴 것이다. 그는 말년에 극심한 분열증을 겪었는데, 이러한 정신병의 증상은 그의 과격한 사유와 구별할 수 없이 발현된 것이었다. 즉 그는 자신에게 이런저런 규정 또는 분절을 부과하는 모든 작용에 극심한 거부감을 가졌다. 그것은 한 사람을 점령하는 다양한 수준 모두에 해당되는 것이었다. 신체적인 수준에서는 폐나 위와 같은 장기가 있는 것, 치료의 차원에서는 정신병원에서 의사와 간호사가 자신을 침대에 묶어놓는 것, 언어적 차원에서는 원초적 생명력이 상실된 정제된 단어와 문법만을 허용하는 것, 사회적 차원에서는 정해진 신분과 역할 안으로 사람을 가두어두는 것 등을 말한다.

    아르토는 자신을 "기관 없는 신체"라고 불렀다. 들뢰즈는 이를 인용해 서양 사상사에서 가장 과격한 신체론의 표제어로 삼았다. 왜냐하면 아리스토텔레스 이래로 신체란 기관들의 집합이며, 특히 좋은 신체란 기관들의 유기적 협력이자, 사유 기관인 뇌를 중심으로 한 중앙집권적 복무였기 때문이다. 그런데 들뢰즈가 보기에 신체란 근본적으로 강렬한 에너지의 흐름이자 탈중심화된 연결이며, 이런 의미에서 비유기적이다. 아르토와 들뢰즈의 신체론은 모든 종류의 기관organe, 유기적인 것organique, 유기적 조직화organisation에 대한 전쟁을 선포한다.

들뢰즈와 과타리가 사용한 개념을 빌리면 아르토는 탈영토화된 신체, 그중 드물게 '절대적으로' 탈영토화된 신체이다. 아르토의 착란 그리고 그것과 구별되지 않는 감각 안에서 그의 신체는 기관 없이 오직 내포적 강도만이 흐르고, 그의 발화는 분절 없이 연속적인 외침만이 이어진다.[19]

물론 들뢰즈가 우리 몸에서 기관을 없애야 한다고 말하는 것은 아니다. 인간의 신체는 엄연히 여러 기관을 지니고 있다. 들뢰즈가 말하려는 것은 에너지의 흐름이 필요와 연결에 따라 기관을 만들어내는 것이지 그 반대가 아니라는 것이다. 들뢰즈는 오해를 막기 위해 조금 다른 표현을 사용하기도 하는데, 기관들이 "유기적으로 조직화되지 않는 신체corps sans organisation"가 그것이다. 요컨대 "기관 없는 신체"가 절대적 탈영토화, 아르토가 내적으로 느끼고 스스로 추구했던 극단적인 지점이라면, "기관이 유기적으로 조직화되지 않는 신체"란 다소간의 재영토화를 동반하는 상대적 탈영토화의 운동 상태에 있다고 할 수 있다.

들뢰즈가 보기에 베이컨의 그림은 바로 이 '기관 없는 신체'를 보여준다. 베이컨 역시 동물과의 기묘한 공감을 고백한 적이 있다. "큰 정육점에 가서 그 거대한 죽음의 공간을 지나가면 고기와 생선, 조류 등 모든 것이 죽어서 누워 있는 것을 볼 수 있습니다. … 분명 우리는 고깃덩어리이고 잠재적인 시체입니다. 정육점에 가면 동물 대신 내가 그곳에 있지 않다는 사실이 의외라는 생각을 늘 합니다."[20] 그의 작품들은 인간 안에 있는 동물적인 힘들을 밖으로 드러내고, 인간의 형상을 벗겨낸다. 문화라는 것이 인간다움을 강조하고 인간다움에 기

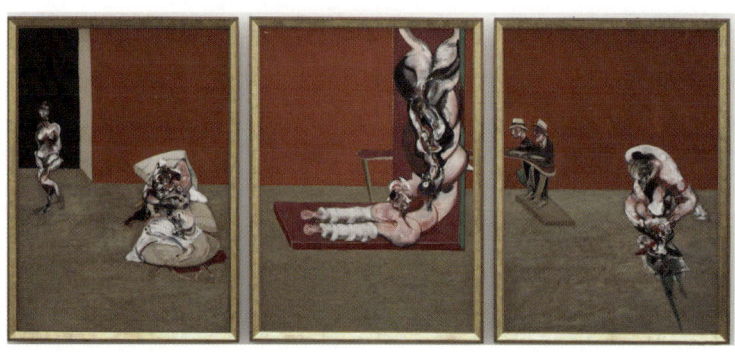

프랜시스 베이컨, <십자가 처형>, 1965

초해 있다면, 문화라는 담장이 무너지면서 인간은 동물과 어떤 공통의 지대로 들어가게 된다.

인간은 동물 되기를 겪는다. "감각을 구성하는 것은 바로 동물 되기, 식물 되기 같은 것들이다."²¹ 동물 되기는 단순히 동물의 외양을 갖는다거나 동물을 흉내낸다는 뜻이 아니다. 동물 역시 어떤 힘으로 변한다. 생성은 늘 이중적이어서 양쪽에서 일어난다. 인간의 동물 되기, 그리고 동물의 미지의 힘 되기라는 이중의 생성이 있다.

베이컨의 회화가 구성하는 것은 형태상의 대응이 아니라 인간과 동물 사이의 식별 불가능성, 결정 불가능성의 지대이다. 인간은 동물이 된다. 하지만 그렇게 되는 것과 동시에 동물은 반드시 영혼esprit, 인간의 영혼, 즉 에우메니데스나 운명의 여신으로 거울에 나타난 그런 인간의 물리적 영혼이 된다. … 그것은 인간과 동물의 공통의 사실이다.²²

들뢰즈의 감각론은 새로운 회화의 유형학을 수립하는 것으로 이어진다. 여러 학자가 지적한 것처럼 오감 중 시각이 서구 근대에 들어서 특권적 지위를 누리게 되었는데, 이는 원근법적 시선이 세계의 중심을 차지한 인간 주체가 세계를 일목요연하게 파악하고 통제할 수 있는 재현의 방식이었기 때문이었다.[23] 이에 반해 들뢰즈는 여러 감각이 공존하고 서로 호출한다고 말하면서 패치워크 또는 조각보를 새로운 회화의 원리로 높게 평가한다. 조각보는 총체적인 통일성 없이 부분 부분 연결해가면서 감각하는 방식을 나타낸다. 그리고 선원근법과 조각보를 양극단으로 삼을 때 그 사이에 여러 단계가 존재한다. 달리 말하면 손이 눈으로부터 자유로워지는 정도에 따라 회화의 유형을 배열할 수 있다.

  촉각이 시각의 통제로부터 얼마나 자유로워지는가에 따라 들뢰즈는 네 가지 수준을 제시한다. 즉 시각이 우세한 순서로 말하자면 이산적digital, 촉감적tactile, 수공적manuel, 촉지적haptique이 그것이다. 이산적 회화는 몬드리안의 그림처럼 직선이나 정사면체 등의 순수 시각적 형태들이 주도하는 차가운 추상 양식을 말한다. 촉감적 회화는 그려진 대상의 윤곽선이나 깊이를 따라 시선의 참조점들이 제시되는 방식을 말하며, 렘브란트, 마네 등 많은 구상회화가 여기에 속한다. 수공적手工的이라는 것은 손의 활동이 눈의 지배로부터 완전하게 자유로워지는 것을 의미하는데, 잭슨 폴록처럼 시각적 규제를 거의 의식하지 않고 손의 운동을 작품에 담는 경우를 말한다.

  들뢰즈가 중요하게 강조하는 것은 촉지적觸肢的 방식이다. 이것은 시력이 좋지 않은 곤충이 더듬이로 더듬어가면서 공간을 파악하듯, 회화 작품을 부분 부분 더듬듯이 보는 것을 의미한다. 예를 들어 프랜시스 베이컨의 대표작 중 하나인 〈회화 1946〉은 우연을 긍정하고 수용하면서 촉지적 공간이 형성된 과정을 잘 보여준다.

  그는 원래 들판에 내려앉는 새를 그리려고 했는데, 갑자기 침

몬드리안,
<브로드웨이 부기 우기>,
1942(위)

마네,
<아르장퇴유 정원의
모네 가족>, 1874(아래)

펀치, 맹금류, 우산 같은 다른 이미지들이 나타나 작업이 전혀 다른 방향으로 전개되었다. "그것은 우연이 계속 겹치면서 이어지는 것과 같았습니다. … 그것이 별안간 전혀 다른 감각 영역으로 향하는 문을 열어주었습니다."[24] 이 작품 앞에 선 감상자는 작품 전체를 통일적으로 조망할 수 있는 관점을 갖는 데 실패하고, 그 대신 하나의 작은 구역에서 다른 작은 구역으로 불연속적으로 더듬듯이 옮겨가면서 작품을 보

프랜시스 베이컨,
<회화 1946>, 1946

게 된다. 그리고 각 구역을 볼 때마다 색채의 시각뿐만 아니라 고기의 후각, 비웃음의 청각, 금속의 촉각 등 여러 감각이 동원되고, 하나의 감각에서 다른 감각으로 이행하게 된다.

    위대한 현대 화가들이 공통적으로 반反원근법적 공간 구성을 탐색하며, 이와 관련하여 이집트 회화가 지니고 있던 촉지적 성격을 주의 깊게 참고한다는 점을 덧붙일 필요가 있을 것 같다. 데이비드 호크니는 프랜시스 베이컨의 작품에서 이집트 회화의 양식을 발견하며, 본인도 이집트 회화의 구성을 참조해 여러 사진과 회화 작업을 선보였다. 데이비드 호크니는 대담에서 이렇게 말했다.

데이비드 호크니, <테베에서 온 부서진 머리가 있는 기자의 거대한 피라미드>, 1963

어느 누구도 미술이 진보한다고는 생각하지 않습니다. … 나는 그중 몇 가지 규칙을 바꾸었기 때문에 소위 '반半이집트 양식'이라고 불린 바로 그 방식으로 그림을 그렸습니다. … 내가 보기에 프랜시스 베이컨은 이집트 미술이 가장 훌륭한 미술이었고, 그 이후 미술은 내리막길을 걸었다고 결론을 내린 것 같습니다.[25]

그래서 '감각의 논리'란 무엇인가? 창작의 편에서는 작품 안으로 우연이 이끄는 힘들의 난입을 긍정하는 것이다. 그렇게 해서 상관적으로 감상의 편에서는 형태가 아니라 힘들을 감각하는 감성의 초월적 실행을 불러일으키는 것이다. 내포적 강렬함을 중심으로 창작자와 감상자 사이에 감각의 회로가 형성된다. 예술은 감성이 훈련되고 상승하는 아틀리에다.

4.

들뢰즈는 『차이와 반복』 이후에는 상상력imagination이라는 어휘를 거의 사용하지 않는다. 이 개념은 그의 사유 체계 바깥에 밀려나 있다. 그 대신 그는 이미지image라는 개념을 매우 자주 사용한다. 이는 단순히 어휘상의 문제가 아니며, 그의 단호한 철학적 입장을 반영한다. 이미지는 인간의 인식능력이 만들어내는 것이 아니라 그 자체로 우주를 채우고 있는 실재적인 개체이다.

이러한 이미지론은 루크레티우스의 지각 이론을 떠올리게 한다. 그는 사물들이 우리의 눈에 보이는 이유를 다음과 같이 설명했다. 사물들은 매미처럼 끊임없이 허물을 벗는다. 그 허물은 아주 얇아서 허공을 날아 우리의 눈에 와닿기 때문에 우리는 그것을 볼 수 있다.[26] 이것은 고대인들이 모든 인과관계는 접촉이 있어야 한다고 생각하던 시절의 설명 방식이어서 지금 듣기에는 좀 우스워 보일 수 있지만, 그렇게 볼 것만은 아니다. 필름카메라도 필름의 감광제가 빛의 노출에 따라 빛의 강약을 기록하는 것이며, 디지털카메라도 사물로부터 반사되어 온 빛을 이미지 센서가 감지하는 것이다. 들뢰즈가 말하는 이미지는 루크레티우스의 매미 허물 같은 것이다.

칸트는 자신이 세계와 인간의 위치를 바꾸었다고 주장했다. 실제로 그는 이 기획을 훌륭하게 수행했다. 세계의 주위를 인간이 떠도는 것이 아니라, 인간 주위로 세계가 운행하는 것이다. 칸트에게서는 인간의 구성적인 인식능력이 세계를 바라보며 이미지를 만들어낸다. 반면 들뢰즈는 이 구도가 더 이상 적절하지 않다고 생각한다. 그는 중심의 자리에 인간을 대체할 만한 다른 어떤 것을 가져다놓지 않고, 중심과 주변의 회전 체계 자체를 와해시킨다. 그는 중심 없는 우주, 만물이 만물에 상호 영향을 미치는 화엄경 같은 세계를 그려 보인다. 이미지는 사물들의 껍질로서 우주의 먼지처럼 그러한 공간 사이를 떠돌아다닌다.

마찬가지로 들뢰즈에게서는 개념 역시 실재성을 갖는다. 개념은 착상되고 전승되고 보류되고 폐기되고 탈취된다. 따라서 칸트에게서는 인간 안에서 상상력과 지성의 관계가 문제였다면, 들뢰즈에게서는 우주 안에서 이미지와 개념의 관계가 문제가 된다.

회화 이미지에서 영화 이미지로 옮겨가보자. 들뢰즈의 이미지 개념을 좀 더 잘 알기 위해서는 그의 영화철학을 잠시 살펴볼 필요가 있다. 들뢰즈는 『시네마』라는 제목으로 두 권의 책을 썼는데, 이는 20세기에 가장 영향력 있었던 예술 장르에 철학자가 저작을 할애한 거의 최초의 사례이자, 지금까지도 드문 사례로 남아 있다.

두 권의 부제는 각각 '운동-이미지'(1983)와 '시간-이미지'(1985)이다. 이 구분은 영화사에서 1940년대 이탈리아 네오리얼리즘을 기준으로 고전 영화와 현대 영화를 구분하는 것에 대략 상응한다. 하지만 들뢰즈의 구분과 관심은 역사적이라기보다는 미학적이다. 『시네마』에서 그는 영화 이미지의 본성을 새롭게 규명하고 그것의 유형을 분류한다.

그런데 들뢰즈의 영화미학을 이해하기 위해서는 우선 이미지 개념에 대한 혁신이 필요하다. 우리는 일반적으로 이렇게 구분한다.

사물은 저 바깥에 있고, 그것에 대한 표상은 우리 머릿속에 있다. 이것은 이미지가 실재에 부합하는가라는 항구적인 의심을 유발하며 서양의 근대 철학 안을 내내 유령처럼 떠돌아다녔던 불안의 원인이었다.

하지만 들뢰즈와 베르그손이 말하는 이미지는 머릿속에 있는 표상 같은 것이 아니다. 그것은 주체와 객체가 나누어지기 이전에 신체가 세계를 지각하는 사건이다. 아이가 눈을 떠 발견하는 세계나, 당신이 술 취한 다음 날 아침에 일어나 몽롱하게 보게 되는 것, 그것이 이미지이자 곧 세계이다. 이런 의미에서 들뢰즈는 이미지가 물질 또는 운동과 같은 것이라고 간주한다.

서양철학이 오랫동안 본질과 현상, 실재와 이미지 사이의 존재론적 위계 속에서 전개되어온 데 반해 들뢰즈는 존재자들 사이의 외재적 등급을 비판하면서 이미지를 동등한 실재로서 긍정한다. 이러한 내재성의 철학 안에서 우리는 예술과 미학의 특별한 위상을 확인한다. 우리가 미학이라는 이름 아래서 이미지를 사유하려고 할 때 우리는 배후 없는 이미지들 앞에 위치하고, 깊이 없는 이미지 또는 이미지 자체의 깊이를 발견한다.

들뢰즈의 철학적 영화 보기 안에서 영화 이미지는 크게 운동-이미지와 시간-이미지로 구성된다. 운동-이미지 체제에서는 인물들이 외부로부터 지각하고, 감정의 변용을 느끼고, 행동으로 나아가는 일련의 연쇄반응, 즉 감각-운동 도식에 충실히 따른다. 즉 운동-이미지는 지각-이미지(베르토프, 〈카메라를 든 사나이〉), 변용-이미지(칼 드레이어, 〈잔다르크의 수난〉), 행동-이미지(프리츠 랑, 〈도박사 마부제 박사〉) 등의 하위 분류로 나뉜다. 그렇다면 운동-이미지에서 시간-이미지로 어떻게 넘어가게 되는가? 영화사의 흐름 안에서 볼 때 이 이행은 제2차 세계대전을 기점으로 고전 영화에서 현대 영화로 넘어가는 역사적 진행과 대체로 겹쳐진다.

하지만 앞서 말했듯이 들뢰즈가 강조하는 것은 그 핵심에 있는 미학적 전환이다. 이탈리아 네오리얼리즘을 거치면서 인물들은 정서에서 행동으로 나아가지 않는다. 즉 감각-운동 도식이 이완되거나 붕괴하게 된다. 그리고 이제는 순수하게 시각적인 상황이 도래하는 것이다. 예를 들어 가난한 노인과 비참한 하녀는 깊은 슬픔을 느끼지만 너무 거대한 현대사회 안에서 적절한 행동을 취할 수 없고, 다만 무언가를 바라볼 뿐이다(비토리아 데 시카, 〈움베르토 디〉).

이제 분산되고 생략적이며 유랑하고 방랑하는 상황들이 주어지고, 불연속적인 블록들로 진행되고 의도적으로 약화된 연결들, 그리고 유동하는 사건들이 도래한다. 간단히 말해 행동의 영화가 아니라 보는 자의 영화가 된다. 시간-이미지는 회상-이미지(조셉 맹커위츠, 〈이브의 모든 것〉), 꿈-이미지(루이스 부뉴엘, 〈안달루시아의 개〉), 세계-이미지(장 엡스탱, 〈어셔 가의 몰락〉), 그리고 결정-이미지(오손 웰스, 〈상하이에서 온 여인〉)로 다시 나뉜다.

들뢰즈의 영화-이미지 분류에서 왕좌를 차지하는 것은 바로 이 결정-이미지image-cristal이다. 예를 들어 〈상하이에서 온 여인〉의 거울의 방 장면은 끝없이 반사되는 자신의 이미지들에 둘러싸인 여자주인공을 보여줌으로써 남자주인공을 함정에 빠뜨린 모습과 동시에 그를 사랑하는 모습이 공존함을 암시한다. 이렇듯 결정-이미지는 현실성과 잠재성이 완전히 합착되어 양자 사이에서 진동하는 "식별 불가능성의 지점"으로 우리를 이끌고 간다. 들뢰즈에게 이것은 영화뿐만 아니라 예술의 심장 그 자체이다. 그 심장에 피를 공급하는 문제는 이런 것이다. 어떻게 현실성과 잠재성이 공존하게 만들 것인가? 또는 현실적 이미지가 단지 수없이 많은 잠재적 이미지 중 하나에 불과하도록 만들 것인가?

『시네마』는 이미지를 이해하고 창작하는 데 매우 유용한 거대

오손 웰스, <시민 케인>, 1941
신문기자는 주인공 찰스 케인의 죽음 이후 그의 본모습을 알아내기 위해 여러 사람을 인터뷰한다. 그러나 증언을 통해 본 그의 여러 모습은 이질적이어서 서로 잘 합치되지 않는다. 영화의 마지막에 찰스 케인은 마주보는 거울 사이에서 자신의 '잠재적' 이미지를 무수히 많이 증식시키면서 화면 밖으로 걸어나간다. 이 장면은 오손 웰스의 영화 중에서 <상하이에서 온 여인>의 거울의 방 장면과 더불어 대표적인 결정-이미지이다.

한 범주표이다. 우리는 이 이론 덕분에 운동과 시간을 이미지 속에 담는 시대에 이미지를 보다 다양하게 제작하고 보다 깊이 사유할 수 있게 되었다. 물론 이 저서가 완결된 체계라는 뜻은 아니다. 『시네마』는 1980년대 중반에 쓰였는데, 들뢰즈는 동시대에 비디오카메라의 대중화로 인해 새로운 이미지의 체제가 도래하고 있음을 감지하고 있었다. 실제로 쓰진 않았지만, 그는 『시네마』 3권도 염두에 두었던 것 같고, 아마 부제로 '전자-이미지'를 생각하고 있었던 것 같다. 우리는 아쉽게도 쓰이지 않은 『시네마』 3권의 시대에 살고 있는 것이다. 우리는 어떤 이미지 체제로 넘어온 것일까? 당신이라면 그 책의 부제로 어떤 이미지를 붙이고 싶어 할지 궁금하다.

끝으로, 들뢰즈의 마지막 저작 『철학이란 무엇인가』(과타리와 공저, 1991)의 마지막 두 챕터는 예술에 대해 중요한 사유를 담고 있다. 이 책에서 그는 앞서 전개했던 예술에 대한 다양한 생각을 다시 한번 새로운 관점에서 종합한다. 새로운 관점은 예술에 대해 사실상의 질문이 아니라 권리상의 질문으로써 탐구한다. 즉 예술작품을 예술작품이게끔 하는 요소는 무엇인가?

들뢰즈는 예술을 둘러싼 몇 가지 통념을 비판하고 새로운 규정을 내놓는다. 첫째, 철학, 과학, 예술은 본성상 서로 다르지 않다. 이것들은 모두 창조하는 활동이다. 다만 창조의 대상이 다를 뿐이다. 철학은 개념을, 과학은 함수를, 예술은 감각-집합체를 창조한다. 각자의 고유한 영역이 있는 만큼 상호 간의 영향과 간섭이 언제나 존재한다. 둘째, 예술은 인간의 고유한 활동이 아니다. 예술은 영토를 표시하기 위해 질료를 사용할 때 시작된다. 새가 영역을 표시하기 위해 나뭇잎을 뒤집는 행동이나 익명의 누군가가 담벼락에 그래피티를 그리는 활동은 예술과 본질적으로 다르지 않다. 다만 재료들 사이의 관계에 더 많은 자율성을 부여하고 그것으로 더 다양한 표현을 향유할 때 고유한 의미에서 예술이 된다.

권리상의 질문이란 칸트가 탐구했던 초월론적 조건을 의미한다. 들뢰즈는 칸트의 질문을 이어받아 다시 제기하지만, 칸트와는 다른 관점에서 예술과 아름다움에 대해 해명한다. 칸트는 인간 인식의 주관 안에서 아름다움과 예술이 성립할 수 있는 가능성을 탐색했다. 반면 들뢰즈는 존재론적인 차원에서 예술작품의 성립 조건을 발견한다. 그는 예술작품을 "지각과 정동의 구성물"이라고 정의한다.[27]

지각percept과 정동affect이 있기 때문에 우리는 이런저런 지각 작용perception과 정서적 변용 작용affection을 경험하게 된다. 지각 작용과 변용 작용은 현실적이고 구체적이고 인격적인 반면, 지각과 정동은 잠재적이고 이념적이고 비인격적이다. 지각과 정동은 어떤 사물, 장소, 풍경에 이미 떠돌고 있는 것이다.[28]

      미술과 음악은 그런 지각과 정동을 포착해 캔버스와 악보에 담는 것이다. 오직 지각들과 정동들만이 서로 연결되어 있는 잠재적인 장이 예술이 탐색하는 공간이다. 누군가 그것의 한 구역을 감지하고 작품으로 창작했을 때 우리는 그의 고유명사를 따서 그 구역을 명명한다. 그렇게 말고는 달리 명명할 방법이 없기 때문이다. 베토벤식의 비장함, 파울 클레 스타일의 리듬감같이 말이다. 우리의 삶이 지각과 정동이 현실화된 공간을 방랑하고 유영하는 여정이라면, 예술은 우리의 감각이 순수한 지각과 정동 그 자체를 포착하고, 이것들을 통해 우리의 삶이 보다 더 강렬해지도록 변형하는 기술이다.

이근민, <문제구름>, 2021

이근민 작가는 자신이 직접 경험한 환각을 기반으로 거대한 고깃덩어리, 혈관, 장기들이 뒤엉켜 있는 모습을 그린다. 핏빛을 하고 있는 이 형상들은 과도한 에너지로 터질 듯이 부풀어오르거나, 기계처럼 맹렬하게 작동한다. 작가는 자신의 그림을 통해 사회가 어떤 존재를 일방적으로 정의하는 것, 즉 그가 '범주화', '데이터화', '표준화'라고 부르는 것에 강력하게 저항한다. 작가 자신이 "경계성인격장애" 진단을 받기도 했는데, 이 경험도 한 개인을 몇 단어의 진단명과 진단코드로 환원해 취급하려는 것 같은 사회적 관성을 더욱 비판적으로 바라보게 만들었다.

작가의 경험, 문제의식, 신체관은 "기관 없는 신체"를 떠올리게 만든다. 아르토는 『신의 심판을 끝장내기 위하여』(1947)에서 다음과 같이 말했다. "글쎄 당신이 원한다면 나를 묶으시오, 하지만 기관만큼 쓸모없는 것도 없지. 인간을 기관 없는 신체로 만들 때 그 모든 자동 기제로부터 자유롭게 될 것이고, 진정한 자유를 돌려줄 수 있게 될 거야." 진정한 자유를 위해서라면 장소와 규범에 맞게 길들여지고 점잔 빼는 신체를 뒤집을 수 있어야 한다고 아르토는 말했는데, 이근민의 작품은 바로 이 뒤집은 신체를 보여준다. 그리고 새로운 잠재력으로 꿈틀거리는 이 신체는 시각에 내재된 촉각과 후각의 공감각을 통해 우리에게 들이닥친다.

연작 <문제구름>의 영어 제목은 "Matter Cloud"로 되어 있는데, 'Matter'의 이중적인 뜻에 기대어 신체가 물질이자 곧 문제라는 것을 암시하고 있다. 생명체는 뇌라는 물질적인 조건에서 벗어날 수 없지만, 작가는 뇌에 작은 오류들이 존재하는 바람에 환시와 환후를 계속 경험해야 했다. 작가는 이 경험을 사회적 불편과 예술적 창조 사이에서 사유하고 있다. 프랜시스 베이컨이 감상자에게 힘들에 의해 뒤틀린 신체의 형상을 관찰하게 한다면, 이근민 작가는 관람객을 더 끌어당겨 거대한 고깃덩어리와 혈관 사이에 위치시키고 급기야 그것들이 되게 만든다. 그의 다른 작품 <피해망상의 배열>(2021) 같은 작품을 보고 있노라면 베이컨의 형상은 오히려 점잖아 보인다.

8장
증언 – 리오타르와 바넷 뉴먼

1.

리오타르를 유명하게 만든 것은 그의 '포스트모던' 개념이다. 그는 명시적으로 자신의 철학과 미학의 입장을 포스트모던이라고 규정한다. 그렇지만 이 개념의 범위에는 한정이 필요하다. 현대 프랑스 철학을 뭉뚱그려 포스트모던 철학과 동일시하는 경우가 있는데 이는 사실과 거리가 매우 멀다. 이 단어를 명시적으로 자신의 입장 또는 개념으로 사용한 사람은 리오타르와 보드리야르 정도이다. 그 외 다른 현대 프랑스 철학자들은 이 단어를 거의 사용하지 않았을뿐더러 심지어 푸코나 데리다 같은 이는 이 논의가 위험하다고까지 말한 바 있다. 포스트모던 논의는 건축사와 미술사에서 시작되어 번져갔는데, 미국 학계는 이에 대한 철학적 보충을 필요로 했고, 때마침 리오타르로부터 그 영양분을 발견했다. 말하자면 현대 프랑스 사상 전반이 아니라 특정한 일부분이 미국 학계에 수용되어 그들의 맥락에 맞게 재해석되었다고 할 수 있다.

현대 프랑스 철학과 미학은 데카르트에서부터 시작된 자기의식의 확실성에 근거한 주체성의 철학을 비판한다는 점에서 넓은 의미에서 '근대성 비판'을 포함한다고 말할 수 있다. 하지만 여기에서 리오타르가 말하는 '포스트모던'의 의미는 그것보다 더 구체적이고 한정적인 의미를 지닌다. 우리는 이 장에서 리오타르의 두 개의 에세이, 「질문에 대한 답변: 포스트모던이란 무엇인가」와 「숭고와 아방가르드」

를 따라가면서 그 취지를 살펴보려고 한다.[1]

그의 에세이 「포스트모던이란 무엇인가」는 먼저 리얼리즘을 비판하고 다음으로 숭고로부터 도출되는 두 가지 단계, 즉 모던과 포스트모던을 구분하면서 자신의 목적지에 도달한다. 그는 자신의 시대가 "이완의 시대"라고 말하면서 글을 시작한다. 이 글은 1983년에 쓰였는데 이 시기에 영국과 미국에서는 신자유주의가 본격적으로 시작되었고, 프랑스도 상대적으로 덜하긴 했지만 그 자장 안으로 들어가고 있었다. 리오타르는 "도처에서 실험을 중단하라는 요구"가 들려오고 있으며, 들뢰즈와 과타리가 쓴 『천 개의 고원』에 대해서도 이런저런 비아냥거리는 리뷰가 나오고 있다고 언급한다.

리오타르는 1990년대 서구에서, 그리고 한국에서도 커다란 반향을 일으키게 될 '포스트모던 논쟁'에 대해서도 언급한다. 그것의 핵심은 제2차 세계대전에 대한 철학적 층위의 평가와 관련되어 있다. 가장 문명화되어 있다고 자부했던 서유럽에서, 그것도 관념론을 통해 이성의 정점에 올라섰다는 독일에서 홀로코스트라는 잔혹한 만행을 저지른 원인을 어디에서 찾을 것인가 하는 문제를 의미한다.

독일의 사회철학자 하버마스는 "완수되지 않은 근대의 기획, 즉 계몽의 기획"을 더욱더 철저하게 밀어붙여야 한다고 주장한다. 즉 다른 민족을 말살시켜야 한다고 주장한 잔혹함에는 아직 합리적으로 계몽되지 않은 어떤 공포와 비이성이 존재한다는 것이다. 반면 리오타르는 근대성과 계몽이라는 기획이 명분은 좋지만, 진리를 누군가 소유하고 독점할 수 있다는 발상 자체가 바로 그러한 끔찍한 집단적 선동과 행위를 낳았다고 비판한다. 리오타르의 에세이는 바로 그러한 '모던'한 사고가 사실상 폐쇄적 총체성으로 수렴하고 있으며, 따라서 그러한 사고를 타협 없이 공격하고 그로부터 이탈하는 길을 찾는 것이 철학과 예술에 주어진 임무라는 점을 환기시키고자 한다.

이러한 목표를 위해 리오타르는 칸트의 숭고 개념을 중심 개념으로 삼으면서도 그것을 들뢰즈와는 다른 방향으로 이끌고 간다. 들뢰즈가 숭고에 담겨 있는 불일치를 '긍정적 창조'의 단초로 삼는다면, 리오타르는 '부정적 현시'의 논리로 해석한다. 뒤에서 다시 이야기하겠지만 숭고를 원천으로 하는 예술의 역사가 있다. 19세기 전반기 낭만주의, 20세기 초 아방가르드가 있었고, 20세기 후반 리오타르가 내세우는 포스트모던 미학이 그 뒤를 잇고 있다. 그가 보기에 예술의 아방가르드는 숭고의 현대적 버전이다.

아방가르드avant-garde에 세 가지 뜻이 담겨 있다는 점을 떠올려보자. 첫째, 군사적 용어로서 이 말은 선발대 또는 전위부대를 의미하고 본대本隊가 함정에 빠지지 않도록 미리 진로를 앞질러 가 전방을 살핀 후 되돌아와 방향을 알려주는 역할을 한다. 이들이 없다면 본대는 전멸하거나 크게 위험에 빠질 것이다. 둘째, 정치적 용어로서 이 말은 혁명을 일으키는 노선으로서 대중의 의식 개혁과 함께 나아가는 대중정당이 아니라, 우선 급진적인 정권 탈취를 통해 단절적인 변화를 만들어 인민의 각성을 일으키려는 전위정당을 의미한다.

예술가들은 아방가르드의 이러한 의미들을 차용했다. 셋째, 예술적 용어로서 아방가르드는 20세기 초 종교나 부르주아의 후원 아래에서 장식적이고 재현적이었던 기존의 예술형식을 가혹하게 비판하고, 그에 대한 대안으로 시적 언어의 잠재력을 급진적으로 탐구하고 과학기술의 발전을 적극적으로 수용하면서 작가 개인의 개성을 강하게 드러내는 예술운동을 의미했다. 아방가르드라는 이름 아래 표현주의, 입체주의, 미래주의, 다다이즘, 초현실주의 같은 사조들이 묶일 수 있을 것이다.

리오타르가 말하는 예술적 아방가르드는 정확히 말하자면 특정 유파라기보다는 이들에게서 나타나는 예술적 태도로서 19세기 말

브라크,
<바이올린과 촛대>,
1910

부터 20세기 중반까지 활동했던 일련의 화가들, 이를테면 "마네, 세잔, 브라크, 피카소" 등이 중단 없이 시도했던 예술적 실험과 태도를 가리킨다. 이 '전위성'은 기존의 안정된 규칙을 준수하려는 태도, 즉 그가 넓게 "리얼리즘"이라고 부르는 태도와 정면으로 대립한다. 리얼리즘의 요구란 소통의 투명성과 공공성을 강제하는 태도를 말한다.

> 예술적 실험을 중지시키려는 이런 다양한 형태의 권유 속에는 질서의 소환 및 단일성, 동일성, 안전성, 대중성, 공공성에 대한 갈망이 담겨 있다. 예술가와 작가들은 공동체의 품 안으로 돌아가야 하며, 혹은 적어도, 공동체가 병들어 있다고 생각되면 그것을 치유하는 역할을 해야 한다는 것이다.[2]

피카소,
<거울 앞의 소녀>, 1932

리오타르는 자신의 반反치유적 예술관을 분명히 한다. 치유란 인간과 집단의 정상적인 상태를 상정하는 것이고, '비정상적'이고 '일탈적'인 사람을 정상적 상태로 되돌려보낸다는 것을 의미한다. 그러나 리오타르가 보기에 예술은 그런 것이 아니다. 오히려 예술은 현재 질서가 편파적인 것이며 대중들의 취향은 그들 스스로 믿는 것처럼 그렇게 대단한 것이 아니라는 점을 깨우치는 데 있다.

리오타르에 따르면 예술의 진정한 역할은 지금으로서는 잘 받아들여지지 않는 어떤 새로운 규칙을 창안하고 암시하는 데 있다. 그것은 현재의 질서에 반기를 드는 일이고, 따라서 예술은 무엇보다 치유에 종사해야 한다는 요구에 단호히 맞서야 한다는 것이다. 이것은 우리에게는 좀 이상하고 심지어 무책임하게 들릴 수도 있다. 오늘날에는 어느 때보다도 예술에 치유의 역할을 부여하는 목소리가 높기 때문이다.

좀 더 넓은 맥락에서 보면 1950년대부터 1980년대까지 프랑스 현대철학은 새로운 미학적, 윤리적 실험과 논리를 광기와 '비정상'의 모델에서 추출하고자 했고, 리오타르도 그러한 흐름 안에 있었다. 예술은 일상을 바꾸는 것이지, 일상을 회복하는 것이 아니다. 치유를 통해 사회적 정상성을 회복하는 것은 최소한 좌파의 아젠다는 아니었다고 할 수 있다.

그런데 1990년대부터는 현대 프랑스 사상에서도 치유의 문제가 중요하게 제기된다. 이는 다양한 측면에서 검토되어야 할 문제이겠지만 아마도 신자유주의가 생산하는 주체성이 자기 경영적 모델에 입각해 있다는 분석들을 염두에 둔다면, 이 시기부터 사회적 성공과 실패를 온전히 개인의 책임으로 돌리는 분위기가 본격화되었고, 유럽에서도 많은 수의 '아픈' 시민이 부산물처럼 생산되고 방치되었기 때문일 것이다.

우리나라에서는 그와 비슷한 일이 2010년대부터 시작되었다고 볼 수 있을 것이다. 즉 신자유주의의 능력주의 윤리의 부작용이 병리 현상으로 가시화된 시기, 그리고 그와 나란히 대학에서 많은 예술학과가 '예술치료학과'가 된 시기가 이때였다.

우리는 분명 리오타르와는 다른 시대적 배경, 다른 사회문제 속에서 살고 있다. 따라서 리오타르의 분명한 반치유적 예술관을 문자 그대로 수용할 것인지는 논의의 여지가 있고 독자들마다 다르게 평가할 수 있다. 그렇다고 해서 그가 한 말을 단순히 기각하는 것 역시 성급한 일이고, 다만 그가 어떤 취지에서 이런 이야기를 한 것인지는 깊게 이해할 필요가 있다. 오늘날 예술이 쉽고 대중적이어야 한다는 단순하고 일면적인 요구가 마치 상식인 듯 통용되고 있다. 이를테면 최근 몇 년간 국내 아트페어는 '아트박스'처럼 변해가고 있고, 미술 판매 시장의 상당 비율은 귀엽고 재인식 가능한 캐릭터를 만들어내는 산업으로 변질되었다.

「포스트모던이란 무엇인가」에서 리오타르가 말하는 '리얼리즘' 또한 특정한 사조, 이를테면 19세기에 유행하고 확립된 특정한 사조라기보다는 보다 넓은 의미에서 미학적인 또는 윤리적인 어떤 태도를 의미한다. "지시 대상을 안정시키는 것, 지시 대상을 인식 가능한 것으로 보이도록 정돈하는 것, 그리고 수신자들로 하여금 이미지와 전후 문맥 관계를 재빨리 판독하게" 하는 것을 의미한다.[3]

어떤 사상가들은 리얼리즘에서 벗어날 수 있는 가능성을 새로운 매체에서 찾기도 했다. 즉 20세기에 등장한 기술 매체가 소설에서 확립된 리얼리즘적 재현 자체를 방해하고 교란한다는 것이다. 이를테면 영화의 기술적 핵심은 몽타주인데, 몽타주는 임의의 시간과 임의의 공간을 연결하고 응시의 시점을 임의로 바꾸는 것을 가능케 한다. 사상가들은 영화 기술의 불연속성이 소설의 연속적 재현과는 전혀 다른 방식으로 대중들의 지각과 사고를 형성한다고 주장했다.

여기서 매체 미학에 대해 잠시 생각해보자. 리오타르는 발터 벤야민과 그의 매체 미학에 대해 비판적으로 언급한다. 주지하다시피 벤야민은 그의 유명한 에세이 『기술복제시대의 예술작품』에서 현대에 예술의 성격이 근본적으로 변화하고 있으며, 예술은 정치적으로 새로운 잠재력을 품고 있다고 주장했다. 사진이나 영화처럼 이미지를 복제할 수 있는 장치의 등장으로 인해 예술작품의 '아우라', 즉 유일성과 원본성에 담겨 있는 신비로운 성질이 사라지고, 그 대신 기술적 장치들은 파편과 재구성이라는 새로운 지각 방식을 관객들에게 각인시킨다. 이러한 새로운 감수성은 사회 현실을 비판적으로 고찰하고 재구성할 수 있게 하는 기반을 형성한다는 것이다.[4]

그러나 리오타르가 보기에 매체마다 뚜렷하게 구별되는 특성이 있다는 생각은 성급하고, 매체적 특성에 기대는 정치적 기획은 근거가 취약하다. 왜냐하면 회화에서 사진으로, 문학에서 영화로 진행된 역사에는 표면적으로 나타난 매체의 변화보다 더 근본적인 예술적 논리가 존재하기 때문이다. 즉 회화에서 사진으로 이행한 것은 15세기 원근법의 발명으로 대표되는, 가시성의 질서를 구축하려는 동기의 완성이고, 문학에서 영화로 나아간 것은 시간의 흐름 안에서 이야기를 유기적으로 조직하려는 동력이 18세기에 나타난 이후 일관되게 실현된 것이다.

말하자면 매체 간의 이행은 단절이라기보다는 재조직이나 (곤충의) 변태變態에 가깝다. 더 나아가 리오타르가 보기에 문제는 이러한 복제 기술의 예술이 기존 질서의 안정성과 정당화에 더 광범위하고 강력하게 복무한다는 것이다. 매체의 단절성을 강조하는 이론들은 이러한 현실적 문제를 보지 못하게 만든다.

리오타르는 짧게나마 매체적 논리와 미학적 논리 사이에 어떤 것이 더 주요하고 현실적으로 더 큰 영향력을 발휘하는가 하는 논점 또한 제기한다. 매체의 변화가 감성과 미학 자체를 혁신하는가, 아니면 상이한 매체들 아래에 어떤 비가시적인 미학적 논리가 도도히 흐르고 있는가? 참고 삼아 미리 언급하자면 이러한 논점은 자크 랑시에르에게서도 유사하게 발견된다. 그 역시 매체의 단절과 변화에 주목하는 이론들이 지나치게 피상적이라고 비판하고, 매체들 안에서 여전히 반복되고 있는 미학적 입장들의 대립이 훨씬 더 중요하다고 강조한다.

조금 더 논의를 확장해보면 이 관점의 차이는 어쩌면 현대에 프랑스 미학과 독일 미학 사이의 전반적인 거리를 보여주는 것일 수 있다. 현대 독일 미학이 발터 벤야민과 프리드리히 키틀러를 주요 참조점으로 삼으면서 매체 미학으로 크게 전회했다면, 현대 프랑스 미학은 상대적으로 매체의 문제에 관심을 덜 보이는데, 이는 바로 후자의 이론가들이 매체 저변의 미학적 논리에 더 주의를 기울이기 때문이다. 일반적인 수준에서 두 국가의 시민들이 기계나 기술에 대해 보이는 관심이 다르다는 점에 대해서도 언급할 수 있겠는데, 다만 이에 대한 근거를 제시하는 것은 이 책의 범위를 넘어서는 것 같다.

원래 논의로 되돌아오자면 예술가는 단적으로 말해 리얼리즘적 요구에 맞서 싸워야 한다. 그들은 규칙의 순응자가 아니라 새로운 규칙의 입법자이다.

> 화가들과 소설가들이 기존의 것에 대한 옹호자(결국 중요치 않은 사람)가 되는 것을 원하지 않는다면 그들은 이런 치유적인 일을 거부해야 한다. 그 대신 그들은 선배들로부터 배우고 인계받은 회화와 서사 예술의 규칙들에 대해 의문을 제기해야 한다.[5]

리오타르가 예술이 치유로 환원되어서는 안 된다고 말하는 이유가 여기에 있다. 예술은 공동체의 질서를 수호하고 회복하는 것이 아니라 기존 규칙을 발견하고 이의를 제기하고 새로운 규칙의 가능성을 암시하는 것이어야 하기 때문에 어떤 균열, 차이, 쟁론을 각오해야 한다. 그리고 리오타르는 이러한 예술가의 상을 칸트의 천재론으로부터 가져와 그것을 예술가의 일반적인 상으로 이론화한다. 이 점에 대해서는 잠시 후에 살펴보도록 하자.

2.

리얼리즘 또는 그러한 태도를 대중들이 요구한다는 것은 큰 문제가 아닐 것이다. 대중들이 난해한 예술을 회피하고 그에 대해 쉬운 이해와 명료한 규칙을 요구하는 것은 그 자체로는 비난할 만한 일이 아니다. 문제는 두 개의 강력한 권력이 이러한 리얼리즘적 태도를 유도하거나 강제한다는 데 있다. 그 두 개의 권력이란 정치권력과 자본권력이다. 리오타르가 소위 리얼리즘을 비판하는 이유는 정작 리얼리즘에는 '리얼'한 권력의 문제가 빠져 있기 때문이다. "리얼리즘에 대한 유일한 정의는, 그것이 예술에 대한 질문 속에 함축된 현실에 대한 질문을 회피하고 있다는 것이다."[6]

우선 국가권력을 독점하는 정당은 이념이라는 이름하에 이런저런 '좋은' 규칙의 목록을 만들어 예술가와 사상가에게 강제한다. 예를 들어 1920년대 독창적인 작품들로 존경받았던 영화감독 예이젠시테인조차 1920년대 후반에는 소위 '사회주의 리얼리즘'의 규범에 충실하지 않다는 이유로 자기 작품에 대해 변명조의 해명을 해야 했다. 우리나라에서도 문체부에서 예술가들의 지원 여부를 규제하는 블랙리스트를 작성해서 심각한 문제가 되기도 했다.

정치권력보다 더 강력하고 광범위한 문제는 자본권력이다. 자본주의하에서 모든 사람은 자본을, 더 많은 자본을 원하기 때문이다. 사람들은 정치권력에 의해 강제된다면, 자본권력에는 자발적으로 순응하고 그것으로 진입하고 싶어 한다. 정치권력과 비교하면 자본권력이 보장하는 자유로움은 확실히 관대한 형태를 띤다. 레게음악과 서부극과 맥도널드와 전통 음식이 뒤섞이는 것은 아무렇지 않으며 심지어 환영받는다.

절충주의적 작품을 애호하는 사람들을 쉽게 발견할 수 있다. 예술은 키치가 됨으로써 애호자들의 취향을 지배하는 혼란과 영합한다. 예술가, 화랑 소유주, 비평가, 대중은 모두 '무엇이든 좋다'라는 것 속에 빠져 있다.[7]

그러나 이 무차별하고 상대주의적인 자유로움 뒤에는 사실 감추어진 단 하나의 강력한 원칙이 존재한다. '단 그것이 돈이 된다면'이라는 조건이다. '이 모든 것은 자유롭게 허용되어야 한다. 단 그것이 돈이 된다면.' 바꾸어 말하면 돈이 되지 않는 것은 헛일이고 더 나아가 해로운 일이라는 것이다.

이처럼 정치권력과 자본권력은 이미지들이 쉽게 식별 가능하고, 모호함 없이 재인식되고, 상품처럼 거래 가능한 것이기를 요구한다. 바로 이러한 이유에서 진정한 예술가라면 기존의 예술의 규범 그리고 사회적 규칙들을 의문에 부쳐야 하는 것이다. 리오타르에게 심미적 판단이란 기존의 안정된 규칙을 교란시키는 효과를 갖는 것이다.

정치권력과 자본권력 앞에서 심미적 판단은 독자성과 고유성을 유지하기 어렵다. 따라서 예술가의 임무는 이중의 권력에 맞서 심미적 판단의 고유성을 방어하고 수호하는 것이다. 흥미로운 것은 리오타르의 이러한 논의가 칸트의 심미적 판단의 자율성에 관한 논의와 거의 흡사하다는 것이다. 실제로 그는 칸트가 『판단력비판』에서 전개한 논리를 암시하고 있다. 앞서 살펴보았던 것처럼 칸트는 심미적 판단을 독자적인 영역으로 구분하고 별도의 체계를 구축했다. 여기에 담겨 있는 좀 더 깊은 의미를 살펴봐야겠다.

칸트는 기존 철학자들에 맞서 두 가지 어려움 속에서 심미적 판단의 자율성과 보편성을 해명했다. 두 가지 어려움이란 감성의 열등함과 상대성이다. (1) 감성은 인식능력으로 보자면 지성에 비해 열등하다. 지성은 사물들에 대해 세부 사항을 분석해서 판명한 사실, 그래서 신뢰할 수 있고 본질적인 내용을 알려준다. 그에 반해 감성은 세부 사항을 뭉뚱그려 혼잡하고 변덕스러운 느낌만을 알려줄 뿐이다. 따라서 올바른 인식을 위해서라면 감성은 지성의 지휘에 따라야 하고 지성에 재료를 제공하는 것으로 만족해야 한다. 17세기 합리주의자들이 이러한 감성 이해를 가지고 있었고, 18세기 중반에 바움가르텐이 '열등하지만 정당한 인식능력'으로서의 감성에 대한 학문(미학)을 구상했다.

(2) 감성이 인식을 위한 것이 아니라 취향을 드러내기 위한 것이라면 심미적 판단은 개인차가 존재하고 지극히 상대적인 것이다. 오일 파스타와 토마토 파스타를 고르는 입맛 사이에 우열이 없듯이 누군가는 게르하르트 리히터와 웹툰 사이에도 우열이 없다고 말할 것이다. 인간의 평등성이라는 명분하에 모든 취향은 동등한 것으로 존중받는다(사실 이는 백화점에서 판매자가 소비자에게 상품 선택의 이유를 묻지 않는 것과 다를 바 없다). 이런 이유에서 취향의 우위를 평가할 기준을 세우는 것은 불가능하다. 18세기 경험주의자들이 취향에 대해 대체로 이러한 자유주의적이고 상대주의적인 관점을 가지고 있었다.

요약하자면 감성적 지각은 모든 인간에게 동일하게 내재해 있지만, 지성적 인식보다는 열등한 종류의 능력이다. 이것이 심미적 판단이 처해 있는 두 가지 어려움이다. 즉 지성적 판단에 복종하거나, 아니면 상대적인 것으로 해소되고 마는 것이다.

리오타르가 보기에 이 두 가지 어려움은 두 가지 거대 권력이 예술에 가하는 전형적인 위협과 같은 모습을 하고 있다. 앞에서 말했듯이 정치권력과 자본권력은 예술이 자신의 고유한 역할을 하지 못하도록 방해한다. 한편으로 정치권력은 피지배자들이 따라야 할 규범과 언어를 제시하며, 이것은 예술적 감상이나 심미적 경험을 일방적으로 규정한다. 이때 심미적 경험에 고유한 반성적 판단력이 사라지고, 심미적 판단력은 (재)인식 활동에 상응하는 규정적 판단력과 동일시된다.

요컨대 감성적 판단(대중의 활동)은 불확실하고 열등한 것이어서 지성적 규정(권력자의 지시)에 종속되어야만 한다. "표현은 지성 속에서 잘 구성된 것이며, 그래서 이런 표현 아래에 포섭될 수 있는 실례들만이 경험 속에 남아 있게 된다."[8] 리오타르는 여기에서 소련 공산당의 규범적 예술관을 강하게 비판하고 있다.

다른 한편으로 자본권력은 예술을 다른 종류의 문제에 처하게 한다. 정치권력이 범주적 규정을 강요한다면, 자본권력은 감성과 취향이라는 이름하에 무차별적인 포용을 가장한다. 다른 사람에게 어떤 기준을 제시하는 것은 무례한 짓이다. 하지만 허공을 떠도는 무수히 많은 취향을 측정할 수 있는 유일한 기준이 있다. 즉 많은 이윤을 낸 상품이 좋은 작품이다.

이 주장을 반박할 근거는 어디에서도 발견되지 않는다. 심미적 판단의 기준을 세우는 것은 불가능하고, 모든 취향의 주장은 개인적인 것이기 때문이다.

> '무엇이든 좋다'라는 이런 유의 리얼리즘은 돈의 리얼리즘이다. 미적 기준의 부재 속에서 이윤에 따라 예술작품의 가치를 평가하는 것이 여전히 가능하고 유용하다. … 우리가 투기하거나 즐기려고 할 때는 섬세한 감정을 필요로 하지 않는다.[9]

요컨대 칸트가 감성의 열등함과 취향의 상대성을 뚫고 아름다움의 자율성과 보편성을 주장할 수 있었던 것처럼 리오타르는 정치권력의 억압과 자본권력의 냉소에 맞서 예술의 전위적 과제를 옹호하려는 것이다. 다만 리오타르가 칸트와 다른 점이 있다면 아름다움에 관한 이론이 아니라 숭고에 관한 이론에서 그 잠재력을 끌어오고 있다는 점이다. 칸트의 숭고론으로부터 니체의 니힐리즘으로 이어지는 흐름 안에서 리오타르는 합의된 현실의 바깥을 주시하는 미학적 태도를 발견한다. "근대 예술이 그 동력을 발견했고, 아방가르드의 논리가 그 공리를 발견한 곳이 바로 이 숭고의 미학이라고 나는 생각한다."[10]

리오타르가 숭고의 감정을 중요하게 생각하는 이유는 그것이 합의나 일치가 아니라 갈등과 불일치에서 발생하기 때문이다. "이 감정에 있어 쾌는 불쾌로부터 나온다. … 이런 모순은 한 주체 속에 있는 능력들, 즉 어떤 것을 인식하는 능력faculté de concevoir과 어떤 것을 현시하는 능력faculté de présenter 간의 갈등으로 발전되고 있다."[11] 여기에서 '인식하는 능력'은 지성을, '현시하는 능력'은 상상력을 말한다.

앞서 2부를 시작하면서 보았듯이 숭고는 주어진 이미지가 상상력의 범위를 넘어서고, 이로 인해 지성을 무력화시키는 사태로부터 시작된다. 아름다움은 상상력과 지성, 이미지와 개념이 어떤 일치를 향해 수렴해가면서 유희할 때 발생한다. 반대로 숭고는 상상력과 지성 사이의 불일치와 관련되어 있다.

리오타르는 칸트의 서술을 약간 수정하면서 숭고를 이렇게 정의한다. "상상력이 개념과 일치될 수 있는 대상을 현시할 수 없을 때 숭고는 나타난다."[12] 여기에서 '개념'은 칸트의 용어로 말하면 '이념'에 더 가깝다. 이어지는 설명에서 세계의 총체성, 사물의 단순성, 절대적으로 큰 것 등을 예시로 들고 있기 때문이다. 인간은 그러한 것들을 생각할 수는 있지만, 구체적인 이미지로 나타낼 수는 없다. 요컨대 이런 것들은 "현시할 수 없는 이념들"이다.

리오타르에게 이 지점은 매우 중요하다. 숭고에 현시할 수 없는 이념들을 떠올리게 하는 힘이 있다는 사실에 그의 미학 전체가 놓여 있다. 현시할 수 없는 이념들이 존재한다는 사실은 기존의 규칙과 질서를 옹호하는 관성에 맞서 싸우기 위한 기지 같은 역할을 한다. "이런 것들은 미의 감정을 일으키는 능력들 간의 자유로운 일치를 금하며, 취미의 형성과 안정성을 방해한다. 이런 것들은 소위 현시될 수 없는 것들imprésentables이다." 여기에서 파울 클레의 목소리는 다시 한 번 울려 퍼진다. '현대 미술의 과제는 보이지 않는 것을 보이게 하는 것이다.' 리오타르에게 "보이지 않는 것"은 숭고의 감정을 낳는 현시될 수 없는 것들이다.

이처럼 리오타르도 들뢰즈와 함께 숭고의 잠재력과 파울 클레의 정식을 공유한다. 하지만 들뢰즈와 달리 리오타르는 '보이게 하는' 적극적인 일은 가능하지 않다고 생각한다. 설사 가능하다 해도 그것은 바람직하지 않다고 평가한다. 무한한 것은 "비형식", "형식의 부재", "공허한 추상"을 통해서만 표현될 수 있기 때문이다.

"칸트에 따르면 이 추상 자체는 무한한 것에 대한 표현, 즉 무한한 것에 대한 부정적 현시와 같은 것이다."[13] 앞서 말한 것처럼 여기에서 '부정적'이라는 말은 논리적인 의미에서 '무엇무엇이 아니다'라는 방식으로만 지시될 수 있는 것을 말한다. 즉 무한한 것은 유한한 어떤 것이 아닌 것으로서만 표시될 수 있을 따름이다. 무한한 것의 이념은 어떤 구체적인 이미지로서 실정적positive으로 표현될 수 없다.

그런데 이 대목에서 리오타르는 『구약성서』의 한 대목을 인용한다. "너희는 우상을 만들지 말지어다."(「출애굽기」) 칸트 역시 이 구절을 인용한 바 있는데, 리오타르는 이 구절이 절대적인 것의 현시를 금지하고 있다는 점에서 칸트가 이 구절을 가장 숭고한 대목으로 꼽는다는 점을 강조한다. 리오타르의 인용은 의미심장하다. 왜냐하면 이후 랑시에르도 지적하듯이 리오타르의 사상이 근본적으로 유대교적인 뿌리를 지니고 있다는 점을 드러내기 때문이다.

유럽의 종교들은 신과 피조물, 무한자와 유한자 사이의 관계에 대해 다양한 관점을 취해왔다. 신의 속성은 모든 것을 알고, 언제나 선하고, 무한한 힘을 지니고 있다는 것이다. 그런데 이러한 술어들은 인간에게 귀속되는 것과 같은 의미를 지니는 것일까? 인간이 선한 방식 그대로 신도 선하다고 추측해도 되는 것일까? 만약 신과 인간에게 귀속되는 술어가 같은 의미를 지닌다면 그 관계는 '긍정적'이라고 이야기된다.

그러나 서구의 주류 전통은 그렇게 보지 않았다. 간략하게 말하자면 가톨릭은 양자의 관계가 '유비적'이라고 생각했다. 즉 우리는 신의 속성을 아예 모르는 것은 아니지만, 그렇다고 충분히 알 수 있는 것도 아니다. 우리는 신의 속성을 유비적으로만 알 수 있을 뿐이다. 유비적이라는 말은 이를테면 신과 인간의 관계가 인간과 곤충의 관계와 비슷하다는 것이다. 곤충이 자신의 속성을 기준으로 인간을 이렇게저렇게 규정하고 평가한다면, 이를테면 "인간은 불쌍하게도 팔다리가 네 개밖에 없네"라고 말한다면 그것은 부당할 것이다. 곤충은 인간에 대해 부분적으로만 알 수 있다. 마찬가지로 인간 역시 신에 대해 부분적이고 간접적인 방식으로만 알 수 있다.

반면 유대교는 신과 인간의 관계가 완전히 '부정적인' 관계라고 생각한다. 즉 신은 인간이 생각하는 모든 술어에 대해 부정적인 방식으로만 규정된다. 오직 다음과 같은 방식으로만 이야기될 수 있다. '신은 무엇무엇이 아니다.' 이런 신학적 이유에서 가톨릭은 신에 대한 여러 이미지와 예술작품을 만드는 것을 허용했지만, 유대교는 신에 대한 어떠한 형상을 만드는 것도 금지한다. 그것은 일종의 신성모독이다.

우리는 리오타르의 사유와 예술관에서 이러한 유대교의 영향을 발견할 수 있다. 그가 칸트의 숭고 개념을 중요하게 생각하는 것도

말레비치,
<흰 바탕에 흰 사각형>,
1918

어쩌면 이러한 절대자와 이미지에 대한 관념을 기본적으로 지니고 있어서인 듯 보인다. 잠시 후에 살펴보게 될 리오타르의 바넷 뉴먼론에서 이러한 관점이 더욱 두드러진다.

    리오타르는 말레비치의 추상회화를 예로 들며 다음과 같이 말한다. "[숭고의 미학은] 말레비치가 그린 정사각형처럼 흰 것이며, 그것은 볼 수 없도록 함으로써만 볼 수 있게 하고, 그것은 고통을 야기함으로써만 기쁨을 준다."[14] 이러한 색면추상 작품들은 형태가 (거의) 없기 때문에 유한성 바깥, 즉 무한하고 절대적인 것을 간접적으로 가리킨다. 여기에서 리오타르의 회화론의 핵심을 알 수 있는데, 그에 따르면 예술은 절대적인 것을 오직 "암시"할 수 있을 뿐이며, 암시하기만 해야 한다.

3.

리오타르가 부정적 현시 또는 간접적 암시를 주장하는 것은 그의 예술뿐만 아니라 그의 세계관과 존재론 전체와 관련이 있다. 그는 칸트의 숭고 개념 안에서 "현실과 개념 간의 불가공약성incommensurabilité"[15]를 발견한다. 정확히 말해 그러한 불가공약성이 세계의 진실이고, 그러한 진실이 칸트의 경우 숭고 개념을 통해 드러난다. 현실과 개념 간의 불가공약성이란 개념이 현실을 모두 담아내거나 드러낼 수 없다는 반反합리주의적 사실을 가리킨다.

합리주의rationalism는 서양 사상사의 주류 전통을 형성해왔고, 동아시아 사상사와 비교했을 때에도 유럽의 고유한 특징을 형성했다고 말할 수 있다. 합리주의란 언명된 여러 주장이 경합할 때 어떤 것이 더 타당한지 따져볼 수 있고, 이때 각 주장들의 요소들을 평가할 수 있는 객관적인 또는 이념적인 어떤 근거가 존재한다는 것을 전제하는 태도를 의미한다.

그런데 라틴어에서 근거에 해당하는 단어 ratio는 비율이라는 뜻도 함축하고 있다. 이 사실은 합리주의의 핵심을 드러낸다. 구체적으로 수학적인 의미에서든 추상적으로 철학적인 의미에서든 근거란 어떤 단일성(단위)을 척도로 삼는다는 것을 의미하고, 합리성이란 이 척도의 비율로 나타내질 수 있다는 것을 의미한다.

만약 어떤 사람이 '한국이 일본보다 더 민주주의적인 국가이다'라고 주장하고, 다른 사람은 그 반대를 주장한다고 해보자. 여기에서 어떤 주장이 더 옳은지 판단하려면 '민주주의'라는 개념의 구성요소들을 규정할 수 있어야 하고, 더 나아가 그 구성요소들을 척도로 삼아 두 나라를 비교할 수 있어야 한다. 마치 두 대지 중 어디가 넓은지 알아내려면 단위면적 1제곱미터를 정하고 이를 기준으로 양쪽을 측정해야 하듯이 말이다.

이처럼 합리주의란 현실이 개념에 의해 적절하게 측정될 수 있다는 것, 다시 말해 현실과 개념 사이에 공통의 척도가 존재한다는 것을 전제한다. 그런데 만약 사정이 그렇지 않다면 어떨까? 원주율을 구하기 위해 노력했던 역사를 떠올려보자. 원에 내접하는 정다각형의 면의 수를 계속 늘려가도 원과 똑같아지지 않듯이 현실과 개념 사이에 공통의 척도가 존재하지 않아서 개념이 현실을 포착하려고 할 때마다 그 아래 무한소수 같은 잉여가 발생할 것이다.

리오타르는 이런 의미에서 "현실과 개념 간의 불가공약성"을 언급한다. 리오타르가 보기에 칸트가 설명하는 아름다움이 여전히 합리주의적 미학 이론 안에 있다면, 그의 숭고론은 비합리주의적 미학 이론을 가리키고 있다. 칸트의 숭고론에서 현시할 수 있는 능력과 인식할 수 있는 능력이 서로 불일치할 때, 즉 전자가 자신의 범위 밖에서 후자를 암시하고, 후자가 전자 안에서 단지 부정적으로만 표현될 때 길들여지지 않은 세계가 이 양자 사이를 뚫고 자신의 본성을 드러낸다. 리오타르가 말하는 포스트모던이란 이러한 비합리주의적 세계에 대한 직시를 촉구하는 것이다.

'포스트-'라는 접두어가 붙은 수없이 많은 말이 있다. 포스트-인상주의, 포스트-구조주의, 포스트-휴머니즘 등등. '포스트-x'라고 할 때 이 말은 일차적으로는 시기적으로 x 이후에 온다는 뜻이지만, 보다 중요하게는 x의 영향을 받았으면서도 그 바깥으로 벗어나려는 움직임을 가리킨다. 따라서 이 접두어는 영향과 이탈이라는 이중적 관계를 가리키고, 더 나아가 우리는 이러한 이중적 관계가 서로 얽혀 있다는 점을 이해해야 한다. 리오타르 역시 포스트모던이 단순히 모던의 부정이나 대립이 아니라는 점을 분명히 한다. "포스트모던은 분명히 모

던[근대]의 한 부분이다."¹⁶

　　포스트모던은 모던의 종말을 의도하는 것이 아니다. 그것은 차라리 모던의 어떤 최종 구간이라고 말하는 것이 더 나을 것이다. 포스트모던은 모더니즘이라는 기획의 핵심 요소를 오히려 더욱 철저하게 실현하고자 함으로써 모더니즘의 범위 바깥으로 이탈하는 것을 말한다. 그렇다면 모더니즘의 핵심이란 무엇인가? 리오타르는 모더니즘이 바로 우리가 지금까지 말해온 숭고의 이념 안에서 전개되어온 것이라고 주장한다. "만일 모더니티가 사실적인 것으로부터 벗어나고자 함으로써 표현할 수 있는 것과 인식할 수 있는 것 사이의 숭고한 관계에 따라 전개된다는 것이 사실이라면…."¹⁷

　　모더니즘 또는 모더니티는 영역에 따라 그리고 학자에 따라 매우 다양한 뜻으로 사용되기 때문에 리오타르가 이 말을 정확히 어떤 의미로 사용했는지 한정해야 한다. 리오타르가 구체적으로 설명하고 있지는 않지만, 그가 말하는 모더니즘이란 사조상으로 19세기 전반기에 시작된 낭만주의를 염두에 둔 것으로 아름다움과 조화를 기반으로 하는 고전주의나 계몽주의는 제외한다.

　　낭만주의의 핵심을 이해해야 리오타르의 함축적인 논의를 이해할 수 있다. 간략히 낭만주의의 배경을 살펴보자. 낭만주의는 19세기 초 프랑스, 영국, 독일이 각자 처한 상황에서 취한 태도들이 한데 모여 형성된 것으로, 다양한 요소를 아우르는 공통된 정서가 있었으니 그것은 상실감이었다.

　　프랑스는 시민혁명의 높은 이상이 실질적으로 좌절된 후 찾아온 공포정치와 나폴레옹의 왕정으로 유럽 전체를 전쟁으로 몰아넣고 있었다. 영국에서 진행된 산업혁명은 기술에 대한 낙관적 전망과 달리 극심한 경제적 양극화를 발생시키고 있었다. 독일은 통일된 민족국가를 형성하지 못하고 국경 너머 프랑스와 영국의 앞선 정치, 경제

키리코, <광장>, 1913

상황을 부러워해야 했다.

즉 프랑스의 혁명의 좌절, 영국의 경제적 양극화, 독일의 후진적 상황은 과거 고대 그리스와 로마를 이상화하고, 모든 인간이 평등한 자연을 형상화하고, 보편적 인간의 형상이 아니라 자기 지역의 고유성과 민족의 우월성을 강조하는 강력한 경향이 생겨나게 했다. 낭만주의는 이전의 좋았던 시절은 너무 빨리 지나가버렸으며 그때를 되찾는 것은 이제 불가능할 것이라는 상실감을 바탕에 깔고 있었다. 이것은 실천적으로도 양가적인 태도를 낳았는데, 한편으로는 현재 사회의 바깥인 과거나 자연을 그리워하는가 하면, 다른 한편으로는 현실과 다른 새로운 세계를 (적어도 심미적인 차원에서) 창조하는 것에 전례 없는 자유와 가치가 부여되었다.

리오타르는 이처럼 19세기 전반기 낭만주의로부터 시작된 문예사를 염두에 두면서 모더니티를 이루는 "두 가지 음조"를 구분한다.

리시츠키,
<세계 일주 여행자
(시간 속에서)>, 1923

그 두 가지 음조란 "현시 능력의 무기력, 인간 주체가 경험하는 현전성에 대한 향수"와 "새로운 게임 규칙들의 창안으로부터 나오는 존재의 증가와 환희"이다.[18] 간단히 말해 우울과 혁신, 이것은 모더니티의 두 가지 주요 정서이다. 이에 맞추어 20세기 전반기 아방가르드 작업들을 두 계열로 대비시킬 수 있다. 우울 쪽에 독일 표현주의자들, 말레비치, 키리코가 놓여 있고, 혁신 쪽에 브라크와 피카소, 리시츠키, 뒤샹이 있다. 이 양쪽은 모두 이미지와 개념의 불일치에서 발생하는 정서이다.

리오타르가 보는 모더니티는 고향을 떠나온 이방인처럼 이미지와 개념이 합치하는 행복을 향유할 수 없고, 눈앞에 이미지로 나타낼 수 없는 어떤 것을 생각하는 태도이다. 여기에서 상실된 것을 그리위하는 태도가 우울을 낳는다면, 아직 존재하지 않는 것을 용기 있게 착상하는 태도는 혁신으로 나타난다.

이 두 가지 정서는 모두 중요하지만, 리오타르의 강조점은 아무래도 우울보다는 혁신에 있다고 봐야 할 것이다. 이미지의 부재, 무능력의 감정 이후에 오는 것이 중요하다. 여기에서 우리가 앞서 보았던 것처럼 리오타르가 뒤샹을 중요하게 생각한 이유를 다시 한번 떠올려보자. 이미지는 자신을 넘어 다른 어떤 개념과 새로운 관계 속으로 들어가야 한다.

그렇다면 포스트모던이란 무엇인가? 리오타르에 따르면 모던이 현시할 수 없는 것에 대해 어떤 점에서는 여전히 향수에 사로잡혀 있는 것이라면, 포스트모던은 그러한 향수로부터 벗어나 전면적으로 그 상태를 받아들이고 더 나아가 유희의 놀이를 창안하는 것을 의미한다.

흥미롭게도 모던과 포스트모던의 문학적 예로 각각 마르셀 프루스트와 제임스 조이스가 인용된다. 보통 서양문학사에서 이 두 작가는 의식의 흐름이나 모더니즘의 이름 아래 한데 묶여 분류되는 경우가 많다. 실제로 두 작가는 같은 시기에 활동하면서 서로의 작품을 의식하고 있었고 직접적인 교류를 하기도 했다. 두 작가의 작품은 절대적인 것은 표현될 수 없다는 인식을 공유하고 있으며, 이런 세계관 안에서 어떤 것들이 붕괴되고 있다. "이런 암시의 대가로 지불된 것이 프루스트에게는 시간의 과도함에 희생된 의식의 동일성인 반면, 조이스에게는 책 혹은 문학의 과도함에 희생된 글쓰기의 동일성이다."[19]

하지만 리오타르는 일반적인 분류법에 만족하지 않고 두 작가를 나누는 미묘한 선을 찾아낸다. 그리고 이 선은 사실 모던과 포스트모던 전반을 대비하는 중요한 구분선이라는 점이 드러난다. 프루스트와 조이스는 등을 맞대고 붙어 있지만, 프루스트는 모더니티 쪽에, 조이스는 포스트모더니티 쪽에 속해 있다.

프루스트의 『잃어버린 시간을 찾아서』(1913-1927)에서 시간 의식의 파편적인 출몰에 의해 사건 서술의 통시성은 부서진다. 그럼에도 불구하고 의식의 여행을 통한 글쓰기의 통일성은 유지된다. 말하자면 내용에서 상실된 통일성이 형식에서 회복되고, 이러한 통일성이 쾌감을 선사한다.

반면 조이스의 『율리시스』(1922)는 기이한 어휘를 창조하고 새로운 문법을 실험한다. 예를 들어 단어 '카오스모스chaosmos'는 지금은 널리 알려져 있지만 이 책에서 처음으로 만들어진 조어이다. 짐작할 수 있듯이 이 단어는 '카오스chaos'와 '코스모스cosmos'를 두 금속을 용접하듯이 붙여 만든 단어이다. 이 신조어는 상반되는 두 의미, 즉 혼돈과 질서 사이에서 진동한다. 『율리시스』에는 이런 단어가 문장마다 두어 개씩 쏟아진다. 독자들은 동시에 주어지는 상이한 의미들의 무수히 많은 조합을 관통하면서 읽어야 하고, 따라서 같은 책이지만 같은 서사와 묘사를 읽은 것인지도 모호한 상태가 된다. 그러나 이러한 모호성 또는 복합성은 단지 파괴적인 성격의 것이 아니라, "기표 속에서 표현될 수 없는 것을 예감케 하고 있다."[20]

> 근대 미학은 숭고의 미학이지만, 그러나 여전히 향수에 빠져 있는 것이다. 그것은 표현할 수 없는 것을 단지 결여된 내용으로만 드러내주지만, 형식은 그 인식 가능한 일관성 덕택에 독자들이나 관객들에게 위안과 기쁨을 지속적으로 제공해준다. … 포스트모던이란 근대 속에서 표현 그 자체로 현시할 수 없는 것을 드러내주는 것이다.[21]

리오타르는 에세이 「포스트모던이란 무엇인가」를 마무리하면서 예술가의 과제 또는 임무에 대해 요약한다. 예술가는 기존 규칙이나 범주를 적용하거나 유지하는 것을 자신의 일로 삼아서는 안 된다. 그 대신 그는 미래에 도래할 규칙을 위해 작업해야 한다. "포스트모던 예술가와 작가는 아무런 규칙도 없이 그리고 만들어질aura été fait 것의 규칙을 만들기 위해 작업하고 있다."[22]

리오타르는 여기에서 칸트가 정식을 제공하고, 이후 낭만주의에 의해 과격하게 계승된 천재론을 예술가론으로 일반화한다. 칸트는 『판단력비판』 46절 이하에서 천재론을 서술하고 있다. 7장에서도 말했듯이 칸트에 따르면 천재란 기존의 규칙으로 설명되지 않는, 새로운 규칙을 담고 있는 작품을 만드는 사람이다. 그런데 천재는 정작 그것을 어떻게 하는지 의식하지 않고 그렇게 한다. 그 규칙은 후대에 비평가들이나 다른 예술가들에 의해 분석되고 발견될 것이다. 천재가 만드는 작품은 단지 한 사례가 아니라 일종의 범례로서 이후 모든 창작자가 염두에 두어야 하는 위상을 갖게 된다. 천재는 단순히 한 뛰어난 개인이라기보다는 자연이 이따금 새로운 규칙을 인류에게 내보내는 통로이다. 인류는 그 덕분에 영감 넘치고 짜임새 좋은 작품들을 고갈됨 없이 향유할 수 있게 된다.

포스트모던에 대해 숱한 논쟁과 오해가 있었지만 리오타르가 말하는 포스트모던은 사회적 현실을 부정하는 것도, 회피하는 것도 아니다. 그것은 다만 지금과 다른 현실을 향한 새로운 규칙의 창안에 철학과 예술의 과제가 있다는 것이다. 그러나 그것은 현재 완료된 것이 아니듯이 미래 어느 시점에 완료될 것도 아니다. 여기에 전미래antérieur futur 시제의 중요성이 있다. 전미래 시제는 영어로 따지면 미래완료 시제와 거의 유사하다. 즉 미래의 어떤 시점에 완료될 행위를 가리킨다.

그러나 이것은 어느 시점, 이를테면 내년이나 언젠가 발생하게 될 혁명을 가리키지 않는다. 다만 이것은 현재의 시점에서 미래를 향해 창조한다는 시간관을 가리키는 것이다. 미래의 어느 시점에 완료될 것이라고 기대할 수 있지만, 그것은 매순간 다시 그럴 뿐이다. 예술가와 함께 우리는 미래에 완성될 것으로 도래할, 그러나 영원히 그렇게 지연될 시간 속에서 전례가 없는 규칙을 정립하기 위해서 노력한다. 그렇게 해서 진리의 도래는 찾아오지 않고 우리는 매번 열린 차이와 쟁론들을 품고 총체성의 환상과 싸운다.

전미래 시제는 현대 프랑스 철학에서 중요하다. 리오타르뿐만 아니라 들뢰즈, 데리다, (이탈리아 철학자이긴 하지만) 네그리, 아감벤 등이 이것을 중요한 시제로 내세운다. 이것은 헤겔의 역사주의적 시간 개념과 구별된다. 헤겔의 미네르바의 부엉이는 해가 질 무렵에 날아올라 모든 것을 아우른다. 하나의 이념은 자신의 의미를 역사 속에서 전개하며, 그 잠재력이 소진될 때 진리의 인식은 이념의 전개를 이해할 수 있는 최종적이고 특권적인 위치에서 등장한다. 그렇게 등장하는 것이 헤겔에게서 철학이고 맑스주의에서 혁명이다. 헤겔의 역사주의는 현재완료형의 시제이다. 이 시제에서는 역사의 진보와 최종적인 완결을 선언할 수 있는 지점이 존재한다.

그러나 전미래 시제는 사건의 시간이다. 사건은 기존의 규칙으로 이해할 수 없는 곳에서, 그렇기 때문에 의미를 파악하거나 이해할 수 없는 방식으로 일어난다. 그것은 도래할 새로운 규칙의 입법을 예비하지만 그것이 언젠가 완결될 것이라는 의미에서는 아니다. 그것의 완결은 앞으로도 계속 유예된다. 하지만 그런 여지 안에서 계속해서 새로운 규칙이 생산되고 수립된다.

인식과 현시, 다르게 말하면 개념과 이미지 사이의 갈등은 리오타르가 보기에 모더니즘 내에 잠복해 있고, 포스트모더니즘 시기에 분명하게 폭발한다. "모더니티가 사실적인 것으로부터 벗어나고자 함으로써 현시 가능한 것과 인식 가능한 것 사이의 숭고한 관계에 따라 전개된다면"²³ (포스트)모더니즘에서 이미지는 개념과 조우하지 못하거나 또는 겨우 조우한다. 리오타르는 칸트가 숭고로 명명했던 긴장을 유희의 다수화로 바라본다. 규칙들은 이제 국소적이고 부분적으로만 정당화되고, 따라서 기존의 규칙의 영역들 바깥에서 새로운 유희의 규칙이 설립될 수 있다.

포스트모던이란 "거대서사"의 종말을 의미한다. 모더니즘에서는 노동, 역사, 진보라는 시간의 흐름을 규정할 거대한 방향이 존재했다. 문장의 의미와 삶의 가치는 그러한 방향과의 관계에 따라 의미를 부여받았다. 이제는 국소적인 영역들, 작은 이야기들만이 남았고, 그것들 사이의 불화는 현실에서 계속된다. 이것은 부정적인 것이 아니라 현실 그 자체이다. 불화를 끊임없이 드러내고 해결하고 중재하는 것이 문제가 된다.

리오타르는 칸트의 비판철학이 헤겔식의 변증법에 대항해 총체화되지 않는 포스트모던을 예고했다고 생각한다. 진선미의 언어게임은 궁극적으로 통약 불가능하다. 사실 리오타르가 칸트의 3비판서를 이렇게 해석한 것은 논란의 대상이 되었다. 칸트가 3비판서에서 그려내고 있는 인간의 세 가지 모습은 하나로 통일될 수 있는가, 그렇지 않은가? 리오타르의 칸트 독해는 잠재적인 균열을 명백히 그리고 최대한 드러내는 것이다. 왜냐하면 통약 불가능한 영역의 통일은 "초월적 환상"이며, 이것은 테러와 폭력을 불러오기 때문이다.

이런 문제의식 아래에서 리오타르는 예술과 정치의 과제를 다음과 같이 선언한다. "전체에 대항하여 전쟁을 하자. 표현될 수 없는 것의 증인이 되고, 불화들différends을 활성화하자."²⁴ 리오타르는 숭고함이 어떤 사건을 증언하는 문제라고 생각한다. 인간의 역사에는 개념적으로 환원될 수 없는, 영원히 남는 못 같은 것들이 있다. 이를테면 유럽의 홀로코스트가 그렇고, 우리에게는 1980년의 광주나 세월호 사건이 그렇다.

4.

우리가 리오타르의 예술론을 참조할 수 있는 또 다른 글은 「숭고와 아방가르드」(1983)이다. 이 글에서 그는 숭고론을 앞서 말한 것과는 조금 다른 방향으로 이끌고 간다. 「포스트모던이란 무엇인가」에서 형식의 부재를 강조했다면, 이 글에서는 지금이라는 순간에 초점을 맞춘다. 간단히 말해 전자는 공간의 관점에서, 후자는 시간의 관점에서 숭고를 재해석한다. 리오타르는 이 방향으로 가기 위해 미국의 화가 바넷 뉴먼에 관한 언급에서부터 시작한다. 이 화가 본인이 여러 작품과 에세이의 제목을 통해 숭고가 '지금 여기'에 관련된다고 암시하기 때문이다. 리오타르가 보기에 이것은 중요한 의미를 담고 있다. 리오타르의 논지를 따라가기에 앞서 바넷 뉴먼의 에세이의 내용을 잠시 살펴보자.

바넷 뉴먼은 「숭고는 지금이다」(1948)라는 글에서 서양 근대 회화가 내내 이루지 못했던 것을 완수할 수 있는 환경과 의식이 이제 갖춰졌다고 주장했다. 르네상스 이래로 유럽 회화는 숭고를 목표로 했지만, 실제로 그것을 달성하려는 방법에 있어서는 구상적 형태를 취했기 때문에 목표에 도달할 수 없었다는 것이다.

그 결과 미술은 "새로운 삶의 방식을 촉진"하거나 "새로운 비전을 창조"하지 못하고 단지 "[예술적] 가치를 이전"하는 일에 한정되고 말았다. 인상주의, 큐비즘, 피카소 등의 노력은 대단한 것이었지만 결국에는 거친 붓질(인상주의)이나 종이 조각(큐비즘) 등으로 예술적

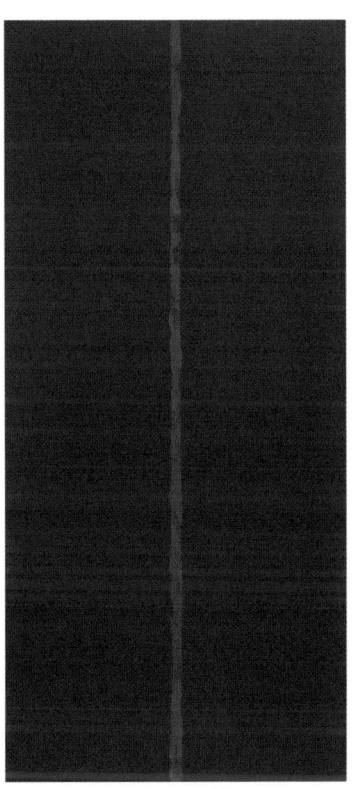

바넷 뉴먼,
<하나임 3 Onement III>, 1949

가치를 옮기는 일로 귀결되었다. 아마도 바넷 뉴먼이 가장 높게 평가하는 것으로 보이는 몬드리안도 숭고의 차원으로 끌어올린 것은 단지 평면과 직각이라는 조형적 요소였다.

> 유럽 미술이 숭고를 성취하는 데 실패한 것은 감각의 현실(변형되었든 아니든 간에 바로 대상의 세계) 안에 존재하려는 눈먼 욕망, 그리고 순수한 조형성(조형성이 낭만적인 능동적 표면이든 아니면 고전적인 정적인 표면이든 간에 미의 그리스적 이상)의 틀 안에서 예술을 세우려 했기 때문이다.[25]

반면 바넷 뉴먼은 미국은 유럽과 달리 오래된 신화와 전통이 부재한다는 점에서 오히려 더 유리한 점이 있다고 기대한다. "우리는 오랫동안 서유럽 회화의 장치였던 기억, 연상, 향수, 전설, 신화 또는 그 밖에 무엇이든 이런 장애물로부터 자유로워지고 있다."[26]

미국의 미술비평가들이 자국의 잭슨 폴록을 높게 평가한 동기가 사실은 미국이 유럽에 대해 가졌던 문화적 열등감을 제2차 세계대전 이후 의도적으로 극복하려는 것이었다는 지적이 제기된 바 있는데, 우리는 바넷 뉴먼에 대해서도 똑같이 말할 수 있을 것이다. 여하튼 바넷 뉴먼의 결론은 역사를 경유하지 않고 감정과 이미지가 직접 결합되는 미술의 시대가 도래했다는 것이다. 고양된 절대적 감정에 대한 욕망은 인간에게 본질적인 것이고, 이러한 감정으로부터 직접 만들어진 이미지는 "역사에 대한 향수 어린 안경 없이 보기만"[27] 한다면 누구나 알아볼 수 있다.

이런 내용을 염두에 둘 때 바넷 뉴먼의 에세이의 제목은 '숭고는 지금부터다' 정도로 이해될 수 있다. 뒤에서 다시 말하겠지만 리오타르에게 이 에세이의 제목은 바넷 뉴먼의 작품들과 함께 그 자신의 미술론을 전개할 수 있는 좋은 실마리가 된다. 이 에세이의 내용 역시 리오타르의 사유에 풍부한 영감을 제공하는데, 바넷 뉴먼은 새로운 미술을 전통적 미술에 대립시키는 맥락에서 사건을 역사에 대립시키고, 물감의 현전을 상징의 전승에 대립시키고 있기 때문이다.

바넷 뉴먼의 시간 감각을 이어받아 리오타르는 철학적 관점에서 시간의 문제를 제기한다. 아우구스티누스가 『고백록』에서 '시간이란 누구나 아는 것이지만, 막상 설명하려고 하면 알 수 없는 것이 된다'고 말하기도 했지만, 지금이라고 하는 순간은 인간의 의식으로 포착 불가능하다. 그것은 말하려는 순간 빠져나가기 때문이다. 사건과 지금은 쉽게 망각된다. "무엇quid이기 전에 우선 일어나고 있다는 사태quod가 선행되어야 한다. 다시 말해서 '(그저) 일어나고 있다'는 것이 '무엇이 일어나고 있는가'라는 질문보다 항상 앞서는 것이다."[28] 흔히 사람들은 '무슨 일'이 일어났는지 묻지만, 사실 그보다 더 근본적인 것은 '지금' 무슨 일인가가 '일어났다'는 사실이다.

여기에서 리오타르는 명백히 하이데거를 염두에 두고 있다. 최고 수준의 철학자란 철학사 전체를 가로지르는 어떤 문제를 처음으로 발견하고 동시에 자신만이 그에 대한 답을 알고 있다고 자신만만하게 말하는 사람이라고 한다면 하이데거는 그런 철학자였다고 할 수 있다. 앞서 말한 것처럼 그는 존재와 존재자를 분명하게 구분했다. '존재하는 것'과 그것을 그렇게 만드는 '존재 자체'는 구분된다는 것이다. 예를 들어 '사과가 있다'라는 문장이 있다면, 여기에는 한 가지 사실이 있는 게 아니라 구분되는 두 요소가 함께 있다. 즉 '사과'라는 존재자가 있고, 또한 '있다'라는 '존재'도 있다('존재가 있다'라는 말은 동어반복이라 좀 이상하지만 다르게 표현할 방법이 마땅치 않다).

하이데거는 이 관점에서 기존의 서양 형이상학 전체를 비판했다. 즉 서양 형이상학은 '존재 망각'의 역사라는 것이다. 서양철학자들은 철학의 제일 중요한 문제로 '존재란 무엇인가?'라는 질문을 정당하게 던졌다. 그런데 그들은 정작 탐구 과정에서 존재가 아니라 가장 완전한 존재자로 답을 하는 함정에 빠져들었다. 간략히 말한다면 하이데거가 생각하는 존재는 어떤 사건인데, 일종의 커튼 같은 것이다. 즉 이런저런 사물들을 커튼 앞으로 내밀고, 커튼은 닫힌다. 우리는 그 사물들에 사로잡혀서 커튼의 움직임은 볼 수 없다. 하이데거는 이러한 은폐와 탈은폐의 이중의 과정이 존재의 본성이라고 설명했다. 서양철학자들의 사고 능력이 부족해서가 아니라, 존재의 성격 자체가 자신을 감추는 데 있기 때문에 존재와 존재자는 오랫동안 혼동되었다.

이러한 구분을 참조해 리오타르 역시 '무엇무엇이 일어나고 있다'라는 사태에서 앞부분에 주목하는 사고와 뒷부분에 초점을 맞추는 사유를 구분하고 있다. 한 문화와 사회 안에서 규정된 그 '무엇'이 우리에게 주어지지만, 동시에 그것은 아직 규정되지 않은 심연의 층위와 연결되어 있다. 따라서 우리는 아직 규정되지 않은 무엇을 생각해야만 하고, 그것은 단지 '일어나고 있다'는 사실의 층위에 집중해서 우리의 감각과 생각을 그 사실로부터 시작되는 노선 위로 밀고 나아갈 때만 가능하다.

이런 이유에서 다시 한번 숭고 개념과 그것이 불러오는 정신의 동요가 중요하다는 점을 알 수 있다. "가장 고상한 의미에서의 동요는 규정되어야 할 어떤 것이 아직 규정되고 있지 않을 때만이 가능하다."[29] 이 구절은 전미래 시제에 담겨 있는 어떤 인식상의 미결정 상태와 윤리적 요구를 가리키고 있다. 앞서 말한 것처럼 전미래 시제는 우리가 지금까지 말하고 안다고 주장했던 것들이 최종적인 항이 아니라는 점을 함축한다. 규정된 것 안에서 미규정된 것을 기다리는 이러한 동요를 필연적으로 받아들이는 것이 리오타르 윤리학의 핵심이라고 할 수 있다.

바넷 뉴먼에게서 리오타르가 읽어내는 것은 그러한 윤리학의 미학적 번역이다. 동요의 윤리학은 기존의 확립된 규칙이 중단되고 그것이 더 이상 적용될 수 없을 수도 있다는 어떤 황량함을 견디는 것이다. 이것은 그 어떤 시간보다 예술적 창조의 과정에서 가장 잘 경험된다.

> 이 문장이 마지막 문장이 될 수도 있다는 가능성, 빵이 매일 있지 않을 수도 있다는 가능성 … 이런 것은 화가가 조형적인 표면 앞에서, 음악가가 음들의 평면 앞에서, 철학자가 사고의 황량함 앞에서 갖게 되는 비참함이다.[30]

이미 유명해진 작가나 영화감독도 대담에서 자신이 더 이상 무언가 새로운 것을 쓰거나 만들 수 없을 것 같은 두려움에 자주 사로잡힌다는 고백을 하곤 한다. 어쩌면 창작의 직업적 전문성이란 그러한 두려움을 갖지 않는 데 있는 것이 아니라, 그러한 두려움이 찾아올 때 그것에서 벗어나는 방법을 아는 데 있을 것이다.

그런데 이러한 비참함의 불쾌함은 역설적으로 어떤 긴장suspense의 쾌감이나 기쁨을 산출한다. 그리고 이러한 복합적인 감정은 단순히 무언가가 일어나고 있다는 사실이 확인될 때 증폭된다. 예술이 현시될 수 없는 것을 표현해야 한다고 할 때, "표현될 수 없는 것은 저편에, 다른 세계, 다른 시간에 존재하는 것이 아니라, 일어나고 있다, 어떤 것이 일어나고 있다는 것에 존재한다."[31] 리오타르의 예술론은 낭만주의의 연장선상에 있지만, 이 지점에서 그것과 갈라진다. 낭만주의는 현시될 수 없는 것을 '다른 세계'의 극적인 모습으로 상상했다면, 리오타르는 바넷 뉴먼과 함께 지금 여기에서 무언가가 또다시 일어나고 있다는 단순한 사실로 지시한다.

"['다른 세계'를 '지금 여기'로 바꾸는] 이런 대체 — 여기에 낭만주의와 현대적 아방가르드의 근본적 차이가 있다 — 를 고수하기 위해서는, '숭고한 것은 지금이다'를 '지금, 이것이 숭고한 것이다'로 해석해야 한다."[32] 리오타르는 바넷 뉴먼의 문장에서 이렇게 주어와 술어를 뒤바꾸어 미술사적인 명제를 미학적 명제로 전환한다. 숭고한 것은 지금 눈앞에 물감과 붓질을 통해 태어난 하나의 그림이 있다는 단순한 사실에 있다. 그것은 절멸의 가능성이라는 황폐함 뒤에 오는 발생의 쾌감이다.

이를테면 위급한 상황에서 병원에 실려간 다음 생명에는 지장이 없다는 얘기를 들었을 때 느끼는 감정에 비유할 수 있을 것이다. 일상적이고 평범한 것들이 더 이상 자연스러운 것이 아니고 언제든 중단될 수 있다는 깨달음, 그럼에도 불구하고 이 세상에 어떤 것들이 계속 유지되고 생겨나고 있다는 사실이 주는 놀라움 속에서 우리는 우리의 이해력을 뛰어넘는 어떤 감정을 느낀다. 어찌 보면 소박하고 흔한 말일 수도 있지만, 리오타르는 우리의 삶을 매 순간 새롭게 느낄 수 있는 시선을 요청하는 것이다.

사실 리오타르는 숭고 개념과 관련하여 칸트보다 오히려 그에 앞선 에드먼드 버크의 이론이 더 많은 점을 시사한다고 평가한다. 칸트는 도덕의 영역과 연결하기 위해 숭고 개념을 좀 더 안전하고 고상한 감정으로 순화시켰다고 할 수 있는데, 버크의 숭고 개념에는 '단적으로 큰 것'에 의해 위험에 직접적으로 노출되는, 보다 야생적이고 생리학적인 의미가 담겨 있었다.[33]

요컨대 리오타르가 말하는 숭고는 안정적이고 습관적인 통념에 기여하는 감성을 파괴에 가까운 위험에 몰아넣고, 극심한 동요 이후에 지금이라는 순간이 놀라운 사건으로 새삼 다가오는 것을 의미한다. "숭고의 미학에서 자극을 받아 예술은 아름답기만 한 모델을 모방하는 것은 접어두고 강력한 효과를 추구하며 놀랍고 비일상적이고 충격적인 결합을 시도할 수 있고, 시도해야만 한다."[34] 이렇게 지금이라는 시간을 각성할 때 우리는 기존의 통념과 단절하고 상식의 상자 바깥을 생각할 수 있는 힘을 갖게 된다.

숭고의 미학이 19세기 전반기 낭만주의를 거쳐 20세기 전반기 아방가르드로 변화해왔다 해도 이 둘 사이에는 중요한 차이가 있다. 회화에서 낭만주의는 많은 조형 요소를 활용해 또 다른 세계를 구축하고 재현하는 데 노력하지만, 아방가르드는 그러한 기본적 조형 요소들의 필요성을 의심한다. 미니멀리즘은 액자틀을, 말레비치는 색을, 해프닝은 대상을[35] 그리고 뒤샹은 전시 공간조차도 필수적이지 않은 것으로 미술 밖으로 밀어냈다. 이처럼 "아방가르드는 최소한의 대상을 갖고 작업한다."[36] 물론 그렇게 하는 이유는 사회적 합의가 이루어진 대상을 재현하기 위해서가 아니라 그 바깥에 어떤 것이 존재한다는 것을 증언하기 위해서이고, 이를 통해 취미의 합의를 교란하기 위해서이다.

앞서 숭고의 미학이 정치권력과 자본권력의 요구에 맞서기 위한 것이라는 점을 말한 바 있다. 하지만 문제는 그렇게 단순하지 않다. 사실 숭고와 자본주의 간의 은밀한 관계에 대해서는 여러 사람이 지적한 바 있다. 자본주의는 언제나 보다 더 많은 자본을 추구하고, 이는 인간의 상상력의 범위를 뛰어넘는 수준에 도달한다. 예를 들어 우리는 종종 뉴스에서 세계 최고의 부호들이 몇십 조 원의 재산을 가지고 있고, 올해 그 재산이 다시 몇 조 원 늘어났다는 소식을 듣곤 하는데, 이것이야말로 숭고한 대상이다.

이처럼 자본주의의 무한한 확장과 거대한 크기의 숭고는 종종 뒤섞인다. 또한 소위 포스트모던 이론이 보기에 따라 무책임하게 상대주의적이고, 그래서 자본주의적 방종을 무조건적으로 방임하는 것 같은 분위기가 있었던 것도 사실이다. 그러나 리오타르는 애초에 자신이 생각하는 포스트모던은 이런 것과 거리가 있다는 점을 분명히 했다.

리오타르의 포스트모던의 시간론은 후기자본주의의 시간론과 엄연히 다르다. 리오다르가 보기에 후기자본주의는 정보의 격차에 의해서 이익을 내는 체제이고, 그래서 끊임없이 새로운 정보를 갈망한다. 예를 들어 중동 어딘가에서 전쟁이 일어날 것이라는 사실을 당신이 누구보다 반나절 먼저 알 수 있다면 당신은 큰 부자가 될 것이다. 조금이라도 지나간 것은 치워버리고 새로운 것을 갈망하는 욕구는 포스트모던의 태도와 종종 혼동되곤 한다. 그러나 사실은 그렇지 않다. 그러한 혼동은 시간관의 혼동이기도 하다. "정보와 그 관리자가 관심을 갖는 것과 아방가르드가 문제시하고 있는 것 간의 혼동, 다시 말해서 '무엇이 일어나고 있는가?'와 '일어나고 있는가?' 간의 혼동, 혹은 새로움과 지금 간의 혼동이다."[37] 즉 간단히 말해 발견하고 보호해야 할 것은 새로움new이 아니라 지금now이다.

하지만 자본주의는 수없이 많은 혁신을 동원하고, 그것은 너무 많은 만큼 이제 진부해져서 아무런 감정도 불러일으키지 않을 지경에 이르렀다. 보드리야르가 냉소적으로 말하는 것처럼 모든 상품과 작품이 새롭다고 주장하지만 그것들은 단지 시뮬라크르들 사이의 사소한 놀이일 뿐이다. 차이를 자처하는 것 자체가 진부한 것이 되면서 모래 입자들만이 떠돌아다니는 사막의 지면처럼 세계는 회색빛으로 생명력을 잃어간다. 그러나 그 짙은 회색빛들 사이로 여전히 포착되어야만 하는 무언가가 빛을 발하고 있다. 그것은 바로 우리가 지금까지 살펴봤던 것처럼 '(무언가) 일어나고 있다'는 지금이라는 사건, 또는 시간의 생성이다.

이렇듯 발생하는 시간은 정신이나 의지에 의해 지배될 수 있는 것이 아니다. 하지만 형이상학이나 자본주의는 시간을 통제하기 위한 여러 개념적 도구와 기술적 장치들을 발명하고, 우리가 시간을 규제하고 있다고 스스로 믿게 만든다. 리오타르의 긴 논의 끝에 아방가르드의 숨겨진 임무가 밝혀진다. 그것은 역사의 법칙이나 기술의 지배로부터 지금이라는 시간을 구해내는 것이다. "아방가르드의 임무는 시간에 대한 정신의 월권을 해결하는 것이다. 숭고의 감정은 이런 박탈을 위한 이름이다."[38]

리오타르는 버크와 칸트의 숭고론, 낭만주의, 아방가르드, 포스트모던으로 이어지는 미학을 권력의 리얼리즘적 요구와 취향의 사회적 합의를 위협하는 중요한 자원으로 파악한다. 숭고는 개념, 일반, 한정, 소통이 아닌 것이 가져오는 불쾌와 공포이면서 동시에 이것이 가져다주는 역설적인 쾌감을 의미한다.

우리가 살펴본 리오타르의 두 에세이에서 숭고 개념은 이 같은 점을 강조하면서도 서로 약간 다른 방향으로 전개되었다. 「포스트모던이란 무엇인가」에서 숭고의 예술은 비형식을 띨 수밖에 없으며, 현시될 수 없는 것을 암시한다. 「숭고와 아방가르드」에서 그것은 존재 자체의 위기를 딛고 그래도 무엇인가가 일어나고 있다는 환희를 불러온다. 요컨대 숭고는 절대적인 것의 비형식과 지금이라는 사건의 시간을 의미한다. 그리고 최종적으로 리오타르의 미학은 예술작품 안에 이 둘이 서로 연결되어 있다는 점을 일깨운다.

강유정, <검은 웅덩이 3>(위)과 <검은 웅덩이 2>(아래), 2019

제주도 남서쪽 일대는 한국 근현대사의 고통스러운 상처들이 중첩되어 있는 곳이다. 남아 있는 기록과 유적만 돌아봐도 조선 후기, 일제강점기, 해방기, 군사독재 시기, 어느 시기 하나 건너뛰지 않고 무참하고 비극적인 일들이 벌어졌다. 이곳은 제주 섬이라는 차별받은 지역 안에서도 다시 차별받은 곳이라서 아마도 우리 역사에서 가장 어두운 곳일 것이다. 방문객은 단지 몇 글자 적혀 있는 안내판에 기대어 상상할 뿐이지만, 그 상상에서조차 지난 비극적 사건들이 불러일으키는 어두움은 화창한 남쪽 날씨와 대비를 이루어서 비현실적인 느낌을 준다. 한반도를 하나의 인체로 본다면 이곳은 찔리고 베고 쓸리고 다시 긁힌 통에 이제는 아물 수 없는 상처들이 숱하게 나 있는 부위이다. 이 작품은 자연의 피부에 나 있는 역사적 상처를 그린 것이다. 짐작하기로는 섯알오름학살터에서 모티프를 얻은 것 같다. 옅은 회색부터 짙은 검은색까지 소묘하듯이 유화로 세밀하게 그리면서 작가는 자신의 테크닉을 유감없이 발휘하고 있다. 하지만 이 작품에서 의미론적으로 중요한 것은 흰색 부분이다. 가상의 연기가 흰색으로 퍼져 올라오고 있는데, 아마도 작가는 과거로부터 오는 불과 연기를 환각처럼 보고 있었을 것이다. 그리고 팻말은 흰색으로 지워져 있다. 이 흰색 부분은 우리의 지각이 차단당하고 기록이 불가능하다는 점을 암시한다. 이 작품은 여전히 기억되지 않고 기록되지 않은 다른 사건들의 존재를 증언한다.

9장
중지 – 랑시에르와 주노 루도비시

1.

 2017년 1월 25일 청소 노동자 임 아무개 씨는 최순실 씨를 향해 "염병하네!"라고 소리쳤다. 많은 신문과 방송이 이 말을 실어날랐기 때문에 한국에 사는 시민 대부분은 이 말을 보거나 들었다. 이것은 최순실 씨가 박근혜-최순실 게이트를 조사하던 특검에 출석을 거부하다 압송되어 모습을 드러내던 순간에 벌어진 일이었다. 최순실 씨가 버스에서 내리면서 민주주의 파괴 운운했기 때문에 임 아무개 씨는 참을 수가 없었다고 회고했다.[1] 한국에서 한 청소 노동자의 말이 이렇게 크게 들린 적이 있었던가? 이러한 '이상' 현상은 통치 체제에 큰 균열이 있었다는 점을 말해준다. 소리와 정치 사이에는 어떤 관계가 있는 것이 분명하다. 이 관계를 가장 잘 밝혀준 철학자가 자크 랑시에르이다. 그의 미학은 감성과 정치의 관계로부터 뻗어나온다.
 랑시에르는 20대였던 1960년대에는 알튀세르의 제자로 그의 세미나에 참석하기도 했으나, 1974년 그에 대한 비판서를 출간하면서부터 명시적으로 그와 거리를 두기 시작했다. 그는 68혁명 이후의 분위기 속에서 1970년대에 고문서 연구에 집중했다. 이 작업은 그의 철학 여정에서 결정적이었는데, 이를 통해 그가 19세기 노동자들의 삶과 문화를 이해할 수 있는 구체적이고 새로운 시야를 얻었으며, 노동자들의 자율적 힘에 대한 확신을 갖게 되었기 때문이다. 그는 기존에 맑스주의의 영향하에서 19세기 노동계급을 단지 비참한 집단으로 바

귀스타브 쿠르베, <돌 깨는 사람들>, 1849(1945년에 소실)

라보았던 통념을 강력하게 비판했다.

　실제로 19세기 노동자들이 남긴 1차 기록과 2차 문헌을 보면 그들이 낮에는 과중한 노동에 시달렸지만 밤에는 그들 나름의 방식으로 예술적인 창작과 연주 활동을 했다는 사실을 알 수 있다고 그는 주장했다. 이러한 직접적인 고문서 연구를 통한 결론은 그의 정치철학과 예술철학에 지속적으로 이론적 원천, 역사적 예시, 실천적 확신을 제공했다. 그의 이론적 강점과 설득력은 그가 19세기 노동자 계층의 문화와 활동을 매우 구체적으로 연구하고 조사했다는 점에 있다. 이런 점에서 그의 철학은 관념적이거나 선언적인 것이 아니라, 이론과 실천, 개념과 역사의 긴밀한 참조를 통해 만들어진 것이다.

　21세기가 시작될 때 출간된 두 권의 얇은 책, 『감성적인 것의 분할』(2000)과 『미학의 불안』(2004)을 통해 그는 일약 전 세계적인 미학자로 부상했다.[2] 그가 학계와 예술계, 특히 미술계에서 열렬하게 환영받은 이유는 새로운 미학에 대한 수요가 광범위하게 잠복해 있었기 때문일 것이다. 즉 포스트구조주의 시기 동안 진행되었던 예술과 실천 사이의 관계에 대한 사유가 휴지기에 접어들고 있었고, 신자유주의하에서 개인적인 실천과 문화적인 비판을 넘어서 예술과 정치를 직접적으로 연결할 수 있는 방식에 대해 많은 이가 갈증을 느끼고 있었던 것이다.

랑시에르는 이후 자신의 미학 이론을 보다 더 세밀하고 풍부하게 서술하는 저서들을 출간함으로써 미학과 정치의 관계를 독창적으로 해명하는 철학자로 자리매김했다. 현대 프랑스 철학의 전체적 기획이 미학과 윤리, 예술과 실천의 각 영역을 급진적으로 전개하면서 동시에 양자 사이의 연관을 해명하는 데 있다는 점에서 랑시에르 역시 그 관심을 공유한다. 하지만 그는 정치와 윤리를 분명히 구분하고, 실천을 개인적 윤리의 문제로 수렴시켰던 기존의 태도를 비판하며 정치의 문제틀을 옹호함으로써 한 세대 위의 철학자들과 구분되길 원했다.

랑시에르를 한마디로 말한다면 '19세기의 철학자'라고 할 수 있는데 이것은 여러 가지 의미에서 그렇다. 우선 그는 자신의 사상의 원천을 19세기에 대한 역사적 연구로부터 끌어온다. 그가 중요 예시로 언급하고 분석하는 소설가(발자크, 플로베르), 노동자(가브리엘 고니, 피에르 뱅사르), 교육자(조제프 자코토) 등의 인물 상당수가 19세기에 속한다.

더 중요한 것은 그의 시대구분이다. 20세기에 외부의 강력한 압력하에서 급격하게 근대화된 한국의 경우는 사정이 좀 다르지만, 랑시에르의 구분은 유럽과 북미를 기준으로 한 것임을 염두에 두고 그의 설명을 따라가보자. 그에 따르면 미학과 정치의 관점에서 볼 때 오늘날 우리가 살고 있는 시대는 19세기에 만들어져서 연속적으로 이어져온 체제이다. 그가 보고 있는 서구 문화사의 단층은 프랑스혁명,

칸트와 실러의 저작, 낭만주의같이 18세기 말부터 19세기 초에 일어난 사건들의 집합이 만들어낸 것이다. 많은 철학자가 20세기 초 또는 중반을 현대성의 기점으로 삼고 있다는 점을 생각해볼 때 이러한 시대구분은 랑시에르의 가장 독특한 점이라고 할 수 있다.

앞서 말했듯이 그가 19세기와 그 이전을 단절적으로 본다는 것은 반대로 19세기와 그 이후 전체를 매우 일관되고 연속적인 성격을 띤 지속의 구간으로 본다는 것이다. 그는 기존에 이론계를 점령했던 다양한 논의와 구분들이 사소한 근거와 정합적이지 않은 설명에 기반해 있다고 비판한다. 대표적으로 모더니즘을 둘러싼 다양한 논의를 예로 들 수 있다. 19세기에 나타났던 두 경향, 즉 사회를 재현하는 리얼리즘과 형식을 실험하는 모더니즘을 대립적으로 이해하려는 태도, 그리고 개별 장르의 규칙을 충실히 따르는 모더니즘과 20세기 중반에 등장한 혼종적인 포스트모더니즘을 구분하는 이론들은 모두 랑시에르의 비판 대상이 된다.

랑시에르는 이렇게 대립하는 듯 보이는 요소들의 전체가 사실은 19세기에 등장한 체제의 내적 동력이라는 점을 입증하고자 한다. 그가 보기에 리얼리즘 대 모더니즘, 또는 모더니즘 대 포스트모더니즘을 대립 구도에서 파악하는 진영은 어느 진영이든 부분적으로만 상황을 이해하고 강조하는 것이다. 그의 주장을 좀 더 자세히 살펴보자.

2.

랑시에르는 이렇게 말한다. "정치의 기저에 어떤 미학이 있다."[3] 이것이 랑시에르 미학의 가장 독특한 부분이다(사실 여기에서 '미학'이라는 번역어는 오해의 소지가 있는데, 그 이유는 잠시 후에 살펴보자). 그는 사람들이 일반적으로 가장 사적인 것과 가장 공적인 것으로서 멀리 떨어져 있다고 생각하는 두 영역, 즉 미학과 정치가 긴밀하게 연관되어 있음을 입증한다. 그 공통의 뿌리는 감성이다. 정치와 예술은 모두 감성으로부터 갈라져 나온다.

칸트가 말한 것처럼 감성의 두 가지 형식은 시간과 공간이다.[4] 이 말은 우리의 모든 경험과 인식은 시간과 공간 안에서만 가능하다는 뜻이다. 시간과 공간을 넘어서는 경험과 인식은 존재하지 않는다. 당신이 무언가를 보았다고 말하려면 언제 어디에서 보았는지 말해야 한다.

랑시에르는 『감성적인 것의 분할』의 첫 장에서 플라톤을 주요 상대로 삼아 논의를 펼친다. 플라톤은 『국가』에서 도시국가를 구성하는 세 가지 계급을 구분했다. 그의 논리는 국가의 구성을 인간의 구성과 비교하는 유비적 방식을 취한다. 인간은 세 부분(절제, 용기, 지혜)으로 구성되어 있으며, 이 세 부분이 유기적으로 잘 협력하면서 작동할 때 인간은 좋은 삶을 향유할 수 있다. 하나의 국가도 마찬가지다. 욕구를 충족시키는 생산자 계급, 도시를 방어하는 전사자 계급 그리고 통치를 담당하는 철학자-정치가 계급이 이상적인 국가를 구성하는 세 부분이다.

그런데 생산자 계급은 왜 통치에 참여할 자격이 없는가? 플라톤의 주장을 리오타르가 재구성한 것에 따르면 그들은 공통적인 것에 개입할 수 있는 시간적 여유가 없기 때문이다. 달리 말하면 자기 생업에 종사해야 하기 때문에 공통적인 것에 참여할 수 있는 장소에 있을 수 없다. 이것이 사실상 국가의 유기적 작동의 다른 말이다. 플라톤의 "치안의 논리"는 공통적인 것 위에서, 그것에 참여할 수 있는 시공간과 그렇지 않은 시공간을 분할한다. 그리고 자신의 자리에서 자신의 일을 하는 것이 전체를 위해 좋은 일이다. 거기에서 벗어나는 것은 심지어 위협적인 일이 된다.

> 할 일이 일할 사람의 한가한 때를 기다려주지도 않겠거니와 일할 사람이 할 일에 반드시 전념해야지, 그걸 부업으로 취급해서는 아니 된다고 나는 생각하니까.
>
> 각각의 것이 더 많이, 더 훌륭하게, 그리고 더 쉽게 이루어지는 것은 한 사람이 한 가지 일을 '성향에 따라' 적기에 하되, 다른 일들에 대해서는 한가로이 대할 때에 있어서이네.[5]

플라톤과 비교했을 때 아리스토텔레스는 평등한 권력의 분배에 더 많은 관심을 가지고 있었다. 그는 플라톤의 『국가』에 담긴 과두제적 성격을 비판하며 다음과 같이 말했다. "국가는 동등한 자들의 공동체이고, 그 목적은 가능한 최선의 삶이다."[6] 그러나 여기에서도 '동등한 자들'의 범위에 들어가기 위해서는 국가의 구성원으로서 시민의 덕성을 가져야 하는데 생산자 계급은 그럴 시간적 여유가 없기 때문에 제외된다.[7]

아리스토텔레스의 정치학에서 랑시에르가 강조하는 점은 이러한 차별적 구분이 소리의 분할로부터 나온다는 것이다. 아리스토텔레스는 '말이 되는 소리 logos'와 '말이 되지 않는 소리 phōnē', 즉 논리적 언변과 감정적 분출을 구분하고, 동물에겐 후자만 있지만 오직 인간만이 전자를 갖는다고 말했다.[8] 그리고 노예는 앞뒤가 맞고 정치적으로 의미 있는 언어를 구사할 수 없으므로 시민에 포함될 수 없다고 말했다.

아리스토텔레스가 말하기를 시민이란 통치하고 통치받는 사실에 참여하여 자기 몫을 갖는 자이다. 하지만 또 다른 분할의 형식이 그것에 선행한다. 즉 그 분할의 형식이 자기 몫을 나누어 가질 사람들을 규정한다.[9]

이처럼 공동체의 모든 구성원이 참여하고 분유할 수 있는 '공통적인 것'의 존재에 대한 확인, 그러나 그 위에서 이루어지는 시공간의 감각적 분할과 소리 이미지의 가치론적 구획이 있다. 즉 공통적인 것에 실질적으로 참여할 수 있는 시간과 공간이 별도로 구획되어 있으며, 또한 거기에 참여할 수 있는 수준의 언어가 따로 규정되어 있다. 이것이 랑시에르가 책 제목으로 삼은 "감성적인 것의 분할"의 의미이다. 이것은 "어떤 공통적인 것의 존재, 그리고 이와 동시에 여기에서 각자의 장소와 몫을 규정하는 분할을 보게 만드는 감성적 명백성의 체계"라고 정의된다.[10]

우리는 모든 것을 편견 없이 '명백하게' 보거나 들을 수 있다고 생각하지만 그것은 사실이 아니다. 말소리와 몸짓이 의미를 획득하고 합리적으로 공증되는 어떤 시간과 장소가 있다. 말하자면 사회에는 어떤 위계적 등고선 같은 체제, 즉 구성원 모두와 관련되는 공통적인 것에 대해 실질적으로 영향을 미치는 특정한 높이가 있는 것이다. 어떤 소리는 공통적인 것의 분배를 규정하는 의미 있는 말로, 어떤 소리는 공중에서 부서지는 의미 없는 중얼거림으로 구분되어 들린다.

인간이 모인 사회에는 구성원 모두에게 속하는 공통의 것이 있고, 정치는 이에 대한 참여로 정의된다. 이런 이유에서 플라톤과 아리스토텔레스는 자주 도시국가를 배에, 시민을 선원에 비유하곤 했다.[11] 그들은 정치에 참여하는 일이 인간의 능력이자 시민의 의무라고 주장했다. 하지만 이러한 정치의 능력은 출생과 함께 즉각적으로 주어지는 것이 아니라 잠재력의 계발을 통해 획득된다. 이 지점에서 현실적으로 정치에 참여할 수 있는 높은 문턱이 생겨난다. 지적 훈련과 시간적 여유가 필요한 그러한 계발은 실질적으로 특정한 계급에게만 허용된다.

랑시에르는 이러한 관점을 집중적으로 비판한다. 물론 이러한 비판이 새로운 것은 아니다. 이 두 고대 철학자가 소수의 귀족정치를 옹호하고 대중의 민주정치를 우려하거나 심지어 혐오했다는 사실은 잘 알려져 있다. 그리고 역사적으로 봐도 다수의 결정이 언제나 절대 선이었다고 믿을 만한 이유는 없으므로 두 위대한 철학자가 우려했던 바가 무엇이었는지 이해할 필요도 있다. 여기에서 랑시에르의 비판이 독창적인 점은 그것이 시간과 공간상의 구획, 언어와 소리의 구분을 더 근본적인 문제로 제기한다는 점에 있다.

랑시에르는 플라톤에게서 두 가지 대표적인 예시를 가져온다. 그중 하나는 연극이고, 다른 하나는 글쓰기이다. 플라톤은 이 둘을 비판하고 그 위험성을 경고했다. 랑시에르가 이 두 예시를 끌어온 것은 매우 전략적인 것으로, 뒤에서 보겠지만 연극과 문학은 랑시에르가 미학적 체제를 옹호할 때 중요한 기지 역할을 한다. 달리 말하면 연극과 문학을 중심으로 랑시에르는 플라톤의 윤리적 체제와 아리스토텔레스의 재현적 체제에 맞서고, 그것들과 대립하는 양상을 분명하게 만든다.

먼저 시 또는 연극과 관련하여 플라톤은 시인을 도시국가에서 추방해야 한다는 과격한 주장을 했다. 비극 작가들은 로고스(논리) 대신 뮈토스(이야기)에 의존해 시민들의 감정을 격화시키기 때문이다. 그런데 랑시에르는 이에 대해 다음과 같은 해석을 제시한다. "플라톤의 시인 추방론은 [비극 시인들이] 지어낸 이야기의 비도덕적 내용에 근거를 두기 이전에, 한꺼번에 두 가지 일을 할 수 없는 불가능성에 토대를 두고 있다. 허구는 무엇보다 장소의 배분의 문제이다."[12] 이것이 무슨 의미인지 살펴보자.

우선 플라톤이 비극을 비판하는 이유는 배우의 연기에 이중적인 성격이 있기 때문이다. 즉 배우는 무대에서 연기를 하는 배우 본인이면서 동시에 그가 연기하는 캐릭터인 척해야 한다. 그래서 그는 관람객인 시민들로 하여금 윤리적 모방의 훈련에 혼란을 가져온다. 사람들, 특히 젊은이들은 좋은 삶을 살기 위해서 최상의 좋은 모델을 발견해서 지속적으로 모방하는 것이 필요한데, '그런 척할 뿐인' 배우를 좋아하게 된다면 그러한 습성은 교란받게 된다.[13]

이것이 플라톤의 문헌에서 일차적으로 발견할 수 있는 논리라면, 랑시에르는 이것을 장소의 관점에서 재구성한다. 연극과 배우가 플라톤에게 비판의 대상이 되는 이유는 연극배우가 동시에 두 장소, 즉 연극이 진행되고 있는 실제 무대와 연극이 재현하고 있는 가상의 장소에 있는 것처럼 행동하기 때문이라는 것이다. 랑시에르가 보기에 플라톤의 연극 비판은 '모든 사람은 일관되게 하나의 장소에, 특히 자신의 본성에 비추어 자신에게 가장 적합한 장소에 있을 것'이라는 플라톤의 윤리적이고 정치적인 원칙에 어긋나기 때문에 제기된 것이다.

다음으로 플라톤은 글의 위험을 경고했는데, 그 이유는 말은 대화의 상황과 상대가 분명하지만 글은 그렇지 않기 때문이다. 다시 말해 상대방의 질문과 대답 안에서 진행된 대화에는 생생한 사유가 살아 있지만, 글은 누가 읽을지 알 수 없는 상태에 내던져지고, 읽는 사람이 마음대로 내용을 해석할 수 있다는 것이다. 요컨대 글은 말의 흔적과 같아서 원래의 내용은 점점 흐려진다.

사실 이 대목은 데리다 등 여러 현대철학자에 의해 문자 및 매체의 문제와 관련하여 자주 인용되고 논의되곤 했다. 플라톤은 『파이드로스』에서 이렇게 말한다.

> 글쓰기에는 뭔가 기이한 점이 있으니, 그것은 사실 그림 그리기와 똑같네. 거기서 생겨난 것들은 살아 있는 생물처럼 보이지만, 자네가 어떤 질문을 던지면 무섭게 침묵한다네. … 일단 글로 쓰이고 나면 모든 말은 장소를 가리지 않고 그것을 이해하는 사람들 주변과 그 말이 전혀 먹히지 않는 사람들 주변을 똑같이 맴돌면서, 말을 걸어야 할 사람들과 그렇지 않은 사람들을 가려 알지 못하네.[14]

플라톤은 위의 인용문에서 글을 말의 유령처럼 묘사하고 있다. 랑시에르의 논지는 여기에서도 공간과 관련된다. 그가 보기에 플라톤이 문자를 필요악처럼 간주하는 이유는 상대 신체의 물리적 위치에 의해 구성되는 대화의 공간에서와 달리, 글은 기계적으로 왼쪽에서 오른쪽으로 진행되면서 말과 신체 사이의 실효적이고 적법한 관계를 파괴하기 때문이다. 쉽게 말해 글은 종이 위에 있을 뿐 어느 누구와도 직접적으로 관계 맺지 않으며, 같은 이유에서 잠재적으로는 어느 누구와도 무차별적으로 관계 맺을 가능성이 있다. 이것은 적절하게 한정된 질문, 구체적인 대화 상대자, 그 상대자의 호의적 태도와 이해 수준 등으로 형성되는 '실제의' 공통 공간에 대한 감각을 훼손한다.

랑시에르는 플라톤이 연극과 문자를 비판한 반면 무용을 높게 평가했다는 점을 상기시키며, 이 점 역시 공간의 유기적 구성과 배분이라는 플라톤의 기준에 충실한 결과라고 분석한다. 플라톤은 가무단을 분별심과 나이에 따라 세 집단으로 구성해야 한다고 제안한다. 그에 따르면 이상적인 예술형식은 무용처럼 직접적인 신체들의 배치를 통해 공동체의 통일성을 노래하고 춤추는 것이다.[15] 이렇게 되면 젊은 이들은 무용을 통해 조화의 감각을 익히고 이를 통해 공동체를 운영하는 고귀한 기술을 배울 수 있다.[16]

이로부터 세 가지 예술형식이 도출된다.

조용한 기호들의 표면이 있다. 기호들의 표면이란 말하자면 회화의 표면 같은 것이다. 그리고 신체가 운동하는 공간이 있는데, 이는 다시 서로 대립하는 두 가지 모델로 나뉜다. 한편으로 대중(관객)의 동일화에 제공되는, 연극 무대의 허상들의 운동이 있다. 다른 한편으로 진정한 운동, 공동체적인 신체들의 고유한 운동이 있다.[17]

위의 인용문에서 두 번째 예술형식의 "대중"과 세 번째 예술형식의 "공동체"는 대립되는 것이다. 플라톤은 유기적으로 분업화된 공동체 전체를 형상화하는 예술, 즉 무용을 높게 평가했지만, 랑시에르는 그 반대로 익명의 평등성 속에서 형성된 "대중"이 바라보는 연극을 옹호하는 것이다. 그리고 첫 번째 예술형식으로서, 표면 위에서 유희하고 순환하는 그림과 문자가 있다.

그런데 이러한 예술형식들은 어떤 작품을 "예술로서 지각되고 생각될 수 있게 할 뿐만 아니라, 공동체의 의미를 기입하는 방식"[18]이기도 하다. 다시 한번 강조할 점은 그 작품의 내용이나 작가의 의도와는 무관하게, 심지어는 상반되게 그런 일이 벌어진다는 것이다. 랑시에르가 이 점과 관련하여 자주 언급하는 작가는 플로베르다. 그의 소설들은 출간되었을 때 "문학의 민주주의"라는 상찬을 받았지만 정작 작가 개인의 정치적 성향은 귀족주의나 보수주의에 가까웠다. 플로베르의 작품이 문학적 민주정을 실현하고 있다는 것은 어떤 주제든 동등하고 차별 없이 다룰 수 있다는 그의 태도로부터 발견되는 것이다. 이를테면 그 태도란 아름다움을 다루는 것과 같은 태도로 추한 것도 다룬다는 것이다.[19] "이 평등은 재현의 모든 위계를 파괴하고, 또한 독자들의 공동체를 합법성 없는 공동체, 오직 글자의 우연한 순환에 의해서만 그려지는 공동체로서 설립한다."[20] 이것이 예술이 정치를 하는 방식이다.

    이처럼 랑시에르는 대표적으로 무용, 연극, 문자(회화)라는 세 가지 예술 장르를 분명하게 대립시키고, 이것들에 대한 플라톤의 태도를 분석한다. 그의 독창적인 분석에 따르면 플라톤은 무용을 '각자 분배된 자기 자리에서 자기 일을 하는 좋은 공동체'의 예술 장르로서 옹호하는 반면, 연극과 문자(회화)에서는 '환영적 신체들 또는 동등한 기호들이 시공간을 교란하는 민주정'의 불온함을 감지한다.

    물론 이 세 가지 예술 장르가 고정된 본성을 지니고 있어서, 이를테면 무용은 늘 위계적 사회를 강화하고, 연극은 평등한 사회에 더 적합하다는 뜻은 아니다. 랑시에르가 이어서 말하고 있듯이 연극에 대해서 플라톤은 민주정체의 혼란을 경고했지만, 고전주의에 와서 연극은 위계화된 사회 안에서 형성되는 발화의 위계를 고스란히 재현하기 때문에 군주정에 맞게 변형된다. 또 반대로 문자들의 지면을 무대로 옮겨놓은 것 같은, 동등한 신체들이 움직이는 현대무용 작품들에 대해서도 생각해볼 수 있다. 요컨대 세 가지 예술 장르는 기원에서 각자 고유한 감성적 형식의 특성을 품고 있었다고 할 수 있지만, 이것들이 역사적으로 어떻게 서로 대립되고 혼합되는지 분석하는 것이 더 중요하다.

    랑시에르가 강조하는 것은 정치가 공동체 내에서 공동의 것의 분할과 관련되는 것이라면, 이 분할의 양상이 감성적으로 표현되는 차원이 미학이라는 것이다. 작품이 담고 있는 주제나 그것이 주장하는 메시지는 피상적인 차원일 뿐이며, 예술의 정치성 또는 미학의 정치성은 그보다 더 심층적인 차원에서 작동한다. 그 차원이란 "예술적 실천의 가시성의 형태, 이 실천이 점유하는 자리, 그리고 그것이 공통

말레비치, <검은 사각형>, 1915

의 것에 대해 행한 것"을 말한다.[21]

    이를테면 추상회화라고 불리는 작품들이 인간 삶의 문제로부터 도피해 회화 내부의 구성 요소와 기법 문제로 숨어 들어갔다는 비판이 있었지만, 랑시에르가 보기에 이런 비판은 과녁에서 벗어난 것이다. 중요한 문제는 분할의 감성적 형식을 바꾸는 데 있다. 정치 또한 분할의 형식이기 때문이다. 대표적으로 말레비치는 기하 추상의 작품들을 만들었는데, 다른 한편으로 "새로운 삶의 형식"을 강력하게 주창했다. 그의 작품 안 어디에서도 그런 내용을 찾을 수 없지만, 오히려 전통적으로 다루어졌던 위계적인 회화적 주제가 모두 삭제된 평면에서 우리는 그가 주창한 새로운 분할의 감성적 형식을 감각할 수 있다.

3.

미학이란 분야는 등장 직후부터 많은 비판을 받았고 다른 분야로 해소될 수 있다는 불안에 노출되어 있었다. 예를 들어 부르디외는 취향이 계급의 산물이라는 점을 보이면서 미학을 사회학으로 해소하려고 했다. 알랭 바디우는 예술을 진리가 사건으로 나타나는 한 가지 방식으로 이론화하면서 플라톤적인 지평 안에서 감성론을 흡수하려고 했다. 분석미학자인 장-마리 셰페르는 예술에 대한 보편적인 논의는 불가능하며, 구체적인 경험들과 작품들에 대한 분석만이 가능하다고 주장했다.[22] 랑시에르는 그러한 비판들이 미학의 본성에 대한 오해에 기반하고 있으며, 그러한 오해가 우연이 아니라 사실은 미학 내부의 본질적 긴장 또는 불안에서 온다고 설명한다.

우리는 앞서 1장 1절에서 랑시에르가 이미지의 세 가지 체제를 구분하여 제시했다는 점을 살펴보았다. 플라톤으로 대표되는 윤리적 체제, 아리스토텔레스가 정식화하고 17세기 고전주의 시기에 자리잡은 재현적 체제, 그리고 18세기 말 칸트와 실러에 의해 분명하게 포착된 미학적 체제가 그것이다. 세 체제를 규정하는 표현은 랑시에르의 여러 저작에서 다양하게 주어지는데, 가장 대표적인 구절을 꼽자면 다음과 같다.

(1) 윤리적 체제: "이 체제에서는 어떻게 이미지들의 존재 방식이 에토스, 즉 개인들과 공동체들의 존재 방식에 관계되는지를 아는 것이 중요하다."²³

(2) 재현적 체제: "모방물들이 어떤 예술에 고유하게 속하는 것으로 인정될 수 있고 그 틀 속에서 좋거나 나쁜, 적합하거나 부적합한 것으로 평가될 수 있는 조건들을 정의하는 규범성의 형태들로 전개된다."²⁴

(3) 미학적 체제: "미학이라 불리는 담론을 일으키는 순간은 생산적 본성, 감각적 본성 그리고 미메시스나 재현이라고 불리던 입법적 본성의 매듭이 풀리는 순간이다."²⁵

18세기 말에 정치적인 지층과 감성적인 지층 양쪽에서 기존의 지각판들이 맞물려 있는 방식이 유지되지 못하고 축적된 에너지가 폭발하면서 지각변동이 일어났다. 정치적 지각변동이 프랑스혁명(1789)에 의해 도래했다면, 감성적 지각변동은 칸트의 『판단력비판』(1790), 그리고 특히 실러의 『미학 편지』(1795)에 의해 표현되었다. 그리고 루소의 『사회계약론』과 『에밀』(둘 다 1762)이 각각 양쪽을 예비했다는 점을 덧붙일 수 있다. 요컨대 이미지의 미학적 체제란 정치의 민주적 체제에 상응한다. "이 정치의 미학적 체제가 바로 고유한 의미에서 민주주의의 체제다."²⁶ 민주적 정치체제가 모든 사람이 형식적으로 동등한 자격을 갖는다는 것을 의미한다면, 이미지의 미학적 체제는 모든 소재가 형식적으로 동등한 가치를 지닌다는 것을 의미한다. 이러한 변화는 인간의 본성과 예술의 본질을 내용의 측면에서 미리 규정하려는 모든 입장을 무효로 만든다.

미학이란 이러한 체제에 대한 이름이기도 하고, 이 체제 내에서 이루어지는 구체적인 실천 방식들을 탐구하는 학문이기도 하다.

랑시에르는 미학에 대한 규정 네 가지를 제시한다. (1) 예술이 있기 위해서는 제작된 감성적 대상만으로는 충분치 않고, 그것을 식별하는 시선과 생각이 있어야 한다. 재현적 체제란 포이에시스(제작 방식)와 아이스테시스(감상 방식) 양쪽을 미메시스(모방)라는 원칙이 매듭으로 묶고 있는 체제이다. 그리고 이 미메시스의 내용은 인간의 본성이다. 그런데 미학적 체제란 미메시스가 묶고 있던 매듭이 풀리는 순간을 의미한다. "미메시스의 종말은 구상화具象化의 종말이 아니라, 생산적 본성과 감각적 본성을 서로 일치시키던 모방적 입법의 종말이다."[27] 이와 나란히 이제 합의된 인간의 본성은 사라지고, 미학적 체제에서 그려지는 인간의 본성은 늘 과거에 상실된 것이거나, 아니면 미래에 도래할 어떤 것이 된다.

(2) 프랑스혁명과 박물관의 등장은 "기존의 재현적 가치와 주제와 장르의 위계를 파괴하고 작품들의 감각적 독특함을 강조하는 결과를 가져왔다."[28] 정치적 혁명에 이어 등장한 심미적 혁명은 "느린 혁명"이고, "작품들을 인민, 문명, 역사와 같은 익명의 힘에 결부시킨다."[29] 여기에 미학적 체제의 중요성이자 미학이라는 학문 분야의 중요성이 있다. 작품은 제작과 관계된 동기, 이유, 후원, 이데올로기로부터 분리되고, 그 대신 감성적 존재로서 독자적인 위상을 부여받는다. 그것은 익명의 힘들이 관통하고, 그런 힘들을 표현하는 존재가 된다.

(3) "미학은 감성을 대상으로 하는 사유의 영역이 아니다. 그것은 예술의 사물들을 규정하는 것을 허용하는 역설적인 감각의 자리sensorium에 대한 사유 방식이다."[30] 여기에서 랑시에르는 'sensorium'이라는 단어를 사용했는데, 이 말은 주위 환경이 감각기관에 일으키는 효과를 함축한다. 예를 들어 미디어 이론은 새로 등장한 미디어가 인간의 감각에 어떤 변화를 일으키는지 탐구하는데, 이때 감성이 어떤 막에 둘러싸여 있으며 그것과 영향을 주고받으면서 감성

의 성격 자체가 변화한다는 함축을 담아 이 단어를 사용한다. 랑시에르는 미디어 대신 이미지의 체제가 감성의 성격을 규정할 자리를 만든다는 뜻을 담아 이 말을 쓰는 것이다.

(4) 앞서 말한 '잃어버린 인간 본성'의 의미가 여기에서 분명해진다. 이전의 두 체제에서는 능동적 능력과 수용적 능력을 합치시키는 규범이 윤리적으로 또는 위계적으로 보증되었다면, 미학적 체제에서는 이것이 중단된다. 포이에시스와 아이스테시스 사이의 간격은 새로운 인류가 태어나는 자리이다. "[인간의] 본성이 자기 내부에 지닌 이 간격은 유례 없는 평등의 장소이다. 그리고 이 평등은 상실을 대가로 새로운 약속을 담은 이야기 안에 기입된다."[31] 평등한 인간의 시대가 도래했지만, 바로 그 이유에서 인간의 본성은 비어 있게 되고, 이제 그것은 발명되어야 한다.

미학적 체제는 위계적 높이와 깊이를 몰아내고, 그 대신 표면의 평평함 위에서 펼쳐진다. 이 표면은 물리적으로는 그림의 화면畵面이나 활자의 지면紙面을 지시하고, 가치론적으로는 기호들과 신체들의 평등성을 의미한다. 예를 들어 드가의 회화는 사소한 주제들과 주변의 신체들을 순간적으로 바라보는 시선을 담고 있다. 그것은 오늘날 사진이 그런 것처럼 무한히 연장되는 공간에서 임의로 일부분을 잘라낸 것 같은 구성을 보여준다. 이는 삼차원의 깊이를 가진 공간 안에 중요도에 따라 인물들을 배치해서 서사를 기록하는 재현적 체제에서 급진적으로 벗어난 것이다. 예를 들어 자크 루이 다비드가 〈호라티우스 형제의 맹세〉에서 인물의 중요도에 따라 신체를 배치하고 서사를 조형적으로 기록한 재현적 체제의 방식과 비교해본다면 드가의 회화에 담긴 미학적 체제의 의미를 쉽게 파악할 수 있다.

한때 인쇄업에 종사하기도 했던 발자크는 상징적이게도 그의 소설 『잃어버린 환상』(1843)을 인쇄소의 작업대 위로 다양한 계급의

드가,
<기다림>, 1882(위)

자크 루이 다비드,
<호라티우스 형제의
맹세>, 1784(아래)

활동과 말이 평등하게 수렴되고 교환되는 장면으로 시작한다. 말라르메의 시는 의미를 지시하며 사라지는 언어가 아니라, 자신만의 고유한 평면을 형성하면서 그 위에서 유희하고 순환하는 문자들의 움직임을 보여준다. 이러한 평면성은 미학적 체제 이전까지는 "살아 있는 말"과 대비되어 폄하되고 억압되었던 것이다. 하지만 미학적 체제의 등장과 함께 이것은 감성적인 것의 분할의 새로운 형식이 되어 전면화된다. 19세기 신문과 소설의 대중화가 정치적 민주주의의 확

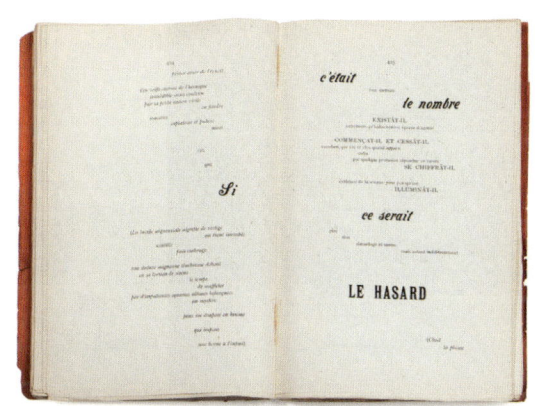

말라르메,
「한 번의 주사위 던지기가
우연을 없애지는
못하리라」, 1897

산과 긴밀하게 연관되어 있다는 사실은 많은 학자에 의해 지적된 바 있다. 화면과 지면의 평평함과 정치적 평등성은 이처럼 나란히 진행된다.

랑시에르의 논의가 가장 빛나는 지점은 그동안 모더니즘의 이름 아래에서 전개되었던 이론들이 왜 서로 불일치하고 심지어 모순되는지에 대해 근본적인 설명을 제시하는 대목이다. 한편의 설명에 따르면 모더니즘은 예술의 자율성을 주장하며 예술이 더 이상 주제나 내용이 아니라 재료와 기술로 관심을 되돌려야 한다는 주장이다. 반면 다른 편의 설명에 따르면 모더니즘은 예술을 위한 예술을 공격하며 삶을 근본적으로 변형하기 위한 기술로서 예술은 디자인, 장식, 가구, 건축, 도시설계로 전화되어야 한다는 주장이다. 전자가 그린버그의 미술론으로 집약된다면, 후자는 러시아 형식주의와 독일 바우하우스 이념으로 대표된다.[32] 요컨대 한편에서는 예술을 삶과 분리시키고자 하고, 다른 한편에서는 예술을 삶과 긴밀히 연결시키려고 하는 것이다.

랑시에르는 그의 이론의 연장선상에서 이 양쪽의 입장은 미학적 체제에 얽혀 있는 두 극의 모순을 다 파악하지 못하고 각각 하나의

 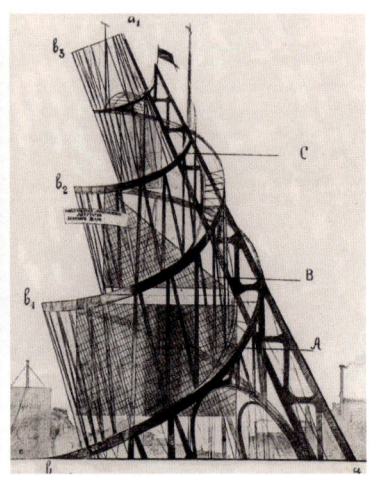

로스코, <No. 61>, 1953(왼쪽)
블라디미르 타틀린, <'제3인터내셔널 기념탑' 구상도>, 1919(오른쪽)

극에 대해서만 말하고 있다고 비판한다. "작품의 자율성이라고 하는 것은 그저 포이에시스와 아이스테시스가 단절됨으로써 발생하는 효과일 뿐이다."[33] 앞서 말한 것처럼 미학적 체제는 제작과 감상의 매듭이 풀리면서 특히 심미적 경험이 자율성을 얻게 된 사건을 의미한다. 이 심미적 경험, 미학적 시선의 특징은 일상 속에 있는 사물을 어떤 순간에 심미적 대상으로 바라보는 자유로운 전환에 있다.

랑시에르가 고니라는 이름의 19세기 노동자의 기록에서 가져온 예는 이런 점에서 범례의 역할을 한다.

자신이 마루판을 깔고 있는 방의 작업을 끝마치기 전까지, 그는 자기 집에 있다고 생각하면서 그 방의 배치를 마음에 들어 한다. 창이 정원으로 나 있거나 그림 같은 풍경이 내려다보이면 그는 일순간 팔을 멈추고서 널찍한 전망을 향해 상상의 나래를

펴고 인근 주거 소유자들 이상으로 그 전망을 만끽한다.[34]

건축 노동자 고니는 부자의 집을 짓는 일을 하면서 순간적으로 노동의 시선을 그 자리에서 전망을 순수하게 감상하는 미학적 시선으로 전환한다. 우리는 이런 시선의 전환이 플라톤의 윤리적 체제가 견고하게 유지하고자 했던 시공간의 배분과 얼마나 다른지 알 수 있다. 이 노동자는 연극무대의 배우처럼 (노동자로서) 여기 있으면서 (감상자로서) 저기에도 있다. 이처럼 미학적 체제의 고유한 역량은 기존의 지배와 피지배, 능동과 수동의 관계를 중단시키는 힘에 있는 것이지, 특정한 정치적 프로그램을 예술적으로 보급하는 데 있는 것도, 반대로 그것을 거부하는 데 있는 것도 아니다.

미학적 체제 안에는 두 가지 목표, 즉 '예술의 자율성'과 '예술을 통한 삶의 해방'이라는 상반된 목표가 "이접적인" 방식으로 접합되어 있다. '이접적'이라는 것은 'A 또는 B'라는 논리적 양상을 가리키는 것인데, 미학적 경험의 전환이 양쪽을 오간다는 것을 의미한다. 감각적 쾌감이나 도덕적 선으로부터 자유로운 심미적 시선이 어떻게 앞으로 도래할 새로운 공동체의 감성적 분할을 생산할 수 있는가? 이것이 미학의 존재 이유이며, 탐구 대상이다. "미학이란 예술의 제작물을 세상의 다른 대상에서 분리해내던 장벽들을 제거하면서 예술에 자율성을 주는 이 본원적 모순에 대한 사유이다."[35]

미학은 이미지와 개념, '볼 수 있는 것'과 '말할 수 있는 것'이 무매개적으로 대면해야 하는 역사적 국면에서 필요한 학문으로 탄생했다. 그리고 이 대면은 언제나 어떤 중지를 동반한다. 이 중지와 관련하여 랑시에르는 실러의 『미학 편지』를 결정적인 저작으로 언급한다. 실러는 인간에게 내재한 두 가지 근본적인 충동으로 감각 충동과 형식 충동을 제시한다. 감각 충동은 대상을 수용하며 규정되기를 바라는 반면, 형식 충동은 스스로 대상을 만들어내며 규정하기를 바란다. 즉 질료와 형식, 수동과 능동, 표면과 깊이, 감수성과 자유, 자연과 도덕, 변화와 영원이라는 상반된 방향을 추구하는 두 충동이 인간의 삶을 밀어간다.

그런데 감각 충동과 형식 충동에 더해 제3의 충동이 있는데, 그것은 놀이 충동이다. 놀이 충동는 아름다움을 대상으로 하며, 그 안에서 감각 충동과 형식 충동은 결합한다. 인간에 대한 교육은 최종적으로 놀이 충동을 목표로 한다.

> 인간은 아름다움으로는 오로지 놀이만을 해야 하며, 오직 아름다움으로만 놀이를 해야 한다고 말입니다. 간략하게 말하면 인간은 이 말의 완전한 의미에서 인간인 한에서만 놀이하며, 또한 놀이하는 한에서만 온전한 인간입니다.[36]

우리는 여기에서 실러가 칸트를 어떻게 변주하고 있는지 알 수 있다. 칸트가 "아름다움은 상상력과 지성의 자유로운 유희에서 온다"[37]라고 말한 것을 이어받아 실러는 "아름다움 안에서 감각 충동과 형식 충동은 결합된다"[38]라고 말하는 것이다.

사실 실러가 두 상이한 충동이 '결합된다'라고 말할 때 이것이 어떻게 가능한가라고 물을 수 있다. 랑시에르는 그 방법에 대해 어떤 단계를 강조한 셈인데, 두 충동이 각자 서로에게 자신을 강요하려는 경향을 중화시키기 때문에, 즉 서로의 작용을 "중지"시키기 때문에 결합이 가능해진다는 것이다. 일단 반대편 충동의 강요를 중단시킬 수 있기 때문에 그다음에 서로의 특성이 상대에게 도입될 수 있다는 것이다.

이런 이유에서 감각 충동과 형식 충동이 결합되어 놀이 충동이 아름다움을 향유하고 있는 상태는 오히려 "무위와 무심"의 외양을 띤

주노 루도비시 조각상, 1세기 제작 추정. 고대 그리스의 헤라, 고대 로마의 주노 여신을 이상화한 조각 두상으로, 루도비시 추기경의 수집품에 포함되어 있었다. 실러 당시에 여러 복제품이 만들어져 감상의 대상이 되었다.

다. 진정한 아름다움의 얼굴은 의무도, 애착도 면제되어 있는 얼굴이다. 실러는 이것의 예로 주노 루도비시 조각상을 언급하고, 랑시에르는 이 조각상이 띠고 있는 무표정을 미학의 엠블렘 같은 것으로 소환한다. "그 조각상은 외관과 실재뿐 아니라 형상과 질료, 능동과 수동, 지성과 감성 사이의 일상적 연결들을 중단시키는 특수한 경험 안에서 주어진다."[39]

랑시에르는 지배 이데올로기를 폭로하는 것이 해방으로 이끄는 정치철학의 과제라고 본 태도들을 비판한다. 그가 보기에 정치권력의 여러 재현은 그것을 연출하는 자의 뜻대로 공중에게 전달되지 않는다. 미학적 체제에서는 정치권력이 재현하는 내용이 포이에시스와 아이스테시스 사이의 간극으로 인해 원활히 전파되지 않고, 그 대신 아이스테시스 편에 속해 있는 자들이 자기 자리에서 새로운 해석을 시도하는 것과 새로운 신체의 역량을 스스로에게 부여하는 것이 가능해진다. "실제로 피지배자들의 문제는 지배 메커니즘을 의식하는 것이었던 적이 없다. 오히려 지배에 복종하는 것이 아니라 다른 것을 할 수 있는 신체를 스스로 만드는 것이 문제였다."[40]

4.

랑시에르의 연구는 경험의 조건, 철학적인 용어를 빌려 말하자면 '경험의 초월론적 조건'을 탐구하는 것이다. 이 점을 고려할 때 그 역시 칸트가 철학에 부여했던 과제를 넓은 의미에서 계승했다. 우리가 이런저런 경험을 하게 되는 조건은 무엇인가? 칸트는 그 조건을 신이나 세계가 아니라 인간 자신의 내부에서 발견했다. 즉 우리가 감성과 지성의 선험적 형식을 가지고 있다는 것이다. 인간은 인간만의 특수한 형식을 가지고 있다. 동물행동학을 참고한다면 이 말은 더욱 잘 이해된다. 고양이, 파리는 인간과 다른 방식으로 세계를 지각한다. 크기, 색, 거리, 사물의 동일성을 인간과 전혀 다른 방식으로 지각하고 인식한다.

그런데 랑시에르에 따르면 이러한 감성의 선험적 형식은 역사적으로 규정된다. 칸트가 생각했던 것처럼 감성의 선험적 형식은 초역사적으로 동일한 것이 아니라 역사적으로 산출되고 변화한다는 것이다. 이것이 랑시에르가 '초월론적'이라는 개념어를 거의 사용하지 않는 이유일 것이다. 그는 드물게 이 말을 쓰는 경우에도 부정적인 뉘앙스를 담아 비판적인 거리를 두면서 쓴다. 이는 아마도 선험적 형식이 보편적이고 불변한다는 칸트적인 내포를 피하기 위해서일 것이다.

랑시에르의 미학은 선험적 형식을 역사화한 것이라고 할 수 있는데, 랑시에르에 앞서 이러한 작업을 한 선구자가 있다. 바로 푸코이다.[41] 푸코는 『지식의 고고학』에서 "역사적 선험성"이라는 역설적인 표현을 사용했다. 그가 말하는 담론discours이란 바로 이론들이 합리적이고 과학적인 것으로 받아들여지거나 거부되는 논의의 장을 의미하며, 역사적으로 주어지는 선험적 지평, 맥락, 구조, 체계를 가리킨다.

예를 들어 우리나라의 경우 20세기 초 개화기에 인체를 설명하는 용어와 방식이 급격하게 변했다. 음양으로 신체를 설명했던 방식은 어느 순간 갑자기 주변화되고 미신화되고 비과학화된다. 이 시기에 출간된 소설의 한 대목은 이런 변화를 잘 보여준다. "이해조의 『빈상설』(1908)에서는 간교한 첩에게 홀린 정길의 상태를" 표현하면서 다음과 같이 썼다. "구학문으로 말하면 오장육부에 정신보가 빠졌다 할 만하고 신학문으로 말하면 뇌에 피가 말라 신경이 희미하다 할 만한…"[42] '신경', '연골', '동맥' 같은 서양의학의 번역어들이 19세기 말부터 수용될 때 이는 단지 언어만 들어온 것이 아니라 기존의 전통의학과 전면적으로 충돌하는 새로운 신체의 이해 방식이 함께 도래한 것이다.

이러한 역사적 선험성을 푸코가 지성적인 것과 연관시켜 연구했다면, 랑시에르는 감성적인 것과 연관시키는 것이다. "감성적인 것의 분할"이란 바로 감성적인 것들을 분할하는 역사적 선험성을 지시한다. 우리는 모든 것을 균등하게 감각하는 것이 아니라 우리가 소속된 공동체를 지배하는 선험적 틀 안에서 위계적으로 감각하며, 이 틀은 역사적으로 변화한다. 랑시에르는 미학을 다음과 같이 규정한다.

우리는 미학을 우리에게 느끼도록 주어지는 것들을 규정하는 선험적 형식의 체계로 이해한다. 이것은 공간과 시간, 보이는 것과 보이지 않는 것, 말과 소음을 재단하는 것이며, 이것은 다시

경험의 형식으로서의 정치의 자리와 쟁점을 동시에 정의한다.[43]

미학의 불안 또는 모순이란, 현대사회에서 한편으로는 어떤 사물을 특별히 예술작품으로서 구분해서 보는 심미적 시선이 분명 존재하지만, 다른 한편으로는 예술적 사물과 일상적 사물의 경계가 뚜렷하지 않고 이 둘이 모호하게 혼재되어 있다는 사실을 의미한다.[44] 그러나 이는 제거해야 할 혼동이나 혼란이라기보다 미학이 마주보고 있는 전선 그 자체이다. 왜냐하면 느린 미학적 혁명에서 나타나고 있는 것은 예술적 대상과 일상적 삶을 분리한 옛날 규범들의 폐허, 그리고 새로운 규범의 출현의 예감이기 때문이다.

독특한 심미적 시선은 계속해서 존재할 것이지만, 예술작품을 일상적 삶으로부터 구별하는 구분선은 다시 흐트러지고 끊임없이 새로 구획될 것이다. 미학은 바로 예술이라는 영역의 고유성과 경계의 모호함을 동시에 내포한다. 그것은 일상적 소음 속에서 끊임없이 새롭게 형성되는 감각의 교육이다. 반면 윤리적 체제와 재현적 체제는 제작 방식과 감상 방식을 묶는 매듭을 통해 새로운 감성적 분할을 금지하고 제어한다.

현대 프랑스 철학과 미학에는 다양한 입장이 있지만, 그것들이 공유하는 것은 재현주의에 대한 비판이다. 들뢰즈와 리오타르가 가치론적 논증을 편다면, 푸코와 랑시에르는 고고학적 구분을 통해 비판을 전개한다. 전자가 예술의 과제는 힘들의 포착 또는 사건의 증언이기 때문에 재현은 충분치 않다거나 해롭다고 말한다면, 후자는 고전주의와 재현적 체제는 더 이상 유효하지 않고 우리의 시대는 모더니즘(과 그 이후) 또는 미학적 체제에 속한다고 말한다. 랑시에르가 단순히 '시대'라고 말하지 않고 '체제régime'라고 말하는 이유는 윤리적 체제나 재현적 체제가 역사 속으로 사라진 것이 아니라 현재에도 미학적 체제와 중첩되어 현실적으로 작동하고 있기 때문이다.

주의할 점은 랑시에르의 재현주의 비판은 곧바로 재현 자체의 비판으로 이어지지는 않는다는 것이다. 랑시에르가 문제삼는 것은 재현이나 구상具象 자체가 아니라 그것을 규제하고 있는 상위의 원리이기 때문이다. 예를 들어 어떤 작품이 재현과 미메시스에 충실한 제작의 결과물이라 해도 그 작품이 미학적 체제 안으로 들어간다면 전혀 다른 감상의 맥락에서 수용된다. 우리는 1장에서 그 예로서 17세기에 그려진 무리요의 작품을 19세기에 헤겔이 어떻게 감상했는지 언급한 바 있다.

그가 비판하는 것이 재현적 체제이지 재현 행위는 아니라는 점은 그를 다른 현대 프랑스 미학자들과 구별 짓는다. 랑시에르에게 가장 가까운 비판의 대상은 리오타르이다. 부르디외와 바디우가 미학의 외부에 있다면, 리오타르는 미학의 내부에 있기 때문에 더 미묘한 지점에서 집중적인 비판의 대상이 된다. 그 비판의 핵심은 리오타르가 칸트의 숭고론에서 찾으려고 한 것이 랑시에르가 보기에는 이미 칸트의 미론에 내재해 있다는 것이다. 이 점은 리오타르와 랑시에르의 미학 사이에 첨예한 분기점이 된다. 칸트의 미론은 리오타르에게는 사회의 대중적이고 주류적인 취향을 반영하는 것에 불과하지만, 랑시에르에게는 기존의 능동과 수동의 대립을 중단시키는 힘을 함축하는 것이기 때문이다.

좀 더 특정해서 말하자면 두 미학의 입장 차는 칸트가 전제한 사회의 '공통감각common sense'에 대한 해석 차로부터 비롯된 것이라 할 수 있다. 앞서 말한 것처럼 칸트는 아름다움은 상상력과 지성의 조화로운 관계와 비율에서 나오는데, 이 관계는 그 사회의 시민들이 공유하는 '공통감각'에서 나온다고 추론했다. 공통감각은 이론적으로 전제되는 것이어서 그 실체와 본성에 대해서는 이후 많은 논란이 있었다.

리오타르는 그것이 기성 사회의 반영물이라고 생각한 반면, 랑시에르는 그것이 새롭게 도래할 공동체에 대한 약속을 함축한다고 해석한다.

이들이 날카롭게 대립하는 전선은 재현이라는 주제로도 연장된다. 리오타르는 예술의 과제는 현시할 수 없는 것에 대한 증언에 있다고 주장했는데, 랑시에르는 이를 재현주의와 재현 자체를 혼동한 결과라고 비판한다. 그가 보기에 리오타르의 미학은 지나치게 그리고 불필요하게 현대 미술의 범위를 제한한다. 그는 재현을 단순히 유사성에 기반한 이미지의 모방으로 해석하는 것은 옳지 않다고 보았다.

재현적 체제란 사회적 위계와 합치되어 그것에 따라 주제의 위계를 수립하는 것을 의미한다. 따라서 재현의 구체적 행위 자체가 문제가 되는 것은 아니다. 만약 사소한 소재, 이를테면 노인의 발이나 망고나무 잎을 구상적으로 그리는 것을 고집한다면, 이 재현 행위는 재현적 체제에서 벗어나는 일이다. 어쩌면 예술에서 재현 행위를 완전히 제거할 방법은 없을 것이다. 보는 관점에 따라 추상회화도 무언가를 재현한다고 받아들일 수 있다. 랑시에르에게 중요한 문제는 더 높은 차원, 즉 감성을 둘러싼 환경에 있다. 재현적 체제와 달리 미학적 체제에서 감상자들은 재현된 이미지도 자신의 능동적인 역량에 따라 적극적으로 해석해서 받아들인다. 미학적 체제란 감상자에게 작품 해석에 대한 권한과 역량을 되돌려주는 체제이다.

랑시에르는 리오타르의 미학이 감상자의 능동적이고 자율적인 역량을 부정하는 것이 아닌가 의심한다. 리오타르는 감상자가 재현된 이미지를 보면 그것이 재현한 내용에 그저 함몰될 것이라고 믿는 것은 아닌가? 리오타르를 이해하는 쪽에서 이야기를 하자면, 그가 재현을 강하게 부정한 심리의 기저에는 유대인으로서 홀로코스트 같은 역사적 비극은 어떤 형상으로도 담아낼 수 없다는 슬픔과 분노가 놓여 있다. 현대 유럽 사상과 예술은 마땅히 그것의 형상화 불가능성을 새로운 출발점으로 삼아야 한다는 것이다. 하지만 랑시에르가 보기에 리오타르는 이것을 현대 예술의 과제로 과도하게 일반화했다.

　　재현의 문제를 둘러싼 논쟁은 넓고 깊다. 랑시에르가 현대 연극론의 양 축인 베르톨트 브레히트와 앙토냉 아르토를 비판하는 핵심적인 논리도 재현의 문제와 관련되어 있다. 랑시에르가 아르토를 비판하기에 앞서 이미 데리다가 자신의 관점에서 아르토를 비판하는 글을 발표한 적이 있기 때문에 자연스럽게 이 글을 떠올리게 된다.[45] 데리다는 연극적 재현 내에 신학적 구조가 놓여 있음을 밝혀냈다. 서양 연극의 '저자-연출가-관람객'의 구도는 '신-사제-신도'의 구도를 그대로 전승하고 있다. 미사 예배에서 사제가 신의 메시지를 전달하고 예수의 행위를 재현하듯이 연출가는 저자의 메시지, 의도, 의미를 충실히 재현해야 한다. 재현은 최종적 기의(이를테면 신의 충만한 말씀)가 저 너머에 현전한다는 것을 가정한다.

　　하지만 데리다는 실상은 그럴 수 없다는 것을 논증한다. 최종적 기의란 현전하지 않고, 그것은 끊임없이 지연된다. 역설적이게도 재현이란 부재하는 기의를 다시 나타내는 것이다. 그런데 데리다는 그렇다고 해서 인간이 재현을 포기할 수 있다고 생각하지도 않는다. 그의 사유에 따르면 재현을 직접적으로 넘어서려는 예술은 불가능하며, 인간의 사유와 예술은 재현의 차원에서 그것의 본성과 한계, 그리고 자기 기만적 성격에 대해 이야기하며 전개될 수 있을 뿐이다. 이런 점에서 데리다는 아르토가 재현의 연극을 비판하고 그것을 넘어서기 위해 주장했던 직접적 육체의 무대, 현전의 잔혹극이 불가능하다는 점을 증명하고자 한다.

　　우리는 데리다의 아르토 비판의 연장선상에서 랑시에르의 연극론이 담긴 『해방된 관객』의 1장을 읽을 수 있다. 랑시에르가 보기에 그동안 연극에 대한 비판은 크게 두 방향에서 제기되었다. 두 비판은 공통적으로 관객이 관객석에 앉아 있는 것을 못마땅해하지만, 그 해결책은 정반대이다. 하나는 앞서 본 것처럼 허상적 미메시스에 대한 플라톤의 비판이다. 무용과 달리 연극은 잘못된 공동체를 형성한다. 비극 시인은 도시국가 바깥으로, 관객은 극장 바깥으로 쫓겨나야 한다. 다른 하나는 아리스토텔레스로부터 내려오는, 재현적 연극에 가해진 20세기의 비판이다. 여기에서 문제는 연극이라기보다는 재현이다. 재현의 무대 아래에서 관객은 수동적으로 감정이입하는 존재로 격하되어 있다. 따라서 관객은 무대 위로 올라와야 한다. 또는 능동적인 존재로 변해야 한다.

그래서 현대 연극 이론은 다시 두 방향으로 갈라진다. 하나는 아르토의 육체들의 카니발로 실현된다면, 다른 하나는 브레히트의 거리두기Verfremdung로 대표된다. 전자는 극단적으로 야생적이고 활동적이며, 후자는 극단적으로 지적이고 비판적이다. 아르토는 지성에 갇힌 유럽인들의 육체를 해방시키고, 원초적이고 근본적인 신체의 힘을 폭발시키고자 했다. 반면 브레히트는 연극을 비판적 사유의 훈련장으로 삼으면서 대중을 감정이입과 동일시로부터 구출하고자 했다. 이 두 이론과 실천은 그 자체로 현대 연극의 대표적인 두 형상이었으며, 이후 작품들에 영감을 불어넣었다.

그러나 랑시에르는 플라톤을 비판하는 것 못지않게 이 두 가지 현대적 해결도 적절치 않다고 생각한다. 창작자가 재현을 직접적으로 넘어서야 한다는 목표를 갖는 것은 오히려 감상자의 능동적인 능력을 인정하지 않는 것이며, 재현의 연극이라 할지라도 관객들은 말없이 자기만의 방식으로 해석한다는 것이다. 랑시에르는 작품의 내용과 형식이 창작자가 의도한 대로 감상자에게 전달될 것이라고 전제하는 것은 공교롭게도 그들이 비판하는 윤리적 또는 재현적 체제에 의지하는 것이라고 비판한다.

현대 연극의 직접성과 능동성에 대한 호소는 재현적 체제에 담겨 있는 이분법을 전제한다. 즉 배우 대 관객=능동성 대 수동성=충만한 행위 대 피상적 지각이라는 이분법적 이해를 여전히 유지하고 있는 것이다. 랑시에르가 보기에 중요한 것은 이 이분법 안에서 관객의 자리를 옮기려고 하는 것이 아니라, 이 이분법 자체가 온당치 못하다는 것을 이해하는 것이다. 관객은 보면서도 비판하고, 수동적이면서도 능동적이다. 능동과 수동의 중지, 양자 사이의 유희가 이미지의 미학적 체제의 의미이다.

한 가지 덧붙일 점은 랑시에르가 자신이 앞서 90년대에 전개했던 교육철학을 중첩시키며 연극론을 전개하고 있다는 점이다. 그의 관심의 장소가 학교에서 연극으로 옮겨갈 때 선생과 학생 간의 거리는 배우와 관객 간의 거리로 반복된다. 학생이 계속 지식을 쌓더라도 선생은 따라잡히지 않고 그만큼 다시 멀어진다. 이처럼 전통적인 교육의 이미지에서는 둘 사이에 언제나 일정 이상의 거리가 유지되어야 한다.

선생이 학생을 교육한다는 것은 지성이 주도권을 쥐고 감성을 이끌어간다는 모델에 근거하고 있다. 학생들은 이런저런 이미지는 경험하지만 '개념이 없기 때문에' 선생으로부터 지식을 전달받아 이해하고 암기해야만 한다. 공연의 의미가 배우에서 관객으로 전달되는 것과 비슷한 방식으로 지식이 선생에서 학생으로 일방향으로 전달된다는 것은 개념과 이미지의 관계가 위계적이라는 점을 함축한다. 이미지는 어떤 개념을 이해하기 위해 동원된다. 예를 들어 수학 시간에 선생은 삼각형과 원의 특성을 이해시키기 위해 칠판에 그림을 그린다.

하지만 랑시에르는 선생이 가르칠 것이라고는 없으며, 배우가 재현해야 할 것이라고는 없다고 주장한다. 근본적인 수준에서 선생과 학생의 지능은 동일하다. 둘 이상의 아이디어를 연결하는 능력을 지성이라고 한다면, 연결된 것의 복잡성에는 차이가 있을지 모르지만 그러한 활동을 하는 역량 자체는 구분되지 않는다는 것이다. 이것이 미학적 체제하에서 일어나는 교육과 공연의 양식이다. 개념과 이미지가 동등한 평면 위에서 서로 유희하는 것으로부터 새로운 교육과 공연의 형식이 나타난다. 선생과 학생은 간극의 양끝에서 서로를 참조하면서 스스로 학습한다. 공연 행위자와 관객 역시 간극의 양끝에서 서로를 보면서 행위와 감상을 오간다.

    데리다가 재현적 연극에서 신학적 구조를 본다면, 랑시에르는 교육학적 구조를 본다. 두 철학자 모두 공통적으로 위계적 거리는 비판하지만 그렇다고 해서 거리를 삭제해야 한다는 요구는 받아들이지 않는다. 그것은 불가능하다. 거리는 계속 남기 때문이다. 그것은 세계와 인간 존재의 조건이다. 다만 이 두 철학자는 거리가 다른 기능을 하기를 요구한다. 데리다에 따르면 텍스트는 최종적인 기의에 도달할 수 없지만, 오히려 그렇게 지연되는 가운데 많은 이야기가 생산된다는 점이 중요하다. 랑시에르에 따르면 학생은 자신이 지금 알고 있는 것에서 알지 못하는 것으로, 스스로 그 사이의 거리를 헤쳐 나아가는 것이 중요하다. 선생은 학생과 자기 사이의 거리를 재생산하는 자가 아니라, 학생에게 이미 그 자신이 알고 있는 방법을 통해 아는 것에서 모르는 것으로 나아가라고 조언, 요구, 강제하는 자이다.

    랑시에르는 이중적인 의미에서 미학을 옹호한다. 우선은 그 본성에 있어서 미학은 19세기의 시대적 환경에서 필연적으로 발생한 이론적 구성이자 대응이다. 그것은 '통일적이고 유기적이고 위계적인 감성의 체계'의 반대말이다. 그리고 우리가 그러한 체계로 되돌아가길 원하지 않는다면 미학적 체제는 우리가 필연적으로 수용해야 하는 현대적 삶의 방식과 비슷한 말이 된다. 미학은 일상과 예술의 모순을 다루지만, 그 모순은 미학의 잘못이 아니다. 비유하자면 그것은 물결들이 만나 형성되는 소용돌이 같은 것이다. 그것은 다른 무엇으로 해소

될 수 없다.

　다음으로 실천적인 차원에서 미학은 기존의 모든 이분법적 작동을 중단시킴으로써 새로운 신체의 영도零度, 중립화된 신체의 차원을 발견하게 한다. 랑시에르가 강조하는 것은 남의 집을 짓는 와중에 풍경을 보는 목수의 시선, 그리고 어두운 관객석에 앉아 무대를 보는 관객의 시선에서 벌어지는, 조용하지만 엄연히 분할선이 변경되는 전환이다. 그는 미학적 체제란 곧 예술의 자율성과 예술 대상의 타율성 사이의 모순을 감당하는 것이라고 말한다. 그리고 이러한 19세기 이래의 모순이라는 문제적 상황에 대해 많은 예술가와 이론가가 감상자의 능력, 경험하는 자의 중요한 위치를 잊고 있다고 강조한다.

　그는 미학이라는 이름하에 중지를 통한 신체와 시선의 전환이라는 역설, 수동성과 능동성이 결합된 역설을 답으로 내놓고 있는 것이다. 즉 어떤 사물이든 창작의 손길을 거치면 마법처럼 예술작품이 될 수 있다. 그러므로 예술작품들의 내적 특성을 기준으로 삼아 미술사를 작성하려는 모든 시도는 무의미하다. 모든 예술작품에는 스스로 예술작품이라고 주장하는 심미적 요소, 그리고 평등한 삶과 간접적으로 연동되어 있는 요소, 이 두 요소가 모두 있다.

　많은 이론가가 착각한 것처럼 예술작품의 주제적 특성이 고스란히 감상자에게 전달되거나, 형식적 요소만으로 예술의 울타리가 형성되는 것이 아니다. 잊어서는 안 되는 것은 포이에시스의 변화와 나란히 아이스테시스 쪽에서도 변화가 발생한다는 점이다. 즉 감상자의 시선과 신체 자체가 예술을 통해 어떤 것이든 될 수 있다. 위에서 예술에 대해서 한 표현을 빌려 조금 고쳐 말하자면 감상자는 시선의 자율성과 신체의 타율성, 또는 시선의 중립성과 신체의 이중 규정이라는 모순을 경험하고 감당하게 된다. 랑시에르가 말하는 미학의 과제는 이러한 감성적 신체의 능력을 긍정하고 그 양상들을 파악하는 것이다.

오인환, <경비원과 나>, 플라토, 2014

1
5월 10일
2시간 45분

18:00
플라토에서 만남
18:30
한수라네에서 저녁 식사
19:15
드시니커피전
20:45
플라토 앞에서 헤어짐

A: 다음주 두번째 만남을 진행했으로 하는데...가능하신가요?
G: 네 저는 금요일 토요일만 시간 가능합니다~

2
5월 17일
6시간 35분

18:00
플라토 앞에서 만남
18:35
성북동 두레국에에서 저녁 식사
19:15
카페356
21:50
한성대 입구역에서 헤어짐

A: 별말씀.. 그리고 다음주 3번째 만남을 하실 수 있으신지요?
G: 네 - 할 수 있습니다.
A: You're welcome. Could we meet again next week?
G: Yes - I could.

3
5월 24일
10시간 35분

18:10
플라토 앞에서 만남
19:00
서울대학교 소비마루에서 저녁 식사
19:45
두산갤러리스케어 가방 소개
22:10
서울대학교 정문에서 헤어짐

G: 왠지처리 문화적 되지 죄송합니다. 좋은 하루되세요.
Sorry, I couldn't participate in your project anymore. Have a good day.

오인환 작가는 <경비원과 나>라는 작품에서 자신이 미술관을
지키는 보안 요원과 친구가 될 수 있는지 실험했다. 남성인
작가는 자신과 비슷한 나이의 남성 보안 요원에게 매주 같은
요일에 퇴근 후 만나 식사를 하고 산책을 하면서 이야기를
하자고 제안했다. 만남이 몇 주 동안 계속 이어져 친구가 되면
전시 개막일에 전시장에서 함께 어떤 퍼포먼스를 하고 싶지만,
중간에 불편해지면 언제든 그만둘 수 있다는 조건을 제시했다.
이 실험적 작품은 관계 미학을 둘러싼 격렬한 논쟁을 떠올리게
한다. 관계 미학은 영향력이 컸던 전시 기획자 니콜라 부리요의
저서명이자 미학 이론이다. 간단히 말하자면 관계 미학에
속하는 작품은 인간들 사이의 관계 자체를 작품의 소재이자
목표로 삼는다. 1990년대 일군의 작업들이 이러한 이름으로
명명된 이후에 2000년대 관계 미학은 미술 현장에서 주도적인
흐름을 이끌었다.[46]
그런데 미술비평지 『옥토버October』, 특히 여기에 속해 있는
클레어 비숍은 관계 미학의 순진한 측면을 혹독하게 비판하면서
랑시에르의 미학을 주요한 이론적 자원으로 가져다 사용했다.
비판의 지점은 여러 가지였지만 그중 핵심적인 것은 관계
미학이 작가의 지위를 내려놓는 것을 미덕으로 간주하고,
미학적 기준을 윤리적 기준으로 대체했다는 것이었다. 그리고
사회에 엄연히 실재하는 적대적 불화의 원인들에 눈감으면서,
마치 파티에서처럼 미술관 안에서 대등하고 화기애애한
인간관계를 맺을 수 있는 것처럼 간주했다는 것이다.[47]
<경비원과 나>는 관계 미학과 그에 대한 비판을 다시 한번
생각하게 한다. 관람객들은 미술작품을 보기 위해 미술관에
가지만 정작 미술관이라는 물질적이고 제도적인 토대에

대해서는 잘 의식하지 않는다. 미술관에는 작품만 있는 것이 아니라 운영 자금이 있고, 작품 선정을 둘러싼 인맥과 권력이 있고, 작품에 그다지 관심이 없는 직원도 있다. 이런 점을 생각해볼 때 이 작품은 아마도 미술관을 투명하게 간주해야 한다는 불문율을 어기고 미술관의 구체적 구성요소를 가시적으로 드러내려는 의도를 가졌을 것이다. 특히 미술관에 잠시 초대될 뿐이지만 전시 기간 동안은 가장 중요한 인물로 환영받는 작가와, 미술관에서 일하지만 개인적 인격을 드러내서는 안 되는 보안 요원 사이에 어떤 인간적 관계가 가능한가라는 질문에 대해 구체적이고 현실적인 답을 구하려 한 시도로 보인다.

작품의 내용은 몇 주간 두 남성 사이에 실제 있었던 만남을 일지처럼 판넬에 기록해둔 것이다. 그 기록에 따르면 작가는 퇴근 시간에 맞춰 미술관 앞으로 찾아갔고, 보안 요원을 만나 식사와 산책을 하면서 이런저런 개인적인 이야기를 나누었으며, 미술에 관해서도 몇 가지 토론을 시도했으나 그것은 잘 되지 않았다. 세 번의 만남 후에 보안 요원은 이대로라면 개막일에 무언가 해야 한다는 부담감 등을 이유로 불편하다는 의사를 표현했고, 그렇게 만남은 중단되었다. 작가는 전시 개막일에 전시장 홀에서 혼자 왈츠를 추었고, 그것을 촬영한 영상이 기록 판넬과 함께 전시되었다.

작가가 얼마나 의식했는지는 알 수 없지만, 이 작품은 사람의 관계 자체가 작품의 소재이므로 관계 미학에 속하는 작품이라고 할 수 있다. 그렇지만 동시에 이미 존재하는 사회적 관계, 즉 직업, 계층, 계급, 인종, 성별 등과 무관하게 미술관 내에서 과연 새로운 대등한 인간관계가 형성될 수 있는지를 비판적으로 탐구한다는 점에서 관계 미학에 반하는 작품이라고도 할 수 있다. 요컨대 이 작업은 니콜라 부리요의 관계 미학과 클레어 비숍의 비판을 이접적으로 종합해놓은 것이다. 경비원과 나는 친구가 될 수도 있고 되지 않을 수도 있는, 이렇듯 중간에 두 길로 갈라지는 입구로 접어들면서 작품은 시작된다. 앞서 말했듯이 실제로 친구 맺기는 실패했고, 작가의 외로운 왈츠로 작품은 끝난다. 작은 화면으로 이 왈츠를 지켜보는 일은 어딘가 처량하고, 어딘가 아름답다.

맺음말

1.

지금까지 우리가 살펴본 것은 칸트를 통해 모습을 드러낸 이미지와 개념 사이의 공간이 현대에 와서 더욱 확대되고 과격화되었다는 사실, 그리고 그 공간 안에서 현대 프랑스 미학 이론들이 각자 선호하는 미술 작업과 함께 취한 구체적인 입장들이었다. 더 나아가 미학을 구성하는 중심 문제틀이 '상상력과 지성의 유희'라는 인간의 인식능력 이론에서 '이미지와 개념의 간극'이라는 인간을 둘러싼 초월론적 장의 층위로 이동했다는 점도 설명하고자 했다.

근대 미학의 형성, 또는 시대구분 없이 미학이라는 분야 자체의 성립은 칸트의 『판단력비판』에 근거한다. 그가 심미적 감상을 이론적 인식, 도덕적 실천과 동등한 수준에 놓았을 때 미학은 독립적이고 자율적인 지위를 누릴 수 있게 되었다. 칸트의 전략은 다양한 종류의 즐거움 중에서 특별히 아름다움이 주는 즐거움만이 예외적으로 보편적이고 필연적이라는 점을 입증하는 것이었다.

그것은 개인적이고 상대적인 취향이나 기질에서 벗어난다는 점에서 보편적이며("관심(이해) 없는 만족", 1계기), 대상에 실제 목적이 있는지와 무관하게 심미적 대상에는 목적이 '있는 듯' 느껴지는 것 자체로 우리의 인식능력들을 활성화한다("목적 없는 합목적성", 3계기). 반면 이러한 발견 또는 주장은 어떤 조건을 배경에 두고 있다. 칸트의 3비판서는 인간성의 세 측면을 조명하고 있으며, 이는 각각 특정한 인간의 마음 능력의 활동으로부터 도출된다. 비유하자면 3비판서는 서로 다른 각각의 주인공들, 즉 지성, 이성, 판단력이 무대를 차례로 장악하고 퇴장하는 거대한 3막의 연극이라고 할 수 있다.

그런데 좀 더 정확히 말하면 『판단력비판』의 경우는 앞의 두 경우와 다르다. 『순수이성비판』과 『실천이성비판』이 각각 지성과 이성을 단독 주인공으로 내세우고 있다면, 『판단력비판』은 상상력과 지성이라는 두 주인공 사이의 '관계'가 문제가 되고 있기 때문이다. 아름다움은 개념이 아니며 그런 자격으로서 소통될 수 있는 것이 아니다. 그 대신 보편적으로 전달 가능한 것은 상상력과 지성이라는 두 인식 능력 사이의 관계, 유희, 비율이다("개념 없는 보편성", 2계기). 그렇다면 이 두 능력 사이의 관계를 안정적인 비율로 유지하는 것은 무엇인가? 그것은 문화가 제공하는(또는 그렇게 희망되는) "공통감"이다("전달 가능성에 근거한 필연성", 4계기).

칸트는 『판단력비판』에서 일종의 '사이 공간'을 개시한 셈이다. 이후 현대 프랑스 미학, 더 나아가 현대 프랑스 사상 전반에 걸쳐 이 사이 공간은 중요한 준거점 내지는 전장戰場이 된다. 현대적 관점에서 (근대) 미학의 성립과 문제를 요약하는 정식은 자크 랑시에르를 통해 선명하게 제시된 바 있다. 그는 서양 문화사에서 이미지의 세 가지 체제를 구분한다. 윤리적, 재현적, 미학적 체제가 그것이다. 이 세 체제는 이미지와 개념 사이의 관계를 규제하는 원리가 어디에 있는가에 따라 정의된다. 공동체 내의 윤리적 효용에 따라 이미지의 허용 여부를 판단하는 체제가 윤리적 체제이다. 반면 인간적 진실을 표현하기 위해 따라야 할 제작 원칙이 있으며, 이를 따를 경우 자연스럽게 사회적 위계와 규범을 반영하게 되는 체제가 재현적 체제이다. 그런데 18세기 말에 도래한 미학적 체제란 그러한 원리의 부재 자체를 의미한다. 즉 이미지와 개념은 상위의 원리나 매개의 조절 없이 그 자체로 서로 대면해 관계 맺어야 하는 것이다.

이러한 불안한 체제가 미학이라는 학문을 잉태시켰다. 이런 이유에서 랑시에르는 미학의 모호함을 비난하거나 그것의 정체성을 다른 무엇으로 해소하려는 것은 정당하지 않다고 비판하면서 미학을 변호한다. 미학 자체가 이미지와 개념이라는 두 기슭 사이에 부는 바람의 강한 기압차가 밀어 올려 탄생시킨 것이며, 그렇게 공중에 부양된 채로 이 불안정성 자체를 사유하는 활동이라는 것이다. 프로이트의 책 제목을 연상시키는 그의 『미학의 불안』이라는 책 제목은 이러한 사실을 가리키고 있다.

미학의 탄생과 관련하여 랑시에르가 명시적으로 지시하는 철학자는 칸트와 실러이다. 이들에게서 가장 핵심적 구절을 찾자면 우선 앞서 언급한 칸트의 유명한 구절 "상상력과 지성의 자유로운 유희"를 떠올릴 수 있다. 그리고 이는 다음과 같은 실러의 정식으로 이어진다. '놀이 충동에는 감각 충동과 형식 충동이 함께 작용한다. 아름다움은 이 놀이 충동의 대상이다.' 이처럼 마주보고 유희하는 두 측면은 다양한 방식으로 표현될 수 있다. 상상력과 지성, 감각과 형식, 기표와 기의, 아이스테시스와 포이에시스, 말과 사물 등등. 가장 일반적으로 말하자면 미학의 핵심 문제는 이미지와 개념 사이의 관계에 놓여 있다. 보다 정확하게는 이미지 자체, 그리고 그것을 개념에 연관시키는 활동 사이에 있다.

그렇다면 칸트와 랑시에르 사이, 근대 미학과 현대 미학 사이에 어떤 변화가 일어난 것인가? 이 둘을 역사적으로 조망할 때 현대 프랑스 미학의 주된 관심은 다음 세 가지에 있음을 지적할 수 있다. 첫째, 인격적인 주체의 인식능력의 용어로 제시된 정식을 인간을 둘러싼 비인격적인 존재자들 사이의 관계로 변형하는 것이다. 즉 '상상력과 지성의 자유로운 유희'는 '이미지와 개념 사이의 분리와 연결'로 다시 표현된다. 상상력은 이미지를 종합적으로 구성하는 능력이며, 지성은 개념을 산출하는 능력이었다.

그런데 근대에서 현대로 오면서 이미지와 개념이라는 요소들은 오렌지의 알맹이들이 터져 나오듯이 상상력과 지성이라는 인식능력 밖으로 터져 나온다. 그리고 그것들은 의식 밖에서, 의식에 앞서 "초월론적 장"이라고 부를 만한 것을 구성한다. 칸트가 명시한 사이의 공간은 더 이상 인간 내부의 어떤 것으로 표현되지 않는다. 이것을 사유하는 것이 현대 프랑스 미학과 철학의 공통 과제에 해당한다.

이러한 사유의 환경은 "인간의 죽음"이라는 푸코의 도발적 선언 안에서 요약된다. 그의 불연속적인 지성사 연구에 따르면 학문은 연속적으로 진화하지 않는다. 각 시기마다 중심에 위치한 어떤 특정한 개념이 인식의 망을 이루는 개념들과 명제들을 전개하고 또 소환한다. 16세기 르네상스는 '유사', 17세기 중반부터 18세기 말까지 고전주의는 '재현', 19세기부터 20세기 중반까지 모더니즘은 '인간'을 중심 개념으로 삼는다. 그리고 푸코는 『말과 사물』(1966)을 집필하던 당대에 '인간의 죽음'을 목도한다.

모더니즘 시기에 인간이 다른 것들을 '설명하는 중심항'이었다면, 이제 인간은 다른 것들에 의해 '설명되는 중간항'에 위치한다. 푸코의 『말과 사물』은 인간의 죽음을 증언하면서 끝나지만, 이 선언을 염두에 두고 우리는 미학의 전환을 다음과 같이 요약할 수 있다. 상상력과 지성의 유희로 규정된 미학의 문제는 인간의 죽음 이후 이미지와 개념 사이의 관계로 재정식화되었다.

둘째, 위에 이어 자연스럽게 다음과 같은 질문이 제기된다. "이미지란 무엇인가?" 메를로퐁티와 푸코의 회화론, 롤랑 바르트의 사진론, 들뢰즈의 영화론, 바디우의 연극론은 이 질문에 대한 답을 제시하고자 한다. 각자 다른 분야에서 모두 공통적으로 이미지 자체의 본성, 유형, 작동에 대해 다룬다. 여기에서 이미지는 인식능력의 대상처럼 다루어지지 않는다. 이미지는 그 자체로 존재하며, 오히려 이미지가 주체를 분산시키며 생산한다. 이미지 그 자체, 그리고 이미지와 개념 사이의 관계들이 주체의 감성 능력을 분만하며, 더 나아가 인식능력까지도 변형시킨다. 여기에서 미학은 실천철학과 연결고리를 갖게 된다.

셋째, 널리 알려진 근대적 균열을 봉합하는 것이다. 칸트는 전례 없이 정교한 체계를 구축한 동시에 거대한 두 가지 균열을 보여주었다. 자연과 자유 사이에 윤리적 균열이 있다면, 감성의 두 가지 용법 사이에 미학적 균열이 있다. 전자는 인식론과 실천론 사이에 놓여 있다. 인간은 자연적 존재로서 자연법칙에 종속되어 있지만, 다른 한편으로 인격적 존재로서 도덕적으로 올바른 일을 하기 위해 자기원인인 존재여야 한다.

이 책에서 우리의 관심은 후자에 있는데, 그것은 인식적 감성과 심미적 감성 사이의 균열이다. 즉 인식적 감성과 심미적 감성은 같은 단어를 사용하지만 다른 용법을 내포한다. 칸트는 인식적 감성과 심미적 감성을 구분하는 조건하에서만 취미판단의 보편성을 확보할 수 있다는 점을 『판단력비판』서론에서 밝히고 있다. 하지만 이 구분은 이후 감성에 관한 이론들에 근본적인 문제를 제기하였다. 과연 인간은 두 가지 서로 다른 감성을 가지고 있는가? 아니면 두 가지 감성은 보다 근원적인 뿌리로부터 갈라져 나온 것인가? 들뢰즈, 리오타르, 랑시에르가 감성론을 과격화할 때 그것은 바로 이러한 깊이를 향해 가는 것이며, 감성론의 통합을 향해 나아가는 것이다.

요컨대 근대 미학에서 현대 미학으로 이행하는 것의 핵심은 '상상력과 지성의 자유로운 유희'에서 '이미지와 개념 사이의 연결과 해제'로 변화하는 것에 있다. 푸코는 마그리트와 함께 이미지와 개념의 매듭들이 풀려 있는 광경을 주제적으로 다루었고, 이후 메를로퐁티의 세잔과 리오타르의 뒤샹은 이미지와 개념의 양극단에서 현대 미술의 돌파구를 찾고자 했다. 이들은 정반대 지점에서 각각 순수한 이미지가 스스로 나타나게 만드는 시선, 그리고 개념이 이미지를 변신시키는 과정에 현대 미술의 동력이 있다고 생각했다.

보드리야르는 앤디 워홀의 작품에서 이미지와 개념 사이의 관계 없음, 곧 니힐리즘을 보았다. 하지만 이것을 감추려는 예술의 제도, 그리고 이것 자체를 주제로 삼는 예술의 반어적인 자기 고백을 또한 고발했다. 현대 예술은 자기 자신이 아무것도 아니라는 사실을 화제의 중심으로 삼지만, 이 때문에 사망하기는커녕 오히려 이를 가지고 무한 증식할 것이다. 보드리야르의 이론은 예술이라는 공모에 대한 가장 냉소적인 비판이다.

이 책의 2부에서는 이미지와 개념 사이의 관계를 적극적으로 사유하려고 했던 미학 사상들을 살펴보았다. 들뢰즈에게 예술은 힘을 포착하는 것이고, 이때 감각은 개념을 초과하며 새로운 사유를 촉발한다. 이런 점에서 감각은 모든 사유의 출발점이며 적극적인 창조의 시작점이다. 반면 리오타르는 교환, 합의, 의사소통, 사실성 같은 규범을 발생시키는 개념과 권력의 협력을 비판한다. 예술의 역할은 그 바깥에서 쉽게 통약 가능하지 않은 어떤 것을 증언하는 것이다. '지금' 사건 자체의 발생을 상기시키면서 새로운 규칙의 미래가 가능하다는 점을 일깨우는 것이다.

들뢰즈와 리오타르가 공통적으로 칸트의 숭고론으로부터 이론적 자원을 끌어오는 반면, 랑시에르는 실러의 미학적 인간론과 칸트의 미론을 주요하게 원용한다. 그는 미학의 의미를 포이에시스와 아이스테시스를 묶어주던 매듭이 풀리고, 제작과 감상이 미리 전제된 코드 없이 각자 능동적으로 활동하는 시대가 도래하게 된 것 속에서 발견한다. 심미적 혁명이란 능동과 수동, 형식과 감각, 단일성과 다양성의 관계가 일시적으로 중단되는 상황을 가리키는데, 이것은 정치적 영역에서 프랑스혁명과 함께 일어난 일이다. 그러므로 정치적 단절과 감성적 단절은 동일한 것은 아니지만, 어느 하나가 없이는 다른 하나는 지속되지 않는다.

현대 프랑스 미학자들 그리고 이들과 관련된 미술가들에서 공통적으로 볼 수 있는 점은 이들이 주체의 후퇴와 대상의 변형을 탐구했다는 것이다. 주체의 편에서 보자면 메를로퐁티와 세잔은 화가는 풍경을 받아들이는 감광지가 되기 위해서 자아를 상실해야 한다고 강조했다. 리오타르와 뒤샹은 작가는 더 이상 작품에 의도를 불어넣을 수 없고 비밀스럽고 우발적인 논리가 작품을 형성한다고 생각했다. 보드리야르와 앤디 워홀은 예술의 전통적 가치는 상실되었으며, 이제 미술가는 경제적 행위자들의 맹목적 추구와 공모하든지, 아니면 예술은 사실 아무것도 아니라는 점을 솔직히 말하든지, 이 두 가지 선택지만 남아 있다고 비판했다. 들뢰즈와 프랜시스 베이컨은 작가는 신체적, 사회적 힘들과 공명하고 작품과 함께 생성을 겪으며, 동물 되기, 식물 되기같이 다른 무언가가 된다고 주장했다. 다시 리오타르로 되돌아가서, 그와 바넷 뉴먼은 인간 안의 인식능력들 사이의 불일치를 인정하면서 예술로 하여금 재현 불가능한 것에 대한 간접적 증인으로 위치하길 요구했다. 랑시에르는 딱히 주체의 위상을 문제삼지는 않았지만, 주체를 둘러싸고 있는 이미지의 체제를 강조함으로써 이러한 비가시적 환경 안에서 감성적 주체성이 어떻게 생산되고 변형되는지 해명했다.

대상의 편에서 보자면 메를로퐁티와 세잔에게서 풍경의 사물들은 뚜렷한 윤곽선을 가진 형태가 아니라 화가의 시선 안에서 식별할 수 없는 색들로부터 스스로 유기적으로 조직되어가는 과정으로 나타난다. 리오타르와 뒤샹에게 대상 그 자체란 존재하지 않으며, 오직 에너지의 재분배와 그러한 변환을 일으키는 장치들만이 존재한다. 보드리야르와 워홀에게 의미가 내재적으로 감추어진, 자연적으로 주어진 대상이란 현대에 더 이상 존재하지 않으며, 다만 소비사회의 기호학적이고 거의 범죄적인 체계 안에서 규정된 사물들 또는 이미지들의 배열만이 있다. 들뢰즈와 베이컨에 따르면 감성의 초월적 사용은 그것의 분열적 상승에 있는데, 그것은 곧 인물들과 사물들에서 형태가 아니라 힘들을 포착하는 것을 의미한다. 리오타르와 뉴먼에 따르면 재인식되는 대상이란 재현과 합의라는 권력과 대중의 요구에 순응한 결과물에 불과하기 때문에 대상은 불연속적으로 일어나는 존재의 사건과 지금의 시제에 대한 감각에 자리를 내어주어야 한다. 랑시에르는 감성적 대상으로서 사물은 이미지의 체제에 따라 상이한 존재 방식을 지닌다고 설명한다.

　　이렇듯 전체적으로 볼 때 주체와 대상은 서로 만나 이중의 생성을 겪으면서 다른 무언가가 되어간다. 주체는 자신의 자아를 후퇴시키면서 색채의 감광판이나 우연의 관찰자, 또는 생성을 겪는 분열자나 순수한 사건의 증인이 되는 것이다. 대상은 재현에 상응하는 형태를 상실하면서, 스스로 조직되는 풍경, 에너지 변환기나 힘들의 충돌, 또는 자기 바깥에서 일어나는 사건에 대한 암시가 된다. 이 모든 것은 이미지와 개념이라는 두 지층 사이의 비어 있는 층, 혹은 두 언덕 사이의 심연에 빨려 들어갔다가 다시 그곳으로부터 솟아 올라오는 것들이다. 이것이 어두운 심연 아래에서 우글거리다 마침내 경사면을 타고 기어 올라오는 인간과 세계의 새로운 형상이다.

2.

랑시에르는 앞서 9장 4절에서 말했듯이 Aesthetics를 다음과 같이 정의한다. "우리는 미학을 우리에게 느끼도록 주어지는 것들을 규정하는 선험적 형식의 체계로 이해한다. 이것은 공간과 시간, 보이는 것과 보이지 않는 것, 말과 소음을 재단하는 것이며, 이것은 다시 경험의 형식으로서의 정치의 자리와 쟁점을 동시에 정의한다."[1] 우리는 여기에서 다시 한번 랑시에르가 정치를 권력의 배분이라는 전통적인 정의 이전에 일차적으로는 "경험의 형식"으로 규정한다는 것을 알 수 있다. 정치는 무엇보다 당신의 경험을 규정한다. 그렇기 때문에 정치에 고유한 Aesthetics가 있다고 얘기할 수 있다.

그런데 이 정의는 Aesthetics의 내포의 역사적 변화와 쟁점을 다시 생각하게 한다. Aesthetics의 어원에 해당하는 aisthesis는 고대 그리스어에서 '감각 작용'을 뜻하는 단어였는데, 대개의 경우 지성의 사유 활동과 대비되어 폄하되고 부정적인 어감을 내포한 것이었다. 이를테면 아리스토텔레스는 이렇게 썼다. "영혼 안에는 행위와 진리를 지배하는 세 가지, 즉 감각aisthesis과 지성nous과 욕구orexis가 있다. 이 중에서 감각은 어떤 행위의 원리도 아니다. 이는 동물들도 감각은 가지고 있지만 행위에는 참여하지 못한다는 사실로 분명해진다."[2]

이후 aesthetic는 단지 '감각적'이라는 형용사로 사용되었다. 그러다 이것을 최초로 대문자 Aesthetica로 쓰면서 보편적 원리를 확보할 수 있는 학문 분야로 정립한 사람은 바움가르텐이었다. 하지만 이 때도 여전히 '지성에 비해 열등한 인식능력으로서의 감성에 관한 학문'이라는 의미였다. 이 분과를 인식론이나 윤리학 같은 다른 철학 영역과 대등한 수준으로 끌어올린 것은 칸트였다. 칸트를 거치면서

Aesthetics는 인식론에 종속되는 하위 분야가 아니라 아름다움과 감정을 다루는 독립적이고 자율적인 영역이 되었다.

다만 본론에서 말했던 것처럼 이것은 두 가지 대가를 치러서 얻어진 것이었는데, 하나는 인식적 감성과 심미적 감성을 분리한 것이고, 다른 하나는 심미적 판단 중에서 오직 아름다움에 대한 보편적 논의만이 가능하다고 한정한 것이었다. 이후 헤겔에 이르기까지 Aesthetics는 아름다움에 관한 논의로 주로 한정되었고, 이로 인해 이 단어는 '미학'이라고 번역되는 것이 자연스럽게 되었다. 하지만 니체 이후, 그리고 현대 프랑스 철학 전반에 걸쳐 Aesthetics를 아름다움이라는 좁은 범위에서 감성이라는 원래의 넓은 범위로 되돌리려는 작업이 이루어졌다.

랑시에르에게서도 우리는 이 점을 뚜렷하게 볼 수 있다. 그는 이 단어로써 아름다움에 관한 논의가 아니라, 감각적 경험에 실제 작동하는 선험적 형식의 체계, 그리고 이에 대한 탐구를 의미하고 있다. 이것은 칸트의 이중의 제한, 즉 심미적 감성으로부터 인식적 감성을 분리해내고, 다시 심미적 감성 안에서도 아름다움에 한정해 논의하기로 한 제한을 거꾸로 하나씩 풀어나가면서 재통합하는 것을 의미한다. 아름다움은 심미적 감성 안에 용해되고, 심미적 감성은 인식적 감성과 통합된다. 이런 이유에서 랑시에르를 포함한 현대 프랑스 미학 전반에 걸쳐 Aesthetics를 미학이라고 번역하는 것은 여러 오해를 낳을 여지가 있다. 관례상 그것을 미학이라고 옮긴다 해도 원래의 넓은 의미를 살려서 미론뿐만 아니라 예술철학과 감성론을 포함해서 이해해야 하며, 여기에서도 랑시에르의 강조는 후자에 있다.

칸트가 명시적으로 드러내는 근대적 감성론의 균열을 현대 프랑스 미학자들은 어떻게 종합하고 있는가? 즉 인식적 감성론("저 장미는 빨갛다")과 심미적 감성론("저 장미는 아름답다")은 어떻게 통합될 수 있는가? 이 질문은 미학사적인 관점에서 칸트의 『순수이성비판』과 『판단력비판』 내 각각 어느 곳에 초점을 맞추어 둘을 봉합하는가 하는 질문으로 바꿔 물을 수 있다.

들뢰즈에 따르면 발생적 관점에서 볼 때 "지각의 예취"(『순수이성비판』)와 "숭고론"(『판단력비판』)이 비밀스러운 탁월성을 품고 있다. 지각의 예취 부분에서 양과 질의 범주를 발생시키는 것은 0에서 1까지 상승 및 하강하는 내포적 강렬함이라는 점을 칸트 본인이 예감하고 있다. 그리고 숭고론은 이러한 내포적 강렬함이 상상력과 지성의 조화로운 활동을 압도하고 상위의 활동을 끌어내는 창조적 활동의 원천임을 암시하고 있다. 예술은 경험된 것에서 경험의 조건으로, 감각된 것에서 감각하게 만드는 것으로 나아가는 작업이다. 형태, 질, 양이 아니라 내포적 강렬함과 외부의 힘을 느끼도록 감성을 변형하는 것이 예술의 목표이다. 인식적 감성과 심미적 감성은 통합될 수 있는데, 그것은 바로 이러한 감성의 초월론적 변신 속에서 비로소 이루어진다.

많은 현대 프랑스 미학자가 숭고론에 주목한 반면, 랑시에르는 특이하게도 고전적인 미론으로 되돌아가 새로운 돌파구를 탐색한다. 그의 전략은 『순수이성비판』의 감성론을 역사화하고, 이를 『판단력비판』의 미론과 연동하는 것이다. 들뢰즈가 초월론적 조건은 발생적 관점에서 탐구되어야 한다고 말할 때, 랑시에르는 초월론적 조건을 역사적인 변동 속으로 밀어넣는다. 감성의 두 형식인 공간과 시간은 역사적으로 상이하게 규정된다. 어떤 발언과 고통은 자신의 시공간을 찾지 못한 채 버려진다. 예술과 전시는 그것들에 새로운 시공간을 할당한다. 이렇게 불려온 이미지들은 개념과 직접적으로 대면하게 된다. 이 대면은 불안정한데, 왜냐하면 (이미지와 개념 사이에) 기존 연관을 중단시키고 새로운 연결의 매듭을 짓도록 이미지를 대기시키기 때문이다. 이렇듯 예술이 감성을 조정하는 작업이라고 할 때 인식적 감성은 역사의 연속적 구간에 정주하고, 심미적 감성은 역사의 단층에서 진동한다.

Aesthetics가 넓은 의미의 '감성학'으로서 성립될 수 있는 것은 감성이 두 가지 차원으로 구분되기 때문이고, 이때 피상적인 차원에서 심층적인 차원으로 진입해 들어가며 해명할 과제가 있기 때문이다. 일상적이고 습관적으로 재인식되는 양이나 질과 같은 경험적 감성의 차원이 있는가 하면, 그러한 감성적인 것들을 산출하는 감성의 원천 또는 조건에 해당하는 보다 근원적인 차원이 있다. 대표적으로 들뢰즈와 랑시에르는 우리가 감각하도록 감성적인 것들을 내보내는 어떤 근원 또는 환경을 찾아냈다. 들뢰즈는 그것을 "감성적인 것의 존재"라고 불렀고, 랑시에르는 그것을 "감성적인 것의 분할"이라고 설명했다.

들뢰즈에 따르면 그 "감성적인 것의 존재"는 다름 아니라 내포적 강렬함이다. 내포적 강렬함은 감성적인 것들, 즉 크다와 작다 같은 양, 붉다와 검다 같은 질을 산출하고 자신은 은폐되어 사라진다. 물리적인 수준뿐만 아니라 정서적이고 사회적인 수준에서도 내포적 강렬함은 힘으로서 기쁨과 슬픔, 억압과 폭력, 평등함과 고귀함의 흔적들을 신체에 남기고 사라진다. 내포적 강렬함의 난입과 흔적이라는 구분과 나란히 들뢰즈는 감성이라는 인식능력에서도 초월적 실행과 경험적 실행을 구분했다. 감성의 경험적 실행은 쉽게 포착되고 재인식되는 것들, 이를테면 양과 질을 받아들이는 것이다. 반면 감성의 초월적 실행은 그것의 발생적 조건, 즉 내포적 강렬함과 힘들을 감각하는 것이다. 예술은 감성을 경험적 실행에서 초월적 실행으로 상승시키는 활동이다.

랑시에르가 말하는 "감성적인 것의 분할"은 공동체의 기반이 되는 공통적인 것이 음성과 소음, 의미와 무의미, 고귀한 것과 저급한 것으로 구분되는 구획선이 우리를 둘러싼 환경으로서 주어진다는 것을 의미한다. 미학적 체제란 이름 없는 인민이 이러한 구분선을 모두 각자의 신체 안에서, 신체 위에서 이동시키고 변경할 수 있는 권리를 획득했다는 것을 의미한다. 따라서 문제는 음성과 소음, 예술과 일상, 의미와 무의미 사이를 오갈 수 있는 새로운 역량을 지닌 신체가 되는 것, 그러한 신체를 만드는 것이다.

플라톤은 모든 구성원이 각자 자신의 자리에서 자신에게 적합한 한 가지 일을 성실히 하는 것이 바람직하다고 말했다. 그리고 한 자리에서 두 가지 일을 모방하는 '양면적인 사람'은 흡사 미친 사람과도 같아 도시국가에 필요 없다고 경고했다.[3] 바로 이러한 입장과 대비할 때 들뢰즈와 랑시에르가 생각한 것의 핵심적인 의미가 밝혀진다. 들뢰즈는 내포적 강렬함을 감각하면서 그것이 일으키는 변신을 체험하는 자를 분열자라고 불렀다. 예술은 감성의 분열적 상승이며, 이를 통해 좀 더 고귀한 삶의 방식을 향유할 수 있게 된다. 랑시에르는 다른 사람을 위해 집을 짓는 노동자가 그 집터에서 순간적으로 경치를 감상하는 자로 변환될 수 있는 '양면성'을 긍정했다. 이것이 미학적 체제가 약속하는 평등함의 의미이다. 이처럼 이미지와 개념의 두 지층이 뒤엉켜서 만들어내는 미학적 영토는 변신의 신체가 거주하는 곳이며, 고귀함과 평등함을 실험하고 약속하는 장소이다.

미주

머리말

1 아르튀르 랭보, 『지옥에서 보낸 한 철』, 김현 옮김, 민음사, 2016, 8-9쪽.

1부 이미지와 개념

1장 유희 — 칸트의 미론

1 자크 랑시에르가 말하는 "이미지의 세 가지 체제"에 대해서는 다음을 참조. 자크 랑시에르, 「부록: 미학적 전복」(이하 「미학적 전복」), 『해방된 관객』, 양창렬 옮김, 현실문화, 2016.
2 랑시에르, 「미학적 전복」, 197쪽.
3 랑시에르, 「미학적 전복」, 196쪽.
4 플라톤, 『국가』, 박종현 옮김, 서광사, 1997, 637쪽.
5 플라톤, 『국가』, 614쪽.
6 아리스토텔레스, 『시학』, 천병희 옮김, 문예출판사, 2002, 37쪽.
7 임마누엘 칸트, 『윤리형이상학 정초』, 백종현 옮김, 아카넷, 2018 참조.
8 『판단력비판』의 집필 과정과 이 책을 둘러싼 여러 쟁점에 대해서는 임마누엘 칸트, 『판단력비판』, 김상현 옮김, 책세상, 2019, 「역자 해제」 참조. 칸트의 3비판서 전반에 관한 훌륭한 개론서로는 김상환, 『왜 칸트인가』, 21세기북스, 2019 참조. 『판단력비판』을 중심으로 한 종합적이고 독창적인 연구로는 질 들뢰즈, 『칸트의 비판철학』, 서동욱 옮김, 민음사, 1995 참조.
9 임마누엘 칸트, 『판단력비판』, 하선규 옮김, 출간 예정, 9절.
10 임마누엘 칸트, 『판단력비판』, 백종현 옮김, 아카넷, 2009, 165쪽.
11 라이너 마리아 릴케, 『과수원/장미』, 김진하 옮김, 문학과지성사, 2002, 143쪽.
12 제러미 시프먼, 『모차르트, 그 삶과 음악』, 임선근 옮김, 포노, 2010, 134쪽. 시프먼은 모차르트의 피아노협주곡 9번이 서구 음악에서 시민사회의 분위기를 최초로 반영하는, 역사적이고 단절적인 변화를 가져왔다고 분석한다.

2장 간극 — 푸코와 마그리트

1 미셸 푸코, 『말과 사물』, 이규현 옮김, 민음사, 2012, 22쪽.
2 미셸 푸코, 『이것은 파이프가 아니다』, 김현 옮김, 고려대학교출판부, 2010.

3	푸코, 『이것은 파이프가 아니다』, 17-18쪽.
4	푸코, 『이것은 파이프가 아니다』, 18쪽.
5	푸코, 『이것은 파이프가 아니다』, 19쪽.
6	푸코, 『이것은 파이프가 아니다』, 22쪽.
7	푸코, 『이것은 파이프가 아니다』, 29쪽.
8	푸코, 『이것은 파이프가 아니다』, 47쪽.
9	푸코, 『이것은 파이프가 아니다』, 33쪽.
10	푸코, 『이것은 파이프가 아니다』, 37쪽.
11	발터 벤야민, 『언어 일반과 인간의 언어에 대하여/번역자의 과제 외』, 최성만 옮김, 도서출판 길, 2008, 69-96, 119-142쪽 참조.
12	Ferdinand de Saussure, *Cours de linguistique générale*, Payot, 1995, p. 145.
13	푸코, 『이것은 파이프가 아니다』, 39쪽.
14	푸코, 『이것은 파이프가 아니다』, 41쪽.
15	Emma Taggart, "5 Paul Klee Paintings That Highlight His Movement-Bending Art Style", in My Modern Met, December 5, 2020. https://mymodernmet.com/paul-klee-paintings
16	푸코, 『이것은 파이프가 아니다』, 42쪽.
17	Wassily Kandinsky, "Preface", *Point and Line to Plane*, (trans.) Howard Dearstyne and Hilla Rebay, Dover Publications, 1979; 바실리 칸딘스키, 「서론」, 『점, 선, 면 — 회화적인 요소의 분석을 위하여』, 차봉희 옮김, 열화당, 2019.
18	푸코, 『이것은 파이프가 아니다』, 59쪽.
19	푸코, 『이것은 파이프가 아니다』, 61쪽.
20	푸코, 『이것은 파이프가 아니다』, 79쪽. 워홀의 관련 도판은 이 책의 5장 1절 참조.

3장 지각 — 메를로퐁티와 세잔

1	폴 세잔, 『세잔과의 대화』, 조정훈 옮김, 다빈치, 2002, 186쪽.
2	세잔, 『세잔과의 대화』, 184쪽.
3	모리스 메를로퐁티, 「서문: 현상학이란 무엇인가」, 『지각의 현상학』, 류의근 옮김, 문학과지성사, 2002, 27쪽.
4	메를로퐁티, 『지각의 현상학』, 13쪽.
5	세잔, 『세잔과의 대화』, 189쪽.
6	세잔, 『세잔과의 대화』, 163쪽.
7	Maurice Merleau-Ponty, "Le doute de Cézanne", *Sens et non-sens*, Nagel, 1966, p. 29.

8	Merleau-Ponty, "Le doute de Cézanne", p. 23.
9	Merleau-Ponty, "Le doute de Cézanne", p. 21.
10	Maurice Merleau-Ponty, *L'oeil et l'esprit*, Gallimard, 1964, pp. 18-19.
11	Merleau-Ponty, *L'oeil et l'esprit*, p. 22.
12	Merleau-Ponty, *L'oeil et l'esprit*, p. 29.
13	Merleau-Ponty, *L'oeil et l'esprit*, p. 31.
14	Merleau-Ponty, "Le doute de Cézanne", p. 30.
15	Merleau-Ponty, *L'oeil et l'esprit*, 69.
16	세잔,『세잔과의 대화』, 168-169쪽.
17	세잔,『세잔과의 대화』, 166쪽.

4장 투영 — 리오타르와 뒤샹

1	Jean-François Lyotard, *Discours, Figure*, Klincksieck, 2000, p. 21.
2	Lyotard, *Discours, Figure*, p. 21.
3	토마스 기르스트,『뒤샹 딕셔너리』, 주은정 옮김, 디자인하우스, 2016, 232쪽에서 재인용.
4	피에르 카반느,『마르셀 뒤샹: 피에르 카반느와의 대담』, 정병관 옮김, 이화여자대학교출판부, 2000, 94쪽.
5	기르스트,『뒤샹 딕셔너리』, 50쪽에서 재인용.
6	Jean-François Lyotard, *Les Transformateurs Duchamp*(1977), (ed.) Herman Parret, Leuven University Press, 2010, p. 70.
7	Lyotard, *Les Transformateurs Duchamp*, p. 70.
8	기르스트,『뒤샹 딕셔너리』, 236쪽.
9	돈 애즈, 닉 콕스, 데이비드 홉킨스,『마르셀 뒤샹: 현대 미술의 혁명가』, 황보화 옮김, 시공아트, 2009, 113쪽. 〈큰 유리〉에 대한 상세한 분석은 이 책 5장 참조.
10	Lyotard, *Les Transformateurs Duchamp*, p. 74.
11	카반느,『마르셀 뒤샹: 피에르 카반느와의 대담』, 85쪽.
12	Lyotard, *Les Transformateurs Duchamp*, p. 74.
13	미셸 푸코,「저자란 무엇인가」,『모더니즘 이후, 미술의 화두』, 윤난지 엮음, 눈빛, 2012, 46쪽.
14	롤랑 바르트,「저자의 죽음」,『모더니즘 이후, 미술의 화두』, 윤난지 엮음, 눈빛, 2012, 31-33쪽.
15	기르스트,『뒤샹 딕셔너리』, 204쪽에서 재인용.
16	카반느,『마르셀 뒤샹: 피에르 카반느와의 대담』, 79, 86쪽.

17 기르스트, 『뒤샹 딕셔너리』, 140쪽.
18 카반느, 『마르셀 뒤샹: 피에르 카반느와의 대담』, 78쪽.
19 기르스트, 『뒤샹 딕셔너리』, 53쪽.
20 안규철, 『모든 것이면서 아무것도 아닌 것』, 워크룸 프레스, 2022, 369쪽.

5장 공모 — 보드리야르와 워홀

1 플라톤, 『국가』, 614, 633-639쪽 참조.
2 아리스토텔레스, 『시학』, 4장 참조.
3 시뮬라크르를 주제로 다룬 플라톤의 두 저작은 『소피스테스』와 『정치가』이다. 이를테면 『소피스테스』에서 문제가 되는 것은 소크라테스를 어떻게 다른 소피스트들과 구별할 것인가 하는 것이다. 그 구별에 따르면 소크라테스는 지식을 진정으로 사랑하는 철학자이고(모상), 다른 소피스트들은 그런 척하는 흉내쟁이일 뿐이다(허상).
4 장 보드리야르, 『시뮬라시옹』, 하태환 옮김, 민음사, 2001, 25쪽.
5 장 보드리야르, 『사라짐에 대하여』, 하태환 옮김, 민음사, 2012, 43쪽.
6 Richard G. Smith (ed.), *The Baudrillard Dictionary*, Edinburgh University Press, 2010, p. 199.
7 보드리야르, 『시뮬라시옹』, 13쪽.
8 보드리야르, 『시뮬라시옹』, 12쪽(번역 수정).
9 보드리야르, 『시뮬라시옹』, 27쪽(번역 수정).
10 보드리야르, 『시뮬라시옹』, 16쪽.
11 보드리야르, 『시뮬라시옹』, 16쪽.
12 보드리야르, 『시뮬라시옹』, 16쪽.
13 보드리야르, 『시뮬라시옹』, 18쪽.
14 롤랑 바르트, 『밝은 방』, 김웅권 옮김, 동문선, 2006, 98-99, 118-119쪽 참조.
15 보드리야르, 『시뮬라시옹』, 19쪽.
16 보드리야르, 『시뮬라시옹』, 9쪽.
17 보드리야르, 『시뮬라시옹』, 40쪽.
18 보드리야르, 『시뮬라시옹』, 24쪽.
19 보드리야르, 『시뮬라시옹』, 25쪽.
20 Jean Baudrillard, "The Conspiracy of Art", *The Conspiracy of Art: Manifestos, Texts, Interviews*, (ed.) Sylvère Lotringer, (tr.) Ames Hodges, Semiotext(e)/MIT, 2005, p. 25.
21 Baudrillard, "The Conspiracy of Art", p. 25.
22 보드리야르, 『사라짐에 대하여』, 29쪽.

23	보드리야르, 『사라짐에 대하여』, 26쪽.
24	Baudrillard, "The Conspiracy of Art", p. 26.
25	보드리야르, 『사라짐에 대하여』, 28쪽.
26	소스타인 베블런, 『유한계급론』, 임종기 옮김, 에이도스 출판사, 2018, 141쪽.
27	보드리야르, 『사라짐에 대하여』, 29쪽.
28	Gilles Deleuze, *Logique du sens*, Minuit, 1969, p. 302.
29	들뢰즈 사상의 궤적과 시기 구분에 대해서는 이찬웅, 『들뢰즈, 괴물의 사유』, 이학사, 2020, 「머리말」 참조.
30	보드리야르, 『사라짐에 대하여』, 53쪽.
31	보드리야르, 『사라짐에 대하여』, 25쪽.
32	보드리야르, 『사라짐에 대하여』, 45쪽.
33	최초의 컴퓨터가 에니악(1943-1946)이라고 대중적으로 알려져 있지만, 실제 역사상 최초의 현대적 컴퓨터는 아타나소프-베리 컴퓨터(1937-1942)라는 사실이 최근 밝혀졌다.
34	「노상호 작가 인터뷰」, 『월간미술』 2018년 3월호와 「아티스트 프로젝트 03: 노상호」, 『BE(ATTITUDE)』 Issue 02 참조.

2부 감성의 원천

6장 압도 — 칸트의 숭고론

1	칸트, 『판단력비판』, 하선규 옮김, 49절. "나는 심미적 이념을 이렇게 이해한다. 그것은 많은 사고를 유발하지만 특정한 어떤 사고, 곧 특정한 어떤 개념도 그것에 적합할 수 없고, 그래서 어떤 언어로도 충분히 도달하거나 이해될 수 없는 상상력의 표상이다."
2	알랭 로브그리예, 『누보 로망을 위하여』, 김치수 옮김, 문학과지성사, 1992, 115쪽.
3	Deleuze, *Logique du sens*, pp. 190-197.
4	명석함과 판명함이라는 표현은 데카르트, 그리고 특히 라이프니츠를 염두에 둔 것이다. 라이프니츠의 규정에 따르자면 하나의 지각 대상이 다른 대상과 구별될 때 명석하고, 하나의 대상을 이루고 있는 구성 요소들을 세밀하게 식별할 수 있을 때 판명하다. 예를 들어 하나의 곡이 신날 때 그것은 명석하고, 그 곡을 구성하고 있는 요소들을 들을 때 그것은 판명하다.
5	질 들뢰즈, 『차이와 반복』, 김상환 옮김, 민음사, 2004, 166쪽.
6	칸트, 『판단력비판』, 하선규 옮김, 24절.
7	칸트, 『판단력비판』, 하선규 옮김, 25절.

8	알랭 드 보통, 『여행의 기술』, 정영목 옮김, 청미래, 2011, 6장 참조.
9	칸트, 『판단력비판』, 백종현 옮김, V268.
10	칸트, 『판단력비판』, 백종현 옮김, 23절.
11	질 들뢰즈, 『칸트의 비판철학』, 서동욱 옮김, 민음사, 1995, 148쪽.
12	프리드리히 니체, 『비극의 탄생』, 박찬국 옮김, 아카넷, 2007, 27, 99쪽.
13	위의 글 중 일부는 홍순명 작가의 호반미술상 2023 수상 전시 ≪구석, 환유, 저항≫(2023. 5)의 도록에 비평문으로 수록되었음.

7장 생성 — 들뢰즈와 프랜시스 베이컨

1	질 들뢰즈, 『프루스트와 기호들』, 서동욱, 이충민 옮김, 민음사, 2004, 39쪽.
2	Deleuze, *Logique du sens*, p. 9.
3	들뢰즈, 『차이와 반복』, 312, 504쪽.
4	들뢰즈, 『차이와 반복』, 318쪽.
5	들뢰즈, 『차이와 반복』, 324쪽(번역 수정).
6	칸트, 『판단력비판』, 백종현 옮김, V268.
7	들뢰즈, 『프루스트와 기호들』, 41쪽.
8	들뢰즈, 『프루스트와 기호들』, 23쪽.
9	들뢰즈, 『차이와 반복』, 322쪽.
10	들뢰즈, 『프루스트와 기호들』, 49쪽.
11	바움가르텐이 미학을 개시한 것의 의의에 대해서는 다음을 참조. 알렉산더 고틀리프 바움가르텐, 『미학』, 김동훈 옮김, 마티, 2019, 「옮긴이 해제」; 카이 함머마이스터, 『독일 미학 전통』, 신혜경 옮김, 이학사, 2013, 23-39쪽.
12	Gilles Deleuze, *Francis Bacon: Logique de la sensation* (1981), Seuil, 2002, pp. 57, 40.
13	파울 클레, 『현대미술을 찾아서』, 박순철 옮김, 열화당, 2014; Paul Klee, *Théorie de l'art moderne*, (tr.) Pierre-Henri Gonthier, Folio Essais, 1998 참조.
14	바실리 칸딘스키, 『예술에서의 정신적인 것에 관하여』, 권영필 옮김, 열화당, 2019; 칸딘스키, 『점, 선, 면 — 회화적인 요소의 분석을 위하여』 참조.
15	Gilles Deleuze, *Francis Bacon: Logique de la sensation*, p. 39.
16	모리스 메를로퐁티, 『보이는 것과 보이지 않는 것』, 남수인 옮김, 동문선, 2004, 193쪽.
17	Gilles Deleuze & Félix Guattari, "Percept, affect et concept", *Qu'est-ce que la philosophie?*, Minuit, 1991, p. 169.
18	존재의 일의성과 신체의 괴물성의 관계에 대해서는 이찬웅, 『들뢰즈, 괴물의 사유』, 「머리말」과 1-2장 참조.

19	아르토의 라디오 극 〈신의 심판을 끝장내기 위하여Pour en finir avec le jugement de Dieu〉를 유튜브에서 들을 수 있다.
20	데이비드 실베스터, 『나는 왜 정육점의 고기가 아닌가?』, 주은정 옮김, 디자인하우스, 2015, 157쪽.
21	Deleuze & Guattari, "Percept, affect et concept", p. 169.
22	Deleuze, *Francis Bacon: Logique de la sensation*, p. 28
23	주은우, 『시각과 현대성』, 한나래, 2017, 2장 3절 참조.
24	실베스터, 『나는 왜 정육점의 고기가 아닌가?』, 95-99쪽. 이 작품에 대한 더 상세한 분석은 루이지 피카치, 『프랜시스 베이컨』, 양영란 옮김, 마로니에북스, 2006, 21-27쪽 참조.
25	마틴 게이퍼드, 『다시, 그림이다』, 주은정 옮김, 디자인하우스, 2012, 40쪽.
26	루크레티우스, 『사물의 본성에 관하여』, 강대진 옮김, 아카넷, 2011, 275쪽 참조.
27	Deleuze & Guattari, "Percept, affect et concept", p. 154.
28	우리는 앞서 특히 메를로퐁티와 관련하여 perception을 '지각'이라고 번역했는데, 들뢰즈는 percept와 perception을 중요하게 구분하므로 전자를 '지각', 후자를 '지각 작용'이라고 옮긴다. 평행하게 affect와 affection은 각각 '정동'과 '변용 작용'으로 옮긴다.

8장 증언 — 리오타르와 바넷 뉴먼

1	장 프랑수아 리오타르, 「질문에 대한 답변: 포스트모던이란 무엇인가」(이하 「포스트모던이란 무엇인가」)와 「숭고와 아방가르드」, 『지식인의 증언』, 이현복 옮김, 문예출판사, 1993.
2	리오타르, 「포스트모던이란 무엇인가」, 22-23쪽.
3	리오타르, 「포스트모던이란 무엇인가」, 24-25쪽.
4	발터 벤야민, 『기술복제시대의 예술작품/사진의 작은 역사 외』, 최성만 옮김, 도서출판 길, 2007 참조.
5	리오타르, 「포스트모던이란 무엇인가」, 25쪽.
6	리오타르, 「포스트모던이란 무엇인가」, 26쪽.
7	리오타르, 「포스트모던이란 무엇인가」, 29쪽.
8	리오타르, 「포스트모던이란 무엇인가」, 28쪽.
9	리오타르, 「포스트모던이란 무엇인가」, 29쪽.
10	리오타르, 「포스트모던이란 무엇인가」, 31쪽.
11	리오타르, 「포스트모던이란 무엇인가」, 32쪽.
12	리오타르, 「포스트모던이란 무엇인가」, 33쪽.

13	리오타르, 「포스트모던이란 무엇인가」, 35쪽.
14	리오타르, 「포스트모던이란 무엇인가」, 35쪽.
15	리오타르, 「포스트모던이란 무엇인가」, 36쪽.
16	리오타르, 「포스트모던이란 무엇인가」, 38쪽.
17	리오타르, 「포스트모던이란 무엇인가」, 38쪽.
18	리오타르, 「포스트모던이란 무엇인가」, 39쪽.
19	리오타르, 「포스트모던이란 무엇인가」, 40쪽.
20	리오타르, 「포스트모던이란 무엇인가」, 41쪽.
21	리오타르, 「포스트모던이란 무엇인가」, 41쪽.
22	리오타르, 「포스트모던이란 무엇인가」, 42쪽.
23	리오타르, 「포스트모던이란 무엇인가」, 38쪽(번역 수정).
24	리오타르, 「포스트모던이란 무엇인가」, 43쪽.
25	Barnett Newman, "The Sublime is Now", in "The Ides of Art, Six Opinions on What is Sublime in Art?", *Tiger's Eye*, New York, No.6 (15 December 1948), p. 53.
26	Barnett Newman, "The Sublime is Now", p. 53.
27	Barnett Newman, "The Sublime is Now", p. 53.
28	리오타르, 「숭고와 아방가르드」, 157쪽.
29	리오타르, 「숭고와 아방가르드」, 159쪽.
30	리오타르, 「숭고와 아방가르드」, 160쪽.
31	리오타르, 「숭고와 아방가르드」, 162쪽.
32	리오타르, 「숭고와 아방가르드」, 163쪽.
33	버크, 『숭고와 아름다움의 이념의 기원에 대한 철학적 탐구』, 김동훈 옮김, 마티, 2006 참조.
34	리오타르, 「숭고와 아방가르드」, 176쪽.
35	해프닝happening은 일회적이고 비재현적인 공연 예술을 말한다. 예를 들어 1960년 한 전시에서 백남준은 '피아노포르테를 위한 연습곡'을 연주하다 갑자기 청중석에 있던 존 케이지의 넥타이를 가위로 잘랐다.
36	리오타르, 「숭고와 아방가르드」, 183쪽.
37	리오타르, 「숭고와 아방가르드」, 187쪽.
38	리오타르, 「숭고와 아방가르드」, 189쪽.

9장 중지 ─ 자크 랑시에르와 주노 루도비시

1	「(영상) 청소 아주머니 '투사 최순실'에 일갈 '염병하네'」, CBS노컷뉴스 2017년 1월 25일자; 「최순실에 '염병하네' 청소노동자, 촛불집회서 발언 '이

번 기회에 정의 되살아났으면'」,『경향신문』 2017년 2월 4일자 참조.

2 두 권의 책은 국내에『감성의 분할』과『미학 안의 불편함』으로 번역되어 소개되었는데, 이 번역은 다소간 오해의 소지가 있는 것 같다. 우선 첫 번째 책과 관련해서는 랑시에르의 논지가 감성이라는 인식능력이 분할된다는 데 있는 것이 아니라, 감성적인 것들, 또는 감성의 대상이 되는 것들이 한 사회의 감성의 환경에 따라 들리는 것과 들리지 않는 것, 보이는 것과 보이지 않는 것 등으로 분할된다는 데 있기 때문이다. 랑시에르의 미학은 주체 내부의 인식능력에 대한 분석이 아니라 감성의 활동을 외부에서 규정하는 미학적 체제에 대한 분석이다. 다음으로 두 번째 책과 관련해서는, '불편함'은 미학을 대하는 사람들의 심리적 태도를 연상시키는데, 랑시에르의 주장은 미학의 태생 자체가 제작과 감상의 관계를 규제하지 못하는 불안정성에 기인한다는 것이다. 이런 이유에서 이 책에서는 두 권의 책을 각각『감성적인 것의 분할』과『미학의 불안』으로 번역하고자 한다.

3 Rancière, *Le partage du sensible: esthetique et politique*, La Fabrique, 2000, p. 13.

4 칸트,「초월적 감성학」,『순수이성비판』, 백종현 옮김, 아카넷, 2006 참조.

5 플라톤,『국가』, 148쪽. "그러니까 이런 점에서 보아도, 제 것의 소유와 제 일을 함이 올바름이라는 데 합의를 보겠네그려." "이런 사람들이 서로의 도구나 직분을 교환하게 된다면, 또는 동일한 사람이 이 모든 일을 동시에 하려 든다면, … 이 나라에 파멸을 가져다주는 것으로 여겨질 것이라 생각하네."(플라톤,『국가』, 288쪽)

6 아리스토텔레스,『정치학』, 천병희 옮김, 도서출판 숲, 387쪽.

7 플라톤과 아리스토텔레스의 국가론과 시민론에 대한 개론적이면서 비판적인 설명은 다음을 참조. W. D. 로스,『아리스토텔레스』, 김진성 옮김, 세창출판사, 413-418쪽.

8 아리스토텔레스,『정치학』, 21쪽.

9 Rancière, *Le partage du sensible*, p. 12; 아리스토텔레스,『정치학』, 142쪽 이하 참조.

10 Rancière, *Le partage du sensible*, p. 12.

11 예를 들어 플라톤,『국가』, 393쪽; 아리스토텔레스,『정치학』, 140쪽 참조.

12 Rancière, *Le partage du sensible*, p. 14.

13 플라톤의 연극 비판에 대해서는, 플라톤,『국가』, 199-211쪽 참조.

14 플라톤,『파이드로스』, 조대호 옮김, 문예출판사, 2008, 143쪽.

15 플라톤,『법률』1권, 김남두 옮김, 나남출판, 2019, 98쪽 이하 참조. "어떻게 하면 공동체가 삶 전체를 걸쳐 노래와 신화와 말을 통해 최대한 하나의 소

리를 낼 수 있는지에 대해 온갖 방안을 마련해야 합니다."

16　플라톤, 『법률』, 4-81쪽 참조; Graham Pont, "Plato's Philosophy of Dance", in (ed.) Jennifer Nevile, *Dance, spectacle, and the body politick,* 1250-1750, Indiana University Press, pp. 270-271 참조.

17　Rancière, *Le partage du sensible*, p. 16.

18　Rancière, *Le partage du sensible*, p. 16.

19　플로베르는 "오직 스타일의 내적인 힘으로만 지탱되는 한 권의 책, 거의 아무런 주제도 없는 아니 적어도 주제가 거의 눈에 뜨이지 않는 한 권의 책"이야말로 아름다울 것이라고 적었다. 그는 또한 다음과 같이 말했는데, 이는 주제에 대한 그의 무차별한 또는 무관심한 태도를 잘 보여준다. "문학에 있어서 예술적으로 훌륭한 주제가 따로 있는 것은 아니다. 보잘것없는 시골 마을인 이브토를 그리건 유명한 대도시 콘스탄티노플을 그리건 결국은 마찬가지다." 귀스타브 플로베르, 『마담 보바리』(1856), 김화영 옮김, 민음사, 2000, 「작품해설」, 512-513쪽 참조.

20　Rancière, *Le partage du sensible*, p. 17.

21　Rancière, *Le partage du sensible*, p. 14.

22　Jacques Rancière, *Malaise dans l'esthétique*, Galilée, 2004, pp. 9-11.

23　Rancière, *Le partage du sensible*, p. 28.

24　Rancière, *Le partage du sensible*, p. 29.

25　Rancière, *Malaise dans l'esthétique*, p. 16.

26　Rancière, *Le partage du sensible*, p. 15.

27　Rancière, *Malaise dans l'esthétique*, p. 16.

28　Rancière, *Malaise dans l'esthétique*, p. 18.

29　Rancière, *Malaise dans l'esthétique*, p. 20.

30　Rancière, *Malaise dans l'esthétique*, p. 22.

31　Rancière, *Malaise dans l'esthétique*, p. 24.

32　노버트 린튼, 『20세기의 미술』, 윤난지 옮김, 예경, 2003에서 전자는 7장, 후자는 3장을 참조할 것. 조주연, 『현대미술 강의』, 글항아리, 2017에서 전자는 2장 「전성기 모더니즘」과 3장 「후기 모더니즘」, 후자는 4장 「전전 유럽의 아방가르드」를 참조할 것. 또한 클레멘트 그린버그, 「모더니즘 회화」, 『예술과 문화』, 조주연 옮김, 경성대학교출판부, 2019 참조.

33　랑시에르, 「미학적 전복」, 210-211쪽.

34　랑시에르, 「미학적 전복」, 204쪽.

35　랑시에르, 「미학적 전복」, 197.

36	프리드리히 폰 실러, 『미학 편지: 인간의 미적 교육에 관한 실러의 미학 이론』, 안인희 옮김, 휴먼아트, 2012, 129쪽.
37	칸트, 『판단력비판』, 백종현 옮김, 9절, 211쪽.
38	실러, 『미학 편지』, 120-123쪽 참조.
39	Rancière, *Malaise dans l'esthétique*, p. 45.
40	랑시에르, 「미학적 전복」, 205쪽.
41	랑시에르의 푸코에 대한 언급은 Rancière, *Le partage du sensible*, p. 13 참조.
42	국립한글박물관, 『나는 몸이로소이다: 개화기 한글 해부학 이야기』, 기획특별전 도록, 국립한글박물관, 2018, 98-99쪽 참조.
43	Rancière, *Le partage du sensible*, p. 14.
44	Rancière, *Malaise dans l'esthétique*, p. 13.
45	Jacques Derrida, "Le théâtre de la cruauté et la clôture de la représentation [잔혹극과 재현의 울타리]", *L'écriture et la différence*, Seuil, 1967, pp. 341-363[자크 데리다, 「잔혹극과 극상연의 경계」, 『글쓰기와 차이』, 남수인 옮김, 동문선, 2001].
46	Nicolas Bourriaud, *Esthétique relationnelle*, Dijon: Les Presses du réel, 1998, p. 14.
47	Claire Bishop, "Antagonism and Relational Aesthetics", *October*, Vol. 110, Autumn, 2004, The MIT Press) 그리고 이후 여기에 자크 랑시에르와 니콜라 부리요가 직접 논쟁에 가담했다. Jacques Rancière, "Aesthetic Separation, Aesthetics Community: Scenes from the Aesthetic Regime of Art", *Art&Research*, Vol 2, No. 1, Summer 2008; Nicolas Bourriaud, "Precarious Constructions: Answer to Jacques Rancière on Art and Politics", *Open! Platform for Art, Culture & the Public Domain*, October 2009 참조.

맺음말

1	Rancière, *Le partage du sensible*, p. 14.
2	아리스토텔레스, 『니코마코스 윤리학』, 이창우, 김재홍, 강상진 옮김, 이제이북스, 2006, 205쪽.
3	플라톤, 『국가』, 204-205, 211쪽 참조.

참고문헌

— 푸코와 마그리트

벤야민, 발터『언어 일반과 인간의 언어에 대하여/번역자의 과제 외』, 최성만 옮김, 도서출판 길, 2008.

파케, 마르셀,『르네 마그리트』, 김영선 옮김, 마로니에북스, 2008.

푸코, 미셸,『말과 사물』, 이규현 옮김, 민음사, 2012.

푸코, 미셸,『이것은 파이프가 아니다』, 김현 옮김, 고려대학교출판부, 2010.

Kandinsky, Wassily, *Point and Line to Plane*, (trans.) Howard Dearstyne and Hilla Rebay, Dover Publications, 1979.

Saussure, Ferdinand de, *Cours de linguistique générale*, Payot, 1995.

— 메를로퐁티와 세잔

말로르니, 울리케 베크르,『폴 세잔』, 박미연 옮김, 마로니에북스, 2007.

메를로퐁티, 모리스,『눈과 마음』, 김정아 옮김, 마음산책, 2008.

메를로퐁티, 모리스,『보이는 것과 보이지 않는 것』, 남수인 옮김, 동문선, 2004.

메를로퐁티, 모리스,『지각의 현상학』, 류의근 옮김, 문학과지성사, 2002.

모리스 메를로퐁티,『현상학과 예술』, 오병남 옮김, 서광사, 1983.

세잔, 폴,『세잔과의 대화』, 조정훈 옮김, 서울: 다빈치, 2002.

Merleau-Ponty, Maurice, "Le doute de Cézanne", *Sens et non-sens*, Nagel, 1966.

Merleau-Ponty, Maurice, *L'oeil et l'esprit*, Gallimard, 1964.

— 리오타르와 뒤샹

기르스트, 토마스,『뒤샹 딕셔너리』, 주은정 옮김, 디자인하우스, 2016.

밍크, 재니스,『마르셀 뒤샹』, 정진아 옮김, 마로니에북스, 2006.

안규철,『모든 것이면서 아무것도 아닌 것』, 워크룸프레스, 2022.

애즈, 돈, 닉 콕스, 데이비드 홉킨스,『마르셀 뒤샹: 현대 미술의 혁명가』, 황보화 옮김, 시공아트, 2009.

윤난지 엮음,『모더니즘 이후, 미술의 화두』, 눈빛, 2012.

카반느, 피에르,『마르셀 뒤샹: 피에르 카반느와의 대담』, 정병관 옮김, 이화여자대학교출판부, 2000.

Lyotard, Jean-François, *Discours, Figure*, Klincksieck, 2000.

Lyotard, Jean-François, *Les Transformateurs Duchamp* (1977), (ed.) Herman Parret,

Leuven University Press, 2010.

— 보드리야르와 워홀

바르트, 롤랑,『밝은 방』, 김웅권 옮김, 동문선, 2006.
베블런, 소스타인,『유한계급론』, 임종기 옮김, 에이도스 출판사, 2018.
보드리야르, 장,『사라짐에 대하여』, 하태환 옮김, 민음사, 2012.
보드리야르, 장,『시뮬라시옹』, 하태환 옮김, 민음사, 2001.
호네프, 클라우스,『앤디 워홀』, 최성욱 옮김, 마로니에북스, 2006.
Baudrillard, Jean, "The Conspiracy of Art"(1996), *The Conspiracy of Art: Manifestos, Texts, Interviews*, (ed.) Sylvère Lotringer, (tr.) Ames Hodges, Semiotext(e)/MIT, 2005, pp. 25-29.
Smith, Richard G. (ed.), *The Baudrillard Dictionary*, Edinburgh University Press, 2010.

— 들뢰즈와 프랜시스 베이컨

게이퍼드, 마틴,『다시, 그림이다』, 주은정 옮김, 디자인하우스, 2012.
들뢰즈, 질,『감각의 논리: 프랜시스 베이컨』, 박정태 옮김, 출간 예정.
들뢰즈, 질,『차이와 반복』, 김상환 옮김, 민음사, 2004.
들뢰즈, 질,『프루스트와 기호들』, 서동욱, 이충민 옮김, 민음사, 1997.
루크레티우스,『사물의 본성에 관하여』, 강대진 옮김, 아카넷, 2011.
베이컨, 프란시스,『화가의 잔인한 손』, 최영미 옮김, 도서출판 강, 1998.
실베스터, 데이비드,『나는 왜 정육점의 고기가 아닌가? (프랜시스 베이컨과의 대담집)』, 주은정 옮김, 디자인하우스, 2015.
이찬웅,『들뢰즈, 괴물의 사유』, 이학사, 2020.
칸딘스키, 바실리,『예술에서의 정신적인 것에 관하여』, 권영필 옮김, 열화당, 2019.
칸딘스키, 바실리,『점, 선, 면--회화적인 요소의 분석을 위하여』, 차봉희 옮김, 열화당, 2019.
클레, 파울,『현대미술을 찾아서』, 박순철 옮김, 열화당, 2014.
피카치, 루이지,『프랜시스 베이컨』, 양영란 옮김, 마로니에북스, 2006.
Deleuze, Gilles & Félix Guattari, *Qu'est-ce que la philosophie?*, Minuit, 1991.
Deleuze, Gilles, *Francis Bacon: Logique de la sensation* (1981), Seuil, 2002.
Deleuze, Gilles, *Logique du sens*, Minuit, 1969.
Kandinsky, Wassily, Point and Line to Plane, (tr.) Howard Dearstyne and Hilla Rebay, Hilla (ed.), *Hilla Rebay*, Dover Publications, 1979.
Klee, Paul, *Théorie de l'art moderne*, (tr.) Pierre-Henri Gonthier, Folio Essais, 1998.

— 리오타르와 바넷 뉴먼

리오타르, 장 프랑수아, 「질문에 대한 답변: 포스트모던이란 무엇인가」와 「숭고와 아방가르드」, 『지식인의 종언』, 이현복 옮김, 문예출판사, 1993.

버크, 에드먼드, 『숭고와 아름다움의 이념의 기원에 대한 철학적 탐구』, 김동훈 옮김, 마티, 2006.

벤야민, 발터, 『기술복제시대의 예술작품/사진의 작은 역사 외』, 최성만 옮김, 도서출판 길, 2007.

Newman, Barnett, "The Sublime is Now", in "The Ides of Art, Six Opinions on What is Sublime in Art?", *Tiger's Eye*, New York, No.6 (15 December 1948).

Shiff, Richard, Carol Mancusi-Ungaro, Heidi Colsman-Freyberger, *Barnett Newman: A Catalogue Raisonné*, The Barnett Newman Foundation, 2004.

— 랑시에르와 주노 루도비시

국립한글박물관, 『나는 몸이로소이다: 개화기 한글 해부학 이야기』, 기획특별전 도록, 국립한글박물관, 2018.

그린버그, 클레멘트, 『예술과 문화』, 조주연 옮김, 경성대학교출판부, 2019.

랑시에르, 자크, 『무지한 스승』, 양창렬 옮김, 궁리, 2016.

랑시에르, 자크, 『이미지의 운명』, 김상운 옮김, 현실문화, 2014.

랑시에르, 자크, 『해방된 관객』, 양창렬 옮김, 현실문화, 2016.

로스, W. D., 『아리스토텔레스』, 김진성 옮김, 세창출판사, 2016.

린튼, 노버트, 『20세기 미술』, 윤난지 옮김, 예경, 2003.

실러, 프리드리히 폰, 『미학 편지: 인간의 미적 교육에 관한 실러의 미학 이론』, 안인희 옮김, 휴먼아트, 2012.

아리스토텔레스, 『정치학』, 천병희 옮김, 도서출판 숲, 2013.

조주연, 『현대미술 강의』, 글항아리, 2017.

칸트, 임마누엘, 『순수이성비판』, 백종현 옮김, 아카넷, 2006.

플라톤, 『법률』, 1권, 김남두 외 옮김, 나남출판, 2018.

플라톤, 『파이드로스』, 조대호 옮김, 문예출판사, 2008.

플로베르, 귀스타브, 『마담 보바리』(1856), 김화영 옮김, 민음사, 2000.

Bishop, Claire, "Antagonism and Relational Aesthetics", *October*, Vol. 110, Autumn, 2004, The MIT Press.

Bourriaud, Nicolas, "Precarious Constructions: Answer to Jacques Rancière on Art and Politics", *Open! Platform for Art, Culture & the Public Domain*, October 2009.

Bourriaud, Nicolas, *Esthétique relationnelle*, Les Presses du réel, 1998.

Derrida, Jacques, "Le théâtre de la cruauté et la clôture de la représentation", *L'écriture et la différence*, Seuil, 1967[자크 데리다,「잔혹극과 극상연의 경계」,『글쓰기와 차이』, 남수인 옮김, 동문선, 2001].

Pont, Graham, "Plato's Philosophy of Dance", in (ed.) Jennifer Nevile, *Dance, spectacle, and the body politick,* 1250-1750, Indiana University Press, 2008, pp. 267-281.

Rancière, Jacques, "Aesthetic Separation, Aesthetics Community: Scenes from the Aesthetic Regime of Art", *Art&Research*, Vol 2, No. 1, Summer 2008.

Rancière, Jacques, *Le partage du sensible: esthetique et politique*, La Fabrique, 2000.

Rancière, Jacques, *Malaise dans l'esthétique*, Galilée, 2004.

— 칸트 등 기타

김상환,『왜 칸트인가』, 21세기북스, 2019.
니체,『비극의 탄생』, 박찬국 옮김, 아카넷, 2007.
들뢰즈, 질,『칸트의 비판철학』, 서동욱 옮김, 민음사, 1995.
로브그리예, 알랭,『누보 로망을 위하여』, 김치수 옮김, 문학과지성사, 1992.
릴케, 라이너 마리아,『과수원/장미』, 김진하 옮김, 문학과지성사, 2002.
바움가르텐, 알렉산더 고틀리프,『미학』, 마티, 김동훈 옮김, 2019.
벤첼, 크리스티안 헬무트,『칸트 미학』, 박배형 옮김, 그린비, 2012.
보통, 알랭 드,『여행의 기술』, 정영목 옮김, 청미래, 2011.
서동욱 엮음,『미술은 철학의 눈이다』, 문학과지성사, 2014.
시프먼, 제러미,『모차르트, 그 삶과 음악』, 임선근 옮김, 포노, 2010.
아리스토텔레스,『시학』, 천병희 옮김, 문예출판사, 2002.
주은우,『시각과 현대성』, 한나래, 2017.
칸트, 임마누엘,『윤리형이상학 정초』, 백종현 옮김, 아카넷, 2005.
칸트, 임마누엘,『판단력비판』, 김상현 옮김, 책세상, 2019.
칸트, 임마누엘,『판단력비판』, 백종현 옮김, 아카넷, 2009.
칸트, 임마누엘,『판단력비판』, 하선규 옮김, 출간 예정.
타타르키비츠, 블라디슬로프,『미학의 기본 개념사』, 손효주 옮김, 미술문화, 1999.
플라톤,『국가』, 박종현 옮김, 서광사, 1997.
함머마이스터, 카이,『독일 미학 전통』, 신혜경 옮김, 이학사, 2013.

도판 저작권

57 마그리트, 〈이것은 파이프가 아니다(공기와 노래)〉, 1962
© René Magritte / ADAGP, Paris – SACK, Seoul, 2023

57 마그리트, 〈무제〉, 1966
© René Magritte / ADAGP, Paris – SACK, Seoul, 2023

58 마그리트, 〈빛의 제국〉, 1954
© René Magritte / ADAGP, Paris – SACK, Seoul, 2023

58 마그리트, 〈눈물의 맛〉, 1948
© René Magritte / ADAGP, Paris – SACK, Seoul, 2023

62 마그리트, 〈단어와 이미지〉, 『초현실주의 혁명』, 1929
© René Magritte / ADAGP, Paris – SACK, Seoul, 2023

79 마그리트, 〈재현〉, 1962
© René Magritte / ADAGP, Paris – SACK, Seoul, 2023

80 마그리트, 〈꿈의 해석〉, 1935
© René Magritte / ADAGP, Paris – SACK, Seoul, 2023

84 지희킴, 〈And Rome as in Greece〉, 2022
© 지희킴

116 김그림, 〈엉킨 산〉, 2021
© 김그림

123 뒤샹, 〈세 개의 표준 정지 장치〉, 1913-1914
© Association Marcel Duchamp / ADAGP, Paris, 2023

125 뒤샹, 〈커피 분쇄기〉, 1911
© Association Marcel Duchamp / ADAGP, Paris, 2023

127　뒤샹, 〈로즈 세라비〉, 1920
　　© Association Marcel Duchamp / ADAGP, Paris, 2023

129　뒤샹, 〈그녀의 독신자들에 의해 나체로 벗겨진 신부, 심지어(약칭 '큰 유리')〉, 1915-1923
　　© Association Marcel Duchamp / ADAGP, Paris, 2023

130　뒤샹, 〈주어진 것〉, 1946-1966
　　© Association Marcel Duchamp / ADAGP, Paris, 2023

135　뒤샹, 〈자전거 바퀴〉, 1963
　　© Association Marcel Duchamp / ADAGP, Paris, 2023

136-140　안규철, 〈상자 속으로 사라진 사람 — 원근법적 순간이동장치〉, 1998/2004
　　© 안규철

145　앤디 워홀, 〈캠벨 수프 캔〉, 1962
　　© 2023 The Andy Warhol Foundation for the Visual Arts, Inc. / Licensed by SACK, Seoul

159　앤디 워홀, 〈엘비스 I과 II〉, 1963-1964
　　© 2023 The Andy Warhol Foundation for the Visual Arts, Inc. / Licensed by SACK, Seoul

163　뒤샹, 〈샘〉, 1917/1964
　　© Association Marcel Duchamp / ADAGP, Paris, 2023

168　앤디 워홀, 〈색칠한 모나리자〉, 1963
　　© 2023 The Andy Warhol Foundation for the Visual Arts, Inc. / Licensed by SACK, Seoul

171　앤디 워홀, 〈마릴린 먼로 연작〉, 1967
　　© 2023 The Andy Warhol Foundation for the Visual Arts, Inc. / Licensed by SACK, Seoul

180　노상호, 〈The Great Chapbook 3 — elsewhere〉, 2020
　　© 노상호

도판 저작권

204 홍순명, 〈바다 태풍〉, 2021
ⓒ 홍순명

209 프랜시스 베이컨, 〈뮤리엘 벨처의 초상화를 위한 세 가지 연구〉, 1966
ⓒ The Estate of Francis Bacon. All rights reserved. DACS 2023

221 프랜시스 베이컨, 〈벨라스케스의 교황 인노첸시오 10세의 초상화에 따른 연구〉, 1953
ⓒ The Estate of Francis Bacon. All rights reserved. DACS 2023

224 프랜시스 베이컨, 〈아이스킬로스의 오레스테이아에서 영감을 받은 삼면화〉, 1981
ⓒ The Estate of Francis Bacon. All rights reserved. DACS 2023

230 프랜시스 베이컨, 〈이야기 중인 조지 다이어의 초상〉, 1966
ⓒ The Estate of Francis Bacon. All rights reserved. DACS 2023

236 프랜시스 베이컨, 〈십자가 처형〉, 1965
ⓒ The Estate of Francis Bacon. All rights reserved. DACS 2023

239 프랜시스 베이컨, 〈회화 1946〉, 1946
ⓒ The Estate of Francis Bacon. All rights reserved. DACS 2023

240 데이비드 호크니, 〈테베에서 온 부서진 머리가 있는 기자의 거대한 피라미드〉, 1963
ⓒ David Hockney

248 이근민, 〈문제구름〉, 2021
ⓒ 이근민

254 브라크, 〈바이올린과 촛대〉, 1910
ⓒ Georges Braque / ADAGP, Paris - SACK, Seoul, 2023

255 피카소, 〈거울 앞의 소녀〉, 1932
ⓒ 2023 - Succession Pablo Picasso - SACK (Korea)

271 키리코, 〈광장〉, 1913
ⓒ Giorgio de Chirico / Artists Rights Society (ARS), New York – SACK, Seoul, 2023

279 바넷 뉴먼, 〈하나임 3Onement III〉, 1949
ⓒ The Barnett Newman Foundation / ARS, New York - SACK, Seoul, 2023

288 강유정, 〈검은 웅덩이 2〉, 〈검은 웅덩이 3〉, 2019
ⓒ 강유정

310 로스코, 〈No. 61〉, 1953
ⓒ 1998 Kate Rothko Prizel & Christopher Rothko / Artists Rights Society (ARS), New York

324- 오인환, 〈경비원과 나〉, 플라토, 2014
325   ⓒ 오인환

* 이 책에 실린 도판들 중 저작권자를 찾지 못한 도판이 일부 있습니다. 이학사는 빠른 시일 내에 저작권자를 확인해 정식으로 허락을 받고자 합니다.